KÄTHE PAPKE

Der eiserne Markgraf von Sausenberg-Rötteln

Eine historische Erzählung aus dem Markgräfler Land

CHRISTLICHES VERLAGSHAUS GMBH
STUTTGART

Bücher, die dieses Zeichen tragen, wollen die Botschaft von Jesus Christus in unserer Zeit glaubhaft bezeugen.

Das ABCteam-Programm umfaßt:
ABCteam-Taschenbücher
ABCteam-Paperbacks mit den Sonderreihen:
Glauben und Denken (G+D) und Werkbücher (W)
ABCteam-Jugendbücher (J)
ABCteam-Geschenkbände

ABCteam-Bücher erscheinen in folgenden Verlagen:
Aussaat Verlag Wuppertal / R. Brockhaus Verlag Wuppertal / Brunnen Verlag Gießen / Bundes Verlag Witten / Christliches Verlagshaus Stuttgart / Oncken Verlag Wuppertal / Schriftenmissions-Verlag Gladbeck

ABCteam-Bücher kann jede Buchhandlung besorgen.

1979
9.–14. Tausend

Mit Genehmigung des Verlages Heinrich Majer, Basel

Umschlaggestaltung: Franz Reins, Detmold
Gesamtherstellung: Druckhaus West GmbH, Stuttgart
ISBN 3-7675-3060-0

Dem Röttler-Bund zugeeignet

Dieser Band ist eine Weiterführung der Erzählung
„Die Letzten von Rötteln“

I.

Das war ein böser Tag gewesen! Noch zitterten Schrekken und Entsetzen über das Geschehnis am heutigen Nachmittag in den Herzen aller Burgbewohner nach. Sie kannten wohl alle den Markgrafen Otto sehr genau und wußten, daß es gefährlich war, seinen Zorn zu wecken – der übrigens nur zu leicht aufflammte! Aber so wie heute war's eigentlich doch nie gewesen.

Eine fast bleierne Schwere lag über den Knappen und Edelknechten, die in der großen Knappenhalle unten im Burgzwinger von Schloß Rötteln bei der Arbeit saßen. An den zum Teil recht finsteren Gesichtern sah man, daß die Gedanken aller sich mit gleichem beschäftigten, – es wurde jedoch, ganz im Gegensatz zu sonst, kaum ein Wörtlein geredet.

»Und solches um so ein elendes Hundevieh«, brummte jetzt finster der lange Eppo halblaut vor sich hin und putzte mit verbissenem Grimm am Harnisch, den er gerade unter den Händen hatte.

»Still, wahre deine Zunge«, mahnte Diethelm, der neben ihm saß, fast ängstlich, »so dich jemand hörte –«

»Keiner außer euch allen«, erwiderte Eppo und blickte sich im Kreise um, »und von euch verrät mich niemand, solches weiß ich. Zudem – ich diene dem Herrn Markgrafen Rudolf – den Heiligen sei heute sonderlich Dank dafür.«

Etliche nickten beifällig, andere schauten finster zu Boden.

»Wahrlich, der heutige Tag läßt mich die Frage erwägen, ob's nimmer besser wäre, so man mit Weib und Kind davonginge und sich einen anderen Herrn suchte«, rief Gerwin zornig.

»Ja, so man nur wüßte, welchen«, warf der dicke Hannes grimmig lachend dazwischen.

»Und wenn – einer ist gleich dem anderen«, knurrte ein dritter.

»Höre, Freund, da muß ich meinen Herrn in Schutz nehmen. Markgraf Rudolf ist anders denn sein Bruder«, sprach Eppo sehr bestimmt.

»Um der Heiligen willen nennt keinen Namen«, warnte Hannes, ein vierschrötiger Mann, eindringlich, »wohl hast du recht, und auch ich preise mich heute sonderlich glücklich, dem edlen Grafen Rudolf dienen zu können. Dennoch ist Vorsicht geboten.«

»Müßte ich nur heute nimmer zu ihm«, klagte Diethelm, »ich fürchte mich vor ihm – er sah entsetzlich in seiner Wut aus.«

»Du warst dabei, armer Kleiner«, sagte bedauernd ein anderer der Edelknechte und legte seine Hand dem schlanken Knappen auf die Schulter, »erzähle, wie's war. Noch vernahm ich nichts Genaues, da ich eben erst von Lörrach heimkam. Keiner traut sich ja zu reden.«

»Ja, erzähle«, drängten auch etliche andere, warfen ihre Arbeit beiseite und rückten näher zusammen.

»Sag nur, was du weißt«, ermunterte Eppo, »ich passe schon auf, ob der Vogt kommt –« damit ging er zur Tür.

Diethelm aber berichtete nun schaudernd: »Was geschehen war, weiß ich selber nimmer genau. Ich kam nur dazu, wie der Markgraf, grüngelb im Gesicht vor Wut, den Gotthold mit den Füßen stieß und mich anschrie, etliche Knechte zu holen, er wolle über den Elenden sofort Gericht halten. Ich jagte zur Unterburg, da ich aber mit zweien zurückkehrte, erstarrte mir fast das Blut in den Adern. Nun erst sah ich, daß Gotthold blutüberströmt sich zu seinen Füßen wand und um Gnade flehte, – er aber befahl den Knechten in solchem Grimm, als ich ihn noch niemals bei ihm gesehen habe, den Gotthold auf den Bergfried zu schleppen und hinabzustürzen.«

Diethelm schüttelte sich, kaum unterdrückte Flüche entfuhren dem und jenem, die Fäuste ballten sich.

»Weiter«, drängte man, und der Knappe fuhr fort: »Auch die Knechte standen zuerst wie erstarrt und blickten verstört den Grafen an, Gotthold aber schrie verzweifelt um Erbarmen – – was er alles sagte, verstand ich nicht, nur so viel hörte ich heraus, daß er sich des Hundes nimmer habe erwehren können. Der Graf jedoch brüllte, heiser vor Wut, die Knechte an, so sie seinem Befehle nicht gehorchen würden, wären sie die nächsten, so hinabflögen. Da packten sie mit zusammengepreßten

Lippen zu, zogen den blutenden, jammernden Mann zum Bergfried hinauf und – –«

Er verstummte jäh, die Türe wurde von draußen aufgerissen, bleich und schlotternd kamen zwei Knechte herein und warfen sich auf eine Bank. Tiefe Stille trat ein, jeder griff mechanisch zur Arbeit.

Da lachte der eine gellend auf und rief: »Ist ein fein Geschäft, Henker zu spielen! Hab' manchmal im Kampfgewühl gestanden und in heißem Ringen gar manchem vom Leben zum Tod geholfen, doch war solches ein ehrlich Kämpfen, Mann gegen Mann. So aber – pfui Teufel!«

Der andere aber ballte die Fäuste und rief heiser: »Der Herrgott im Himmel hat's gesehen – wir mußten, ob wir wollten oder nicht! Ich glaub', fürs erste kann ich nimmer den dumpfen Aufschlag in der Tiefe vergessen und das plötzliche Verstummen des Stöhnens – – huuuu!«

Er sprang auf und lief durch den großen Raum. – »Muß nachher gen Lörrach hinunter, um anderes zu sehen, will die Gedanken im Wein ersäufen.«

»Der Gotthold war solch ein guter Mann –«

»Einer unserer besten –«

»Und ältesten, er diente dem Herrn wohl am längsten –«

»Er war treu und gewissenhaft wie keiner –«

»Solch Ende um eines Hundes willen –«

»Nur nicht so laut, er schont auch unser nimmer, so er ein Wort davon erfährt –«

Die Reden schwirrten gedämpft durch den Raum, und mancher Fluch mischte sich darunter.

»Weiß es denn allbereits die Gertraud, sein Weib?«

fragte plötzlich einer mit bangem Schreck dazwischen.

Die beiden Knechte nickten düster. »Sie begegnete uns, da wir von der Oberburg hinabkamen. In ihren Augen stand die Angst um ihren Mann – sie wußte, daß er zum Markgrafen hatte gehen müssen, ihm Kunde von dem Hund zu bringen. Als sie uns sah, schrie sie auf: ‚Wo ist Gotthold?' Wir konnten nichts sagen, – wiesen nur stumm zur Schlucht hinüber. Da stürzte sie, gleich einer Wahnsinnigen schreiend, zum westlichen Tore und verschwand im Walde –«

»An die Arbeit – der Vogt kommt«, rief der lange Eppo von der Tür dazwischen.

Im nächsten Augenblick schaute Herr Bernhard von Reinach herein. Er gab sich sichtlich Mühe, barsch zu reden, dennoch konnte er eine innere Erregung nur schlecht verbergen.

»Geht hinunter in die Schlucht und jagt das heulende Weib nach Hause«, befahl er den beiden Knechten, »der Markgraf will das Geschrei nimmer hören. Auch sollt ihr dafür sorgen, daß Gotthold – – daß die Leiche unbegraben bleibt. So er aber noch leben sollte, dürft ihr ihm den Gnadenstoß geben. Vorwärts!«

Mürrisch und mit sichtlichem Widerstreben standen die beiden Knechte auf. Als sie jedoch am Vogt vorüberschritten, flüsterte dieser halblaut: »Ich kann euch nimmer zumuten, die Nacht drunten zu bleiben – – und so die Leiche fort ist, während ihr die Gertraud wegbringt, ist's auch nimmer eure Schuld – es gibt viele Tiere im Walde! Sorgt vor allem dafür, daß das Weib verschwindet.«

Ein verständnisvoller Zug flog blitzähnlich über die wetterharten Gesichter. Die Knechte entfernten sich schweigend.

»Ihr anderen aber tut gut, über alles zu schweigen, so geschehen ist«, wandte sich der Vogt zu diesen, ließ seinen Blick eindringlich über sie hingleiten und verließ dann langsam die Halle. Draußen sprach er noch den und jenen an, dann schlug er den Weg zur Oberburg ein, – bog aber bald links ab zum westlichen Tore hin, wo der Weg in den Wald hinausführte.

Es war Nacht geworden. Tiefe Stille hatte sich über die ruhende Welt gebreitet, nur in den Wäldern regte sich das Leben. Ab und zu tönte der heisere Schrei eines Nachtvogels, mit schwerem Flügelschlag strich eine Eule dahin. Hin und wieder knackte ein dürrer Ast unter dem flüchtigen Tritt ziehenden Wildes, dicht an der Burgmauer saß irgendwo ein Käuzchen und schrie beharrlich sein »Ku-witt, Ku-witt«.

Es ging auf Mitternacht. Da öffnete der Torwächter an jenem westlichen Tore auf einen Rabenschrei hin vorsichtig ein verborgenes Seitenpförtlein und ließ zwei dunkle Gestalten herein.

»Alles besorgt?«

»Alles!«

»So geht hinauf. Der Vogt wartet eurer.«

Sie nickten und verfolgten den schmalen Weg in die Burg hinein. Bald standen sie vor dem Wohnhaus des Burgvogtes, an dem der Weg zur Zugbrücke und zur Oberburg vorüberführte. Ein schwacher Lichtschimmer fiel hinaus in die Nacht, sie klopften leise und befanden sich gleich darauf in der Schreibstube dem Vogt gegenüber.

Herr Bernhard von Reinach war ein breitschultriger Mann von großer Gestalt; aus dem scharf geschnittenen Gesicht blickten seine Augen unter den buschigen Brauen zumeist kühl und überlegen jeden an. Er war kein Mann von vielen Worten. So wies er auch jetzt nur stumm auf zwei große Humpen, die auf dem Tisch standen.

Die beiden griffen zu und taten mächtige Züge – es vergingen etliche Augenblicke, ehe sie sie langsam absetzten und sich mit dem Handrücken den Mund wischten.

»Solches tat gut nach der sauren Arbeit«, sagte nun der eine leise, »habt Dank, Herr Vogt.«

»Das Weib ist fort – nicht wahr?« fragte er kurz.

Sie nickten. »Ja. Aber, Herr Vogt«, fügte der andere hinzu, »uns graust es noch, so wir an ihren Anblick denken. Weiß nimmer, welcher schrecklicher war, – der der verstümmelten und zerschlagenen Leiche oder des verzweifelten Weibes.«

Herr Bernhard nickte düster. »Glaub's wohl! Wo blieb sie?«

»Wir wissen's nicht. Sie verschwand mit gellendem Lachen im Walde. Aber, Herr Vogt – so nur ein Drittel der schauerlichen Flüche in Erfüllung gehen sollten, die sie mit geballten Fäusten zur Burg hinaufschrie – traun, da möchte man am liebsten das Weite suchen.«

»Warum? Sie galten alle nur ihm«, warf der zweite Knecht dazwischen, »aber freilich, in seiner Haut –«

»War der Mann schon tot?« schnitt der Vogt kurz ab.

»Herr, – wer sollte da noch lebendig bleiben, so er

vom Bergfried dort oben auf das Gestein hinabgeschleudert wird! Er war mausetot.«

»Und was tatet ihr?«

Die beiden zögerten ein wenig mit der Antwort, dann kratzte sich der eine hinter den Ohren und meinte verlegen: »Wir – wir hatten zuerst mit der Gertraud zu tun – alsdann, da wir wiederkamen, nachdem wir sie ein Stück in den Wald begleitet hatten, war – war –«

»Fanden wir die Leiche nimmer«, half der andere nach.

Im Gesicht des Vogtes verzog sich keine Miene, als er ruhig entgegnete: »Ihr tatet eure Pflicht, da ihr zuerst das Weib entferntet. Was sonst noch geschah, kümmert mich wenig. Geht! Doch nein, noch eins« – seine Stimme sank zum Flüstern hinab –, »habt ihr auch ein Paternoster dort gebetet, wo der Gotthold gelegen hat?«

»Eins? Herr, wir beteten jeder zwei Ave-Maria und zwei Paternoster, ehe wir uns von seinem Grabe umwandten.«

»Solches war gut und recht von euch!« Er stockte einen Augenblick und fuhr dann mit tiefem Aufatmen fort: »Aber trotz dieser Tat, – ihr kennt den leicht aufspringenden Zorn Herrn Ottos – alleweg für unsere beiden Markgrafen durch dick und dünn, treu ihnen, treu unserer Röttler Heimat – nicht wahr, ihr beiden?«

Sie nickten, ihre Augen leuchteten auf – »Solches ist selbstverständlich, Herr Vogt, auch so man in gerechtem Zorn zuweilen anders redet. Aber dennoch dienen wir lieber unserem edlen Grafen Rudolf denn seinem Bruder, – solches wißt Ihr auch.«

»Nun schweigt über diese ganze Sache und redet auch nimmer mit den anderen davon«, sagte Herr Bernhard und bot ihnen nochmals den Humpen, »es reut unseren Herrn Otto gewißlich bereits sehr.«

»Möcht's nur – glaub's aber nimmer«, brummte der ältere Knecht. »Wir schweigen schon, Herr Vogt, aber die Gertraud –?«

Ohne zu antworten, öffnete dieser leise die Tür und hieß die Leute gehen. Er stand und lauschte, bis ihre vorsichtigen Tritte hinab zum Burgzwinger verhallt waren, dann verließ auch er das Haus.

II.

Markgraf Rudolf von Sausenberg-Rötteln, der ältere der beiden Brüder, die gemeinsam die Herrschaft innehatten, stand am Fenster seines Wohngemaches, das gerade über dem großen Rittersaal gelegen war, und blickte hinaus in die Nacht.

Dunkel und still lagen die Berge drüben, dunkel das Wiesental am Fuß des Burgberges, still die Dörflein, die darin verstreut lagen – dort Lörrach, gegenüber Brombach, hier unten Haagen. Die Sterne leuchteten und flimmerten in schweigender Pracht, leise strich der Wind durch die Bäume des Burggärtleins, drüben schrie das Käuzchen beharrlich immer noch sein »Ku-witt«.

Der einsame Mann sah jedoch nichts von all der nächtlichen Schönheit und hörte nichts; seine Gedanken weilten bei dem furchtbaren Ereignis des Tages. Eben hatte ihn sein getreuer Vogt, Herr Bernhard von Reinach, verlassen, dem er zum Abschied herzlich die Hand drückte. Und nun stand er hier und sann, wie schon so manchmal, dem Charakter seines Bruders nach, der sich wieder einmal in der heutigen Sache in solch boshafter Weise offenbart hatte.

Von wem hatte er diesen furchtbaren Jähzorn doch nur geerbt! Er wußte von keinem ihrer Vorfahren, daß er ihn besessen hätte, weder im Sausenberger noch im Rötteler Geschlecht. Ganz im Gegenteil. Markige, wetterfeste Männer waren sie alle gewesen, dabei voll edler, ritterlicher Gesinnung.

Wieviel Tugendhaftes, echt Vornehmes hatte ihm und seinen beiden Brüdern die Mutter von dem Großvater zu erzählen gewußt, dem edlen Grafen Otto von Rötteln, wieviel von Ohm Walter, seinem tapferen Bruder, der kühn, um den Feinden zu entgehen, lieber mit seinem Roß den Sprung in die Tiefe wagte, als in ihre Gefangenschaft zu fallen.

Den ehrwürdigen Großohm Lutold, den dritten und letzten der Rötteler Grafen, der Domprobst zu Basel gewesen war, hatte er selber noch gut gekannt und war oft mit ihm zusammen gewesen. Mit welcher Ehrfurcht schaute er immer den greisen Mann an, den eine zerstörte Lebenshoffnung ins Kloster getrieben hatte, wie die Mutter ihm einmal verriet – – wie hatte er in wahrer Trauer an seinem Sarg gestanden!

Als seinen Eltern, dem Markgrafen Rudolf von Hachberg-Sausenberg und seiner Frau Agnes, die eine Tochter jenes ritterlichen Grafen Otto von Rötteln gewesen war, die Erbschaft von Rötteln noch bei Lebzeiten des Ohms von diesem übertragen wurde, – hatten er und sein älterer Bruder Heinrich sich gelobt, treu den edlen Vorbildern seiner Ahnen nachzuleben. Es erfüllte sie beide mit wahrhaftem Stolz, als der Vater seinem eigenen Namen noch denjenigen von Rötteln hinzufügte, und sie begrüßten es mit Jubel, als er die düstere Sausenburg mit der stolzen, schönen Burg Rötteln im Wiesental als Wohnsitz vertauschte.

Sie konnten beide durchaus nicht begreifen, daß Otto, ihr jüngerer Bruder, der noch obendrein den Namen seines Großvaters trug, dem allem so gleichgültig gegenüberstand. Aber freilich – er ging ja schon damals seine eigenen Wege und war ein trotziger, herrischer Bub, obgleich er erst zehn Jahre alt war.

Als dann der Vater – viel zu früh für sie alle – und nur wenig später auch die Mutter verstarb und nun das ganze große Erbe der Markgrafschaft Hachberg-Sausenberg-Rötteln ihm und seinen beiden Brüdern zufiel, hatten Heinrich und er sich erst recht gelobt, treu den Edlen ihres Namens nachzueifern. Zu seinem Schmerz verlor er den älteren Bruder jedoch schon nach drei Jahren, und von da an, seit 1318, führte er die Herrschaft mit Otto allein.

So sehr er ihn als Bruder liebte – in seiner Wesensart war er ihm fremd geblieben. Er konnte nicht verstehen, wie der Bruder wegen geringfügiger, oft lächerlicher Kleinigkeiten in solchem Zorn aufbrauste, daß er fast zu fürchten war. So aber, wie heute, hatte er sich noch nie hinreißen lassen. Und daß es gerade den Gotthold, der einer ihrer treuesten Diener war, treffen mußte!

Rudolf wandte sich vom Fenster und begann in dem großen Gemach auf- und ab zu schreiten. Eine kleine

Kerze, die im Windhauch flackerte und tropfte, steckte in einem eisernen Ring an der Wand und verbreitete ein notdürftiges Licht, eben genug, um nicht an die wenigen Möbel anzustoßen. Vor dem ausgebrannten Kamin in der Ecke lag auf einem riesigen Bärenfell ein schöner, großer, brauner Hund, hatte den Kopf mit den klugen Augen auf die Pfoten gelegt und blinzelte seinen Herrn an, der vor ihm stehengeblieben war und ihn betrachtete.

Fast der gleiche Hund, nur noch größer und schöner, hatte heute das Unheil hervorgerufen. Er war der Liebling Ottos, folgte diesem auf Schritt und Tritt – sehr zum Schrecken der jungen Gemahlin des Bruders – und hatte anscheinend auch die Launen seines Herrn übernommen. Ohne jede Veranlassung, wie Gotthold es ihm selber heute morgen noch beteuert hatte, fiel der Hund ihn an und stellte ihn. Gotthold versuchte sich zu wehren und ihn zu besänftigen, aber vergeblich. Endlich griff er zu einem Stock, wodurch das Tier noch gereizter wurde und nun wütend auf ihn eindrang.

In dieser Wut, die sich durch die Gegenwehr noch steigerte, wurde es dann zur rasenden Bestie. Heulend und zähnefletschend hatte es sich auf sein Opfer geworfen, schon blutete Gotthold aus mehreren Wunden. In dieser höchsten Not, da er sein Leben gefährdet sah, erblickte er keinen anderen Ausweg, als daß er mit dem Stock dem Hund zwischen die Beine fuhr, so daß der das Gleichgewicht verlor, stürzte und sich überschlug. Ohne ihm Zeit zu lassen, aufzuspringen, schlug er ihn mit dem Stock auf die Vorderbeine und zerschmetterte das rechte. Heulend vor Schmerz hinkte das Tier davon und zu seinem

Herrn. Gotthold aber war nun voll Angst und Schrecken zu ihm, Markgraf Rudolf, gestürzt.

Er beruhigte den Mann, so gut er vermochte. Wenn er auch voraussah, daß Otto ihn strafen würde, so glaubte er doch die Sache damit abgetan. Otto wußte ja, daß Gotthold ihm einst mit Gefahr des eigenen Lebens das seine gerettet hatte, als sie bei einer Fehde der Badener Markgrafen diesen zu Hilfe gekommen waren. Also würde und konnte die Strafe für ihn, der zudem nur in äußerster Notwehr gehandelt hatte, nicht so groß sein. Rudolf sagte sich, daß er selber überhaupt nichts daraus gemacht hätte.

Und nun dieser schreckliche Ausgang der Sache!

Der Markgraf war empört über den Jähzorn des Bruders – so empört, daß er ihn gleich nach dem Nachtessen zur Rede gestellt hatte. Er fürchtete sich nicht vor Otto – im Gegenteil! Er bewahrte sich seine kalte, eisenfeste Gelassenheit auch dessen größtem Zorn gegenüber und brachte ihn dadurch meist zur Besinnung.

So war es auch heute. Der Bruder fuhr zwar auf, daß Gotthold zu seinen eigenen Mannen gehört hätte, über die er verfügen konnte; aber mit ernster Strenge hatte er ihm erklärt: »Man gibt kein Menschenleben für einen Hund. Ein Edelmann, so solches fertigbringt, stellt sich mit dem Tier auf eine Stufe, – vergiß dieses nicht! Der Hund ist zu ersetzen – der Mensch nicht. Dein Zorn ist ungut, und du solltest dir Bußübungen auferlegen lassen, seiner ledig zu werden. Er bringt dir ansonsten doch noch einmal Schlimmes ein.«

Da aber war Otto so ungestüm aufgefahren, als wollte

er sich auf ihn stürzen. Sein junges Weib, die Gräfin Katharina, hatte vor Angst aufgeschrien, als sie die wild rollenden Augen ihres Gemahls sah, die fast aus ihren Höhlen traten, und seine wutbebende Stimme hörte. Er selber aber hatte seine eisige Ruhe bewahrt, die Arme verschränkt, ihn angesehen und gefragt: »Willst du vielleicht auch noch zum Brudermörder werden?«

Das Wort hatte Otto doch getroffen. Sein Zorn schien im gleichen Augenblick verraucht, – er wurde blaß, wandte sich ab und stürzte zur Tür hinaus.

Rudolf fing seine fast ohnmächtige Schwägerin auf, führte sie zu einer gepolsterten Bank und sprach ihr sanft und milde zu. Wie unendlich leid tat sie ihm, als sie mit tränenerfüllten Augen zu ihm aufsah und in dem blassen Gesicht die ganze Not ihrer Seele lag!

Der Markgraf hatte längst wieder seinen Gang durchs Zimmer aufgenommen, nun blieb er aufs neue am Fenster stehen. Er atmete schwer.

Seine Schwägerin – seines Bruders Weib –, die ihm nichts anderes sein durfte als dieses und doch so unendlich viel mehr vom ersten Male an gewesen war, als er sie gesehen hatte! Das war vor drei Jahren, im August 1329, als er mit Otto zusammen einem Fest beiwohnte, das Graf Ruprecht von Hunoltstein drüben im Elsaß aus Anlaß seines Namenstages gab.

Unter all den edlen Frauen und Mägdelein war ihm Katharina von Grandson aufgefallen, nicht durch ihre Schönheit – sie war gar nicht hübsch –, sondern durch ihr zartes, anmutiges und schüchternes, fast ängstliches Wesen. Wohl war sie mit den Röttlern im vierten Grade versippt, aber ein alter Zwist, der schon die Väter entzweit hatte, hinderte bis dahin jeden Verkehr mit den Grandsons. So kam es, daß er Katharina vorher nie kennengelernt hatte. Während dieser Festtage aber ergab sich von selbst die Gelegenheit, des öfteren mit ihr und ihrem Vater zusammen zu sein, die die beiden Brüder gerne wahrnahmen, da ihnen herzlich wenig daran gelegen war, den alten Zwist aufrechtzuerhalten.

Besonders fühlte sich Rudolf zu der jungen Gräfin Katharina hingezogen. Er hatte vom ersten Augenblick an das Verlangen gespürt, sie zu schützen, ihr alle Unbill fernzuhalten, und mit aufsteigendem Glücksgefühl merkte er die zarte Röte auf ihren Wangen, wenn er sich zu ihr wandte. Er war noch unbeweibt, obgleich er bereits fast 30 Lenze zählte. Da hatte er sehr wohl das Recht, sich jetzt nach einem Ehegemahl umzusehen. Warum sollte es nicht Katharina von Grandson sein, zumal wenn dadurch noch ein alter Streit beigelegt werden konnte? Er dachte jedoch viel zu hoch von der Ehe, als daß er sie zum Handelsobjekt hätte machen wollen. Nein, bevor er um sie bei dem Vater warb, wollte er sich erst ihre Liebe gewinnen, und o – wie hoffte er, es zu können! Wurde ihm doch das schüchterne, zarte Mägdlein von einem Male zum anderen immer lieber.

Wie wollte er sie mit starker, sicherer Hand durchs Leben führen, sie hüten vor jedem rauhen Winde, sie mit treuester Liebe umgeben! Dann sollten ihre sanften, grauen Augen nicht mehr so ängstlich blicken, keiner ihr aschblondes Haar, ihr schmales Gesicht, ihre kleine Gestalt nichtssagend finden, – wie er jetzt etliche abfällige Bemerkungen über sie gehört hatte. Der Markgräfin von Sausenberg-Rötteln würde niemand die schuldige Ehrfurcht versagen.

Immer mehr suchte er Katharinas Nähe, und es erfüllte ihn mit ungeahnter Freude, ihre Augen bei seinem Kommen aufleuchten zu sehen. Auch dem Vater näherte er sich und bemerkte mit geheimem Wohlgefallen, daß auch sein Bruder Otto sich sehr freundschaftlich zu diesem zu stellen suchte. Um Katharina kümmerte der sich anscheinend gar nicht – mit innerer Befriedigung stellte er das jedesmal ebenfalls fest.

Otto hatte dennoch mehr getan, als Rudolf ahnte. Am Abend vor dem Abschied, als er selber die Gelegenheit suchen wollte, mit ihrem Vater zu sprechen, kam Otto zu ihm und erklärte ihm sehr vergnügt, daß er sich soeben mit dem Fräulein von Grandson verlobt habe. Der Vater sei damit sehr einverstanden, würde doch nun endlich der alte Zwist beendet. Er habe ihm auch eine reiche Mitgift zugesagt. – »Auf solche kommt's mir natürlich vor allem an«, hatte Otto dazu gelacht, »ansonsten würde das Opfer einer Heirat mit der Kleinen wohl reichlich groß sein.«

»So liebst du sie nicht?« fragte er zitternd vor innerer Erregung dazwischen.

Otto sah ihn groß an – »Lieben? Nein! Du weißt, daß meine Liebe einer anderen galt. Die ist tot, – aber ich werde Katharina die Treue zu halten wissen, auch ohne Liebe.«

»So laß sie mir«, hatte er rufen wollen – und sich doch abgewandt und geschwiegen – und war hinausgegangen und hatte einen weiten Ritt gemacht.

Tat er damals recht daran, zu schweigen?

Wie oft hatte er sich in diesen drei Jahren die Frage vorgelegt und sie doch immer wieder in gleicher Weise beantwortet. Welch ein Bruderzwist wäre wohl entbrannt, hätte er damals anders gehandelt! Er kannte Otto. Der führte mit Zähigkeit aus, was er wollte, und – hier winkte ihm eine große Mitgift. Die Grandsons waren reich, da konnten die Kinder aus dieser Ehe alsdann der Mutter Erbteil bekommen, während sein eigenes, ziemlich bedeutendes, seiner Tochter aus erster Ehe zufallen würde. Darauf ging alles aus. Hing Otto doch an diesem Kinde mit der ganzen Liebe, deren er fähig war.

Mit unerbittlicher Klarheit hatte sich Rudolf vor drei Jahren dasselbe gesagt wie heute wieder, und so verschloß er mit seiner ganzen Willenskraft seine Liebe zu Katharina und entsagte ihr, so schwer es ihn ankam. Im stillen hoffte er, der Papst würde den Ehedispens, der zu dieser Verbindung notwendig war, da eine zu nahe Verwandtschaft bestand, verweigern, – wie er ihn andererseits für sich mit allen Mitteln zu erreichen gesucht hätte. Aber der Dispens wurde gern bewilligt, und so fand die Hochzeit vor nun anderthalb Jahren mit großem Glanze statt.

Damit aber begann der Kampf für ihn, der noch viel bitterer und ernster war, als er es geglaubt hatte. Es war wahrlich keine Kleinigkeit, täglich mit der jungen Gräfin zusammen sein zu müssen und in ihrem blassen, stillen Gesicht die Linien zu sehen, die das große Leid ihres Lebens nach und nach hineingrub. Rudolf sah mit dem scharfen Auge der Liebe, daß sie an der Seite ihres Gemahls nicht glücklich war, obgleich es dieser an keiner Freundlichkeit fehlen ließ. Er hatte sich ihr gegenüber noch nie vergessen – Rudolf zog die Stirne finster zusammen – wehe ihm, wenn er das je gewagt hätte! Er hätte es ihm nicht raten wollen!

Im übrigen aber – ob er selber sie noch so unendlich liebte, ob er längst, längst gesehen hatte, schon von ihrem ersten Zusammensein an, und es nun erst recht im täglichen Verkehr merkte, daß ihr Herz nur für ihn schlug – sie blieb seines Bruders Weib!

Der Markgraf ballte die Hände zusammen, ein harter Zug grub sich in sein schönes, ernstes Gesicht. Er setzte sich auf den Steinsitz am Fenster und stützte den Kopf auf.

Katharina!

Was war heute wohl in ihrer ängstlichen Seele vorgegangen, als sie zum ersten Male diesen Jähzorn ihres Gemahls kennenlernen mußte! Er hatte ihr angesehen, daß sie am liebsten vor ihm geflohen wäre, – wie ein fast totgeängstigter Vogel lag sie nachher in seinem Arm, als er sie zu der Bank führte. Ach, welche Überwindung war es ihm gewesen, sie nicht an sein Herz zu pressen! Aber er hatte seines Ohms Lutold gedenken müssen, der auch seines Bruders Weib geliebt hatte.

Der war dieserhalb geistlich geworden – ihm lag das nicht. Der hatte aber das große Glück zwischen seinem Bruder und seiner Schwägerin mit ansehen müssen – – als er ging, schadete er ihnen nicht und nützte nur sich selbst! Er selber jedoch wußte, daß mit seinem Fortgang der letzte Lichtschimmer aus Katharinas Leben wich, – sie liebte ihn ja, ihn – nicht ihren Mann. Nur zu deutlich hatte er es auch heute wieder in dem Kinderblick ihrer großen, grauen Augen gelesen. Nein, er blieb – mußte bleiben um ihretwillen!

Armes, armes Weib!

Vielleicht aber würde es anders werden, wenn erst das Kindlein da war, dem sie entgegensah. Wie sehr erhoffte er es für sie! Im Gedanken daran flog oft ein lichter Schein über ihr zartes Gesicht, dann hatte sie etwas, dem sie ihre ganze Liebe zuteil werden lassen konnte.

Und Rudolf sann weiter – den Kindern von ihr sollte sein eigenes Erbteil ebenfalls gehören. Er würde doch unbeweibt bleiben, das wußte er. Vielleicht würde er auch noch im späteren Leben geistlich werden, wer konnte das voraussehen!

Er stand auf und streckte sich – heute hatte er jedenfalls noch andere Aufgaben.

Er beugte sich weit aus dem Fenster und ließ sich den warmen Nachtwind um die Schläfe streichen. Vorerst wollte er für die arme Gertraud sorgen, Pater Othmar sollte ihm dabei helfen. Was der wohl heute innerlich empfunden hatte! Er war erst vor kurzem als Kaplan nach Rötteln gekommen, sie hatten ihn sich von Basel drunten geholt, aus dem Augustinerkloster unweit des Münsters.

Er war aus ritterlichem Geschlecht, aber bereits im Kloster erzogen wie auch seine drei jüngeren Geschwister. Je mehr Angehörige der Familien in den Klöstern weilten, desto besser für das Seelenheil des einzelnen des betreffenden Geschlechts. Bei den Röttlern war es ebenso gewesen, zum mindesten wurde immer einer geistlich. Nur bei den Sausenbergern war es anders. Selbst das einzige Mägdlein, das Otto aus seiner ersten Ehe hatte, war nicht dem geistlichen Stande angelobt worden, so sehr er dem Bruder damals zuredete, es zu tun.

Vielleicht war es auch besser, wenn sie weltlich blieb. War sie doch die einzige, die Gewalt über den zornmütigen Mann besaß. Und wäre sie heute zugegen gewesen, – der Gotthold würde noch am Leben sein! Hildgardis übte eine wunderbare Macht über ihren Vater aus. Es schien, als ob er in ihrer Gegenwart zum Lamme würde, er hing mit einer geradezu abgöttischen Liebe an dem zwölfjährigen Mägdelein.

Jedoch ebenso ging es allen anderen hier in der Burg. Es war auch nicht zu verwundern. Das sonnige, strahlende Kind mit dem herrlichen Goldblond der Locken und den schimmernden, dunkelblauen Augen brachte Frohsinn und Freude mit, wohin es auch immer kam. Das ganze Wesen Hildgardis' schien Liebe und Wärme auszustrahlen; sie verstand es, mit einem Wort trübe Gesichter zu erhellen, wußte aber auch jedem, selbst dem einfachsten Stallbuben, eine Freundlichkeit zu erweisen, und wenn sie noch so gering war. Sah sie aber gar trübe Gesichter, so ruhte sie nicht eher, bis sich wieder ein Lächeln darauf zeigte.

Vielleicht wäre in Ottos Leben alles anders, besser geworden, wenn ihre Mutter leben geblieben wäre, der Hildgardis völlig glich. Diese erste Heirat Ottos war auch ein Beweis seines eigenwilligen Charakters gewesen. Hildegund von Nidenau, seine Frau, war Vollwaise und besaß nichts außer ihrem alten Namen. Ihr Vater hatte ein Mädchen niederen Adels ihrer Schönheit wegen geheiratet und war dadurch aller Familienrechte verlustig gegangen. Sein junges Weib starb, als ihr Kind kaum ein Jahr alt war, und bald darauf verunglückte der Vater auf der Jagd. Sterbend übergab er sein Töchterlein einem Freunde, der Vogt der Röttler Herren in Lörrach war. Der zog das Kind mit seinen eigenen zusammen auf, und dort hatte Otto die kaum Sechzehnjährige gesehen. Er selbst zählte eben erst achtzehn Jahre.

In ungestümer Liebe entbrannte sein Herz zu dem liebreizenden Mägdelein, das kaum dem Kindesalter entwachsen war, und auch ihre junge Seele flog dem feurigen, wilden Jüngling zu. So sehr der Vogt sich dagegen wehrte, – er mußte dem Befehl Ottos als seines Herrn nachkommen und über alles schweigen. Ja, er mußte noch mehr tun und einen Priester veranlassen, diesen Bund heimlich gegen hohes Schweigegeld einzusegnen. Etliche Wochen später wurde Hildgardis geboren; die junge Mutter jedoch schloß die Augen für immer, ohne ihr Kind gesehen zu haben.

Gerade um jene Zeit war auch Heinrich, der älteste der drei Markgrafen, gestorben, und Rudolf hatte sich innerlich über die Tiefe des Schmerzes bei Otto recht verwundert. Bald darauf jedoch erfuhr er die Tatsachen, und so sehr er sich auch sträubte – Otto bestand darauf, das Kind als das seine auf die Burg zu bringen. Schließlich gab er um des Friedens willen nach und hatte es bis heute nicht bereut. Hildgardis war der Sonnenschein auf der Burg geworden – auch für ihn. Im letzten Jahr aber auch für Katharina, die in Hildgardis' Gegenwart ganz auflebte.

So war Rudolf eigentlich im Grunde seines Herzens recht froh, daß sein Bruder das Kind nicht dem Kloster anverlobt hatte. Sehr lange würden sie diesen Sonnenschein doch nicht behalten, das wußte Rudolf auch nur zu gut. Hatte doch Otto in väterlicher Fürsorge das Kind schon im zartesten Alter mit dem einzigen Sohn ihres Freundes, eben jenes Grafen Ruprecht von Hunoltstein, drüben im Elsässischen, verlobt. Otto sprach allerdings ungern von dem Plane, fast schien er ihm leid zu sein. Er liebte seine Tochter eben zu sehr und in ihr die tote Mutter.

Rudolf war aufgestanden und blickte hinaus in den dämmernden Morgen. Scharf zeichnete sich seine hohe, ritterliche Gestalt vor dem geöffneten Fenster ab.

Mit energischer Bewegung fuhr er sich durch das blonde Haar und den dichten Bart – nun fort mit allen schweren Gedanken, die ihn beunruhigt hatten! Drunten in Tumringen krähten schon die Hähne, es blieben ihm aber doch noch eine Stunde oder zwei zum Schlafen. Das war gut. Der neue Tag brachte neue Anforderungen, – die Herrschaft war groß, und auf seinen Schultern lag die Verantwortung für alles. Otto kümmerte sich weniger darum.

Zum Glück hatte jetzt auch das Käuzchen sein »Kuwitt, komm mit«, wie die Leute deuteten, eingestellt, so würde er noch einen ungestörten Schlummer finden können.

III.

Zur gleichen frühen Morgenstunde lag Pater Othmar, der junge Augustinermönch, vor dem Altar der kleinen Burgkapelle in brünstigem Gebet.

Auch er hatte in dieser Nacht keinen Schlaf finden können, zu tief war seine Seele gestern erschüttert worden. Wenn er auch das Stadtleben drunten in Basel kannte, so war ihm doch Burgleben bisher fremd geblieben, – und hatte er es in den letzten vier Monaten von der alltäglichen Seite kennengelernt, so gestern von der schrecklichen. War ihm schon niemals in den Sinn gekommen, daß ein Burgherr solche Gewalt über seine Mannen haben könnte, so erst recht nicht, daß er sie in dieser schauervollen Art ausüben würde. Dazu hatte er stets von seinen Adelsgenossen zu hoch gedacht – heute war er eines anderen belehrt worden.

Nun lag er hier bereits stundenlang, betete ein Paternoster, ein Ave-Maria nach dem anderen und kam doch zu keiner inneren Stille. Immer wieder flogen seine Gedanken beim Gebet wie flatternde Vögel umher, er wußte kaum etwas von dem, was seine Lippen sprachen.

Mit welcher Freude war er dem Befehl des Abtes gefolgt und als Burgkaplan hierher gezogen, gerade hierher auf die stolze, mächtige, trutzige Burg im Wiesental, zu dem edlen Geschlecht der Sausenberg-Rötteln, das kühn und trutzig wie seine Feste war. Mit welchen Erwartungen – worauf, das wußte er freilich selber nicht! – war er hier eingezogen, aber er hatte doch mancherlei anders gefunden, als er es sich gedacht hatte.

Markgraf Rudolf allerdings entsprach ganz dem, was er unter einem Edelmann, das heißt einem edlen Manne, verstand. Mit seiner kraftvollen, hohen Gestalt, dem stolz getragenen Haupte und den blitzenden blauen Augen in seinem edlen, leicht gebräunten Gesicht, dessen scharf gezeichnete Züge von kühnem Mut und festem Willen sprachen, mit dem freundlich-vornehmen Wesen hatte er sofort Herz und Vertrauen des schlichten Augustiners gewonnen, während Othmar nicht recht gewußt hatte, was er aus Graf Otto machen sollte. Allerdings hatte auch dieser die stolze Gestalt, die edlen Züge und die Mannesschönheit, die dem Röttler Geschlecht eigen war, die gleichen blauen Augen und das blonde Haar. Aber seine Züge trugen dabei den Ausdruck der Schärfe und Härte, in seinen Augen loderte es zuweilen merkwürdig auf. Sein Wesen entbehrte – auch wenn er sehr freundlich sprach – nicht einer gewissen Schroffheit, und von welcher ungebändigten Leidenschaft, welchem Jähzorn der Mann beherrscht war, das hatte er nur zu klar und erschreckend gestern erleben müssen.

Wie mußte das junge Weib an seiner Seite leiden! Daß hier nicht alles stimmte, hatte er mit dem scharfen Blick des Priesters auch gar bald gesehen. Aber bis jetzt hatte sie nie etwas über ihren Mann oder ihre Ehe gesagt, – er war ja auch erst vier Monate hier.

Eins nur konnte der Mönch nicht begreifen: Wie kam der Graf zu dieser Tochter!

Dessen erste Ehe mit allem romantischen Drum und Dran war ihm kein Geheimnis geblieben, schon sein Abt hatte ihm davon gesprochen. Die Mutter des Mädchens mußte geradezu ein Engel gewesen sein, wenn die Tochter ihr glich, – ihm wurde immer ganz feierlich zumute, wenn er Hildgardis in ihrer lichten, goldenen Schönheit sah. Sie hatte so gar nichts von dem Vater an sich, auch die tiefdunkelblauen Augen nicht, eher glich sie mit diesen dem Ohm Rudolf.

Und der Pater sann weiter – eigentlich stand Markgraf Otto ziemlich allein inmitten seiner Umgebung, trotz Weib und Kind, – soviel hatte er aus den verschiedenen Beichten der Burgbewohner bereits klar herausgehört. Liebe, wie Markgraf Rudolf, besaß er jedenfalls keine. Viel eher fürchtete man ihn überall. Das würde natürlich nach dem gestrigen Ereignis noch viel mehr der Fall sein. Merkte er das aber – und es konnte ihm nicht verborgen bleiben –, dann zog das nur noch mehr Härte bei ihm nach sich.

Ein starkes Mitgefühl für Otto sprang plötzlich in dem Pater auf, als er diese Kette von Schwierigkeiten vor sich sah. Der Mann dauerte ihn von Herzen, der so arm bei all seinem Glanz und Reichtum war. Hier lag eine schwere

Aufgabe für ihn als Priester und Diener des Allerhöchsten, und er wollte versuchen, ihr mit viel Beten und Fasten nachzukommen. Gleich jetzt wollte er damit beginnen – – und nun war er mit ganzer Seele dabei, als ein Paternoster nach dem anderen für Otto von seinen Lippen kam.

Jedoch auch der, dem die Gedanken und Sorgen des Bruders und Paters galten, hatte in dieser Nacht nicht geschlafen. Er ärgerte sich unbeschreiblich über sich selbst.

Ein Tor, der er gewesen war, um eines Tieres willen den besten und zuverlässigsten seiner Mannen zu opfern! Was hatte er nun damit erreicht? Nichts, gar nichts! Die Pfote des Hundes wurde dadurch nicht heil, – zudem war das Tier aus der Burg verschwunden, und keiner wußte, wo es geblieben war. Mochte es – er hätte es doch nicht mehr sehen mögen.

Dieser verdammte Jähzorn, der manchmal in ihm hochsprang! Er mußte wahrlich mit allen Kräften dagegen angehen. Nur gut, daß seine Hildgardis nicht dabei gewesen und ihn so gesehen hatte! In ihren Augen Schrecken über den Vater zu sehen, hätte er nicht ertragen! Schlimm genug schon, daß er im Gesicht seiner Frau solches Entsetzen sah. Wenn er nicht blitzschnell an das Kind gedacht hätte, das sie erwartete – traun, er hätte sie angeschrien. Was ging es diese Mondscheinpflanze an, was er tat!

Er ärgerte sich auch über seinen Bruder. Der hätte ihm das, was er ihm sagte, auch allein, nicht in Gegenwart von Katharina, und dann anders sagen können. Sie taten ja gerade alle so, als wäre er ein Tyrann oder sonst was.

Hatte er letzten Endes nicht als Markgraf dasselbe Recht, zu tun, was er wollte, wie Rudolf? Obwohl dieser der Ältere war. Es war nur ein Jahr Unterschied zwischen ihnen – kam das überhaupt in Frage?

Torheit! Rudolf sollte ihm nur noch einmal in solcher Weise vor anderen entgegentreten wie heute, dann würde er ihm anders antworten.

Otto steigerte sich bei solchen Gedanken immer mehr in Zorn und Ärger über die anderen hinein und vergaß ganz die eigentliche Ursache von allem. Es erging ihm so, wie es allen denen ergeht, die sich nicht die Augen ernstlich über sich selbst öffnen lassen, nicht mit heiliger Entschlossenheit den Kampf aufnehmen wollen – er suchte und fand an allen anderen das Unrecht und die Ursache, sich aufzuregen, nur nicht an sich selbst.

Verärgert rannte er unmutig in seinem Schlafgemach auf und ab und schleuderte aus dem Wege, was ihm gerade nicht paßte, unbekümmert darum, daß seine Gemahlin nebenan schlief.

Plötzlich stand er still und horchte, – ein leises, verängstigtes Weinen, das anscheinend mit Gewalt zu unterdrücken versucht wurde und doch nicht zu beherrschen war, tönte an sein Ohr. Das war sicherlich Katharina – schon sprang der Zorn heftiger in ihm auf. Mit einem Satz war er an der Tür, schlug mit der Faust dagegen, daß es dröhnte und gebot barsch: »Ruhe!«

Das Schluchzen verstummte jäh – ein grimmiges Lächeln flog über das finstere Gesicht des Grafen. Er wollte sich schon seinen Frieden zu wahren wissen, besonders in seinem Hause. Sein Weib hatte ihm einfach zu gehorchen. Was ging sie ihn weiter an! Sie war ihm nur Mittel zum Zweck.

Sollte ihr Kind ein Sohn sein – er atmete unwillkürlich dabei auf –, dann wollte er doch versuchen, Rudolf zu bestimmen, ihm auch noch von seiner Erbschaft einen Anteil zu geben. Vielleicht heiratete der Bruder gar nicht – ihm schienen die Weiber ja alle gleichgültig zu sein – in diesem Falle war sein Sohn der alleinige Erbe – –

Otto war ans Fenster getreten. Kühne, weitgehende Pläne beschäftigten plötzlich den stolzen Mann und ließen alles andere in den Hintergrund treten. Welch ein Besitz an Macht und Größe würde seinem Erstgeborenen alsdann einst zustehen! Wahrlich, damit konnte er als Markgraf kühnlich eine Königstochter begehren! Für Hildgardis, seinen Liebling, war auch bereits gesorgt. Sie kam nicht zu kurz, o nein, durchaus nicht!

Plötzlich fuhr der Graf zusammen. Ganz in seiner Nähe ertönte ein lautes »Ku-witt, Ku-witt« – anhaltend, eindringlich.

Der Totenvogel, – wie die Leute immer sagten.

Pah – er glaubte nicht daran! Mochte doch der Kauz schreien, soviel er wollte. Schade nur, daß es noch nicht hell genug war, ihn zu sehen, – er hätte ihn schnell heruntergeholt! Sein Pfeil traf immer.

Er trat vom Fenster zurück, seine Gedanken flogen wieder in die Zukunft. Dennoch horchte er dabei ungewollt auf den gleichmäßigen Ruf »Ku-witt, Ku-witt«. Erbost griff er endlich nach einer kleinen Schale, die gerade auf dem Tisch stand – in weitem Bogen flog sie in den Baum und schlug nach einigen Augenblicken klirrend drunten im Burggarten auf.

Der Vogel verstummte – Otto lachte. Mit solchen Gespenstern war leicht fertig zu werden, so – nun war Ruhe.

Doch nein, – da fing er ja schon wieder an, noch beharrlicher und eindringlicher, vor allem noch näher zur Burg. –

Zornig verhängte Otto das Fenster, warf sich aufs Lager und zog die Decke über den Kopf. Er wollte nichts mehr hören. Das kam davon, wenn man in seiner Jugend schon mit solchen Kindermärchen gefüttert worden war. Bei seinem Sohne würde er das zu verhüten wissen!

Etwas später verließ Pater Othmar die Kapelle und trat auf den Burghof. Still und leer lag er da, nur die Vöglein jubilierten ihre Morgenlieder im frischen, zarten Grün der Linde neben dem Brunnen. Drunten im Zwinger regte sich auch bereits erwachendes Leben, der erste Sonnenstrahl glitt von den Schwarzwaldbergen drüben wie kosend über den hohen Bergfried und die altersgrauen Burgmauern.

Der Pater schritt zum Brunnen, zog den Schöpfeimer in die Höhe und netzte sich mit dem kalten Wasser Stirne und Augen. Wie eine Last wollte es sich plötzlich über ihn legen, die Welt sah an diesem klaren Maimorgen genauso aus wie gestern – und doch schien sie ihm anders geworden zu sein.

Er setzte sich auf das Bänklein unter der Linde und faltete die Hände ums Knie. In seiner Seele wiederholte er das Gelübde, das er in der Nachtstunde getan hatte für Rötteln und seine Bewohner, besonders für Graf Otto. Obwohl er erst so kurze Zeit hier war, hatte er sie liebgewonnen, – den stattlichen Markgrafen Rudolf, die zarte Herrin, Gräfin Katharina, die holdselige Hildgardis, den Vogt mit dem kühlen, ruhigen Wesen und dem warmen Herzen – –

»Ei guten Morgen, Herr Pater, genießt Ihr auch die herb' reine Morgenluft im Mai?« Markgraf Rudolf stand vor dem Priester und bot ihm die Hand. – »Ich vermeinte, der erste draußen zu sein, aber Ihr seid mir zuvorgekommen.«

Othmar antwortete mit einem Segenswunsch und schlug das Zeichen des Kreuzes, dann rückte er zur Seite, und Rudolf setzte sich neben ihn.

Einige Augenblicke schwiegen beide – es schien, als fände keiner das rechte Wort.

»Ein schöner Bau«, sagte der Mönch endlich und zeigte auf den Palas.

Rudolf nickte. »Die Grafen von Rötteln haben viel auf ihre Burg gehalten, sie liebten sie – gleicherweise wie ich sie liebe.«

»Es ist hier ein wunderlieblich Fleckchen Erde, allwo man sich heimisch und wohlfühlen kann«, erwiderte der Mönch gedankenvoll, »auch ist die Burg geräumig und groß.«

»Wohl, sie bietet reichlich Platz für zwei, auch drei Familien, so es vonnöten wird«, entgegnete Rudolf lebhaft, »schon im Palas wäre Raum für zwei, und das Haus meines Großvaters, so er zu Anfang seiner Ehe bewohnte, stehet gänzlich leer.«

Er wies auf das schmucklose, zweistöckige Gebäude dem Palas gegenüber in der rechten Ecke des Burghofes. Nachdenklich blieb dabei sein Blick auf den beiden Steinstufen, die ins Haus hineinführten, und dem leichten Graswuchs davor haften – ein flüchtiges Lächeln zog über sein ernstes Gesicht. Hier sollte angeblich der Eingang oder Ausgang des unterirdischen Ganges sein, der drüben in Brombach endete. Vielleicht war es doch gut, demselben einmal nachzuspüren, – er kannte ihn nur vom Hörensagen.

In seine Gedanken hinein fragte der Pater: »Bei der Größe Eurer Burg und des Palas ist die Kapelle reichlich klein, empfandet Ihr nimmer schon Ähnliches?«

»Wohl schon«, antwortete der Markgraf, »und bereits mein verstorbener Herr Vater und Ohm Lutold erwogen den Bau einer größeren. Aber wo! Der Platz ist dazu hier oben ein wenig klein. Man müßte alsdann schon das ehemalige Wohnhaus meines Großvaters niederreißen, und solches geht nimmer an. Auch unten im Zwinger ist wenig Raum. Die Stallungen und Scheunen müßten weiter ausgedehnt werden, auch die sind längst zu klein. Für eine Kapelle wäre jedoch trotzdem dort kein Platz – abgesehen davon, daß sie da nimmer hingehört. Mein verstorbener Bruder und ich erwogen auch allbereits den Plan, das Burgtor niederzubrechen und weiter hinausschieben zu lassen, es wäre solches auf unserem Berge gut angängig. Doch müßten alsdann auch die Mauern verändert werden, und würde solches alles vielzuviel kosten.«

»Wäre auch um der Kapelle willen nimmer nötig«, lächelte Othmar, »mir ist's im Gegenteil sehr lieb, so sie oben im Palas verbleibet. Da ist mein Gemach unweit davon, solches ist mir für die täglichen Andachten nur angenehm. Und ich weile doch gerne vor dem Altar der heiligen Jungfrau, sonderlich, so das Herz einmal beschweret ist.«

»War's Euch heute?« fragte Rudolf mit raschem Seitenblick.

»Warum solche Frage, edler Markgraf?«

»Ihr seht bläßlich aus, Herr Pater. Vermute, Ihr waret zu lange in der Kirche.«

»Und wenn?«

»Ich könnte solches nur zu gut begreifen«, erwiderte Rudolf langsam und wandte dem Mönch voll das edle Gesicht zu, »schlief ich doch selbst nimmer.«

Die Blicke der beiden Männer trafen sich und wurzelten sekundenlang ineinander. Nun hob ein tiefer Atemzug die Brust des Grafen – »Pater Othmar, ich glaube, wir verstehen uns.«

»Ihr habt recht, Graf Rudolf. Von heute an umgibt ihn im besonderen meine Fürbitte bei den lieben Heiligen und der gebenedeiten Gottesmutter.«

»Ich danke Euch, Herr Pater! Er braucht's notwendiger, als wir vielleicht meinen. Vergeßt aber auch meiner nicht« – die Stimme sank herab –, »mir ist's auch vonnöten.«

»Nimmer«, rief der Mönch warm, »macht mir doch Eure Gegenwart den Aufenthalt hier besonders lieb.«

Ihre Hände fanden sich mit festem Druck, dann stand der Markgraf auf.

»Ich will zum Zwinger hinab und einen Ritt gen Brombach machen.«

»Der Segen des Allmächtigen geleite Euch« – auch der Pater stand auf und ging langsam dem Palas zu.

IV.

Zwei Wochen waren vergangen. Der Mai ging dem Ende entgegen, es war Sommerszeit geworden. Ein lichtblauer Himmel wölbte sich über dem Wiesental und der schönen Burg auf waldiger Höhe, weit schweifte der Blick aus den Fenstern des Palas, nach der einen Seite hin über die dunklen Schwarzwaldberge und nach der anderen über den Jura mit seinen stolzen Höhen. Von einer der ersten grüßte aus dem Dickicht des Waldes das kleine Türmchen der Kapelle der heiligen Chrischona herüber, weiter hinten aber ragten weiße Spitzen und Zacken empor und zeichneten sich heute mit seltener Klarheit am Himmel ab.

Es war ein Bild voll unbeschreiblicher Schönheit; der bleiche Mann jedoch, der an einem der Fenster stand, hatte heute keinen Sinn dafür. Er sah überhaupt nichts. Er hatte die Lippen zusammengepreßt und hob bei jedem leisen Geräusch horchend den Kopf oder blickte zu dem Mönch hin, der vor dem kleinen Altar an der Hinterwand des Gemaches auf den Knien lag und leise betete.

Unendliche Angst lag auf dem edlen Gesicht. Nun trat er zu dem Pater.

»Vergebt, so ich Euch störe, ich ertrag's aber fast nimmer länger. Könnte man nicht –«

»Nein, Graf Rudolf«, unterbrach Othmar bestimmt, »wir können nichts, denn uns gedulden. Betet auch Ihr, das ist das einzige, so wir zu tun vermögen.«

Der Markgraf machte einen raschen Gang durchs Gemach – »Pater Othmar – so sie sterben würde«, murmelte er fast tonlos.

»Es wäre nimmer das Schlimmste, so ihr begegnen könnte«, erwiderte der Mönch sehr leise und heftete seine dunklen Augen nachdenklich auf den bleichen Mann.

Der sank auf einen Stuhl am Tisch und bedeckte das Gesicht mit der Hand. »Ich weiß«, stöhnte er, »ach, sie hatte ein anderes Leben verdient.«

Der Pater setzte sich zu ihm, lange blieb es still. Da wurde die Tür leise geöffnet, Hildgardis kam herein. Die blonden Locken hingen wirr um den Kopf, das holde Gesicht war tränenüberströmt. Mit leidenschaftlichem Schluchzen warf sie sich an Rudolfs Brust.

»Ohm, ist es wahr, muß mein junges Mütterlein sterben? O, der Todesvogel schrie in den letzten Wochen fast jeden Abend so angstvoll – galt's ihr?«

Beruhigend strich der Graf über die heißen Wangen des Kindes, während Pater Othmar sanft sprach: »Tod und Leben eines Menschen stehen bei dem Allerhöchsten, Mägdelein. Auch wir vernahmen den Ruf des Totenvogels, und so die lieben Heiligen uns damit eine Mahnung wollen zukommen lassen, sollen wir sie gar wohl beachten.«

»Wenn der Vater nur da wäre«, weinte sie.

»Vielleicht ist's besser so«, sagte der Mönch leise, »zudem sind ihm schon in der Morgenfrühe etliche Knechte nachgesandt worden. Aber Bern ist weit.«

»Ohm Rudolf, darf ich nimmer zu ihr?« bettelte Hildgardis.

»Nein, mein Kind«, erwiderte dieser mit nun völlig beherrschter Stimme, »sieh, auch wir dürfen es nicht, solange der Medikus bei ihr weilet. Wir müssen eben warten.«

Er nahm das zarte Mädchen in den Arm, strich die wirren Locken zurück und sprach ihr tröstend zu, bis endlich die Tränen versiegten und die wundervollen blauen Augen getrocknet waren. Dann begann er ihr allerlei von Bern zu erzählen, wohin der Vater ehegestern geritten war, auch von der schönen, alten Stadt Basel drunten am Rhein, wohin sie bis jetzt noch niemals kam, und von einem großen, herrlichen Schloß eines Grafen im Elsaß, das sie später einmal sehen würde, – – der Pater aber saß dabei und bewunderte im stillen die völlige Ruhe des Burgherrn, während er doch wußte, daß er sich in Angst um die mit dem Tode ringende Burgherrin verzehrte.

Heute in der Frühe schon war ein Knappe mit verhängten Zügeln nach Basel gejagt, den Medikus zu holen, um der von einer Ohnmacht in die andere sinkenden Frau Katharina beizustehen, während Sybille, des Vogtes treues Weib, und die anderen Frauen sich um sie bemühten. Seit jenem schrecklichen Tage vor reichlich zwei Wochen hatte sie sich nicht mehr wohl gefühlt, jedoch nie gewagt, ihrem Manne auch nur ein Wort davon zu sagen. Höchstens Frau Sybille klagte sie ihre Not, die beiden ziemlich gleichaltrigen Frauen hatten sich sehr aneinander angeschlossen.

Rudolf sah wohl, daß sie litt; er hielt es aber mehr für seelisch. Erst gestern war ihm ihr verändertes Aussehen aufgefallen, und auf eine Frage von ihm, in der seine ganze, plötzlich aufsteigende Sorge lag, brach sie in Tränen aus. Und nun die Angst vor ihrem Mann sie nicht mehr mit Allgewalt aufrechthielt, da er für etliche Wochen ins Helvetische gezogen war, um auf Bären zu jagen, brach sie zusammen.

Wie würde es nun werden?

In leisem Gebet faltete der Pater aufs neue die Hände, da blickte Frau Sybille herein.

»Kommt, Jungfräulein«, rief sie mit zitternder Stimme, »es ist Mittagszeit, und wir wollen sehen, wo man uns etwas zu essen bereitet hat. Euch aber, Herr Markgraf, und den Herrn Pater läßt der Medikus bitten –« sie brach ab und wischte sich hastig über das Gesicht.

Rudolf war schon an der Tür – »Wie steht's?« fragte er im Hinauseilen.

Doch nur der Pater vernahm die leise Antwort: »Hoffnungslos.«

Hastig eilte er dem Grafen nach, der bereits leise in das Schlafgemach der Herrin eingetreten war.

Der Medikus, ein älterer Mann, kam ihm mit ernstem Gesicht entgegen. »Ein toter Knabe«, flüsterte er, »doch solches wäre nimmer das Schlimmste. Viel trauriger ist es mit ihr –«, er wies auf Katharina, die weiß wie das Linnen in den Kissen lag, »da ist nichts mehr zu helfen.«

Rudolf stand einen Augenblick still und schloß die Hände wie im Krampf.

»Nehmt Euch zusammen«, mahnte der Arzt – da atmete er tief auf und trat völlig beherrscht leise näher.

Katharina hob mühsam die Augenlider, als ob sie seine Nähe gespürt hätte, – ein lichter Schein ging über die schmal gewordenen Züge.

»Ihr seid es«, flüsterte sie kaum hörbar, so daß er sich über sie beugen mußte, um zu verstehen.

»Ja, ich bin's, und ich bleibe bei Euch, Katharina, so Ihr es wollt.«

»O bleibt –«, aber jähe Angst trat plötzlich in ihre Augen, »Otto – –«

»Er kann noch immer kommen«, beruhigte sie der Graf leise, »seid ohne Sorge.«

Ein erleichternder Atemzug hob die Brust, sie tastete nach seiner Hand. Er nahm sie zart und behutsam in seine beiden und setzte sich still neben das Lager, indes der Mönch an die andere Seite trat.

Als sie ihn erblickte, flüsterte sie leise: »Er soll Rudolf heißen.«

Erstaunt sah Othmar den Medikus an, – der winkte ihm und dem Grafen ängstlich zu. Die beiden Männer verstanden – –

»So soll er getauft werden«, entgegnete der Pater sanft, »doch dürft Ihr anjetzo nimmer so viel reden, edle Frau. Versucht vielmehr zu schlummern.«

Sie lächelte matt und fiel tatsächlich in einen leichten Schlaf.

Nun winkte der Medikus dem Priester. »Die Geschichte vor zwei Wochen, von der wir mit Entsetzen in Basel vernahmen, ist die Ursache von diesem Elend«, flüsterte er grimmig, »ich wollte nur, der Graf käme erst, so alles vorüber ist.«

»Wie lange etwa – –«

»Kann's nicht sagen, höchstens bis zum Abend.«

»Vorher kann er nimmer hier sein«, erwiderte der Pater erschüttert. »Darf das Edelfräulein herein?«

Der Medikus schüttelte den Kopf. »Besser nicht. Laßt sie in Frieden dahinfahren.«

Der Pater nickte und kniete dann auf dem Betschemel vor dem Kruzifix nieder, das unweit des Bettes an der Wand hing.

Es war totenstill in dem Gemach. Die weiche, warme Sommerluft wehte durch die beiden Fenster und strich wie kosend über das weiße Gesicht der Sterbenden, auf das Rudolf in tiefstem Weh unverwandt niederblickte. Wie hätte er ihr das Leben zum Paradies machen mögen, wie hätte er sie mit seiner Liebe umhegt, wäre sie sein Weib gewesen! So aber durfte er ihr nichts sein – bis heute. Heute jedoch – in diesen letzten Stunden – gehörte sie ihm, ihm allein! Der war ja nicht da, dem sonst der Platz hier gebührt hätte.

Sanft und zart faßte er nach den schmalen, durchsichtigen Händen, die unruhig auf der Decke hin und her zuckten. Entsetzt öffnete Katharina die Augen, – atmete aber erleichtert auf, als sie den Markgrafen erkannte.

Wie furchtbar mußte das arme Weib an Ottos Seite gelitten haben!

»Rudolf«, sagte sie jetzt leise und zog ihn zu sich herab, »ich weiß, daß ich sterben werde, und ich danke dem Allmächtigen für solche Gnade. Das Leben wäre mir neben Otto zu schwer geworden, obgleich er im ganzen ziemlich gut zu mir war. Sagt ihm meinen Dank für jedes freundliche Wort, so er dem ungeliebten Weibe sagte. Wie wird er zornig sein, da ich ihm seinen Lieblingswunsch nicht erfüllen konnte. Mein Knabe ist tot – ich weiß es, Ihr braucht mir nichts zu verbergen. Vorhin ahnte ich es noch nicht, nunmehr ist mir's Gewißheit geworden. O – es ist gut so! Wie wäre sein Leben ohne Mutterliebe einsam und leer geworden! Mein Kind – nun finde ich dich bei den lieben Englein wieder.«

Sie schwieg völlig erschöpft.

Rudolf beugte sich über sie, seine Stimme war dunkel vor innerer Bewegung.

»Katharina, vergebt ihm alles! Auch er kann noch ein anderer werden, auch in ihm sind gute Tugenden.«

»Ich vergebe ihm, – mag ihm nur der Allmächtige vergeben, daß er solcherweise mit Menschenleben umgeht, als er es getan hat«, hauchte sie, und ein Schauer ging über sie hin, »Ihr hättet anders gehandelt, Rudolf.«

»In allem, Katharina«, murmelte er heiser.

Sie sah ihn an, – – ein unendlich weicher Ausdruck voller Liebe trat in die glänzenden, großen Augen. Der Graf senkte den Kopf, kaum noch Herr seiner selbst.

Nun zog sie ihn näher zu sich und flüsterte: »Daß Ihr

bei mir seid in meiner letzten Stunde, will ich den lieben Heiligen noch in der Ewigkeit danken, Rudolf. Alles fällt von mir ab – mir ist so leicht, genau wie damals, da ich Euch kennenlernte, ehe ich Euren Bruder freien mußte – mußte, Rudolf!«

»Ich weiß es, Katharina.«

Wieder schwieg sie einige Minuten. Der Graf zwang sich mit äußerster Gewalt, gefaßt zu bleiben, aber der Pater, der inzwischen ans Fußende des Bettes getreten war, sah, wie er kämpfen mußte.

»Grüßt Hildgardis«, fuhr die Gräfin nach einiger Zeit fort, »möchte dem Kinde eine lichte Zukunft blühen! Noch liebt sie der Vater zärtlich – wer weiß, ob's also bleibet. Steht ihr alsdann zur Seite, Rudolf. Auch sie wird mich bald vergessen haben – nur Ihr werdet meiner denken –«

Nun drohte den Mann doch die Kraft zu verlassen.

Er lehnte den Kopf an ihre Wange – – »Immer, Katharina, immer«, stöhnte er auf.

Wieder war es lange still. Unaufhaltsam rann die Zeit dahin, – unaufhaltsam kam das Letzte. Wohl eine Stunde und mehr war vergangen. Der Medikus hatte sich leise entfernt, war lange fortgeblieben und wiedergekommen, mit ihm Frau Sybille, – Rudolf hatte es kaum beachtet.

Nun hob Katharina die Hand und versuchte, über sein Haar zu streichen – doch kraftlos sank der Arm zurück.

In diesem Augenblick berührte Pater Othmar leise die Schulter des Grafen und deutete auf die Sterbende. Rudolf preßte die Lippen zusammen – – jetzt war der *eine* ans Lager getreten, dem sie alle Platz machen mußten!

Pater Othmar bereitete schnell die heilige Ölung vor und winkte dem Arzt, mit Frau Sybille das Zimmer zu verlassen – es eilte mit der heiligen Handlung.

Rudolf schob sanft seinen Arm hinter Katharina, sie zu stützen – aber noch war Pater Othmar nicht fertig, da sank ihr Kopf an die Schulter des Grafen, ihre Seele war entflohen.

Es war Nacht geworden.

In der Burgkapelle lag die Schloßherrin aufgebahrt, ihr totes Kind im Arm. Im Wohngemach des Paters aber saß der Markgraf diesem gegenüber und hatte das Gesicht in den Händen verborgen.

Was der Priester, der das Leben nur aus den Klostermauern her kannte, ihm an tröstenden Worten gesagt hatte, wußte er nicht, er hatte kaum darauf geachtet. Aber eins fühlte er mit aufsteigender Dankbarkeit: Wenn der Mann ihn in seinem Leid auch nicht verstehen konnte, so hatte er ihn doch nicht verurteilt, sondern gütig und lind zu ihm geredet wie ein Freund. Mehr noch – er hatte nichts gefragt, nichts zu wissen begehrt, – er hatte nur versucht zu trösten. Wenn ihm das nicht gelungen war, so lag das nicht an ihm. Mit diesem Leid mußte er eben allein fertig werden – – und er würde es!

Er hatte auch zu versuchen, auf seinen Bruder einzuwirken, mußte es mit seiner ganzen Persönlichkeit versuchen!

Vorhin war Otto auf schweißtriefendem Tier angelangt; er war noch nicht in Bern gewesen, als die Boten ihn erreichten. Mit finsterer Miene war er im Burghof vom Pferd gesprungen, und seine Züge wurden noch finsterer, als er an die Bahre trat.

Da lag nun seine Hoffnung tot im Arm der toten Frau – ihm schlug aber auch alles fehl!

Wenn das Weib recht behielte, das vorhin, als er kam, seinen Pfad kreuzte!

Wie eine Spukgestalt war sie aufgetaucht und hatte schadenfroh gerufen: »Der Fluch von Gottholds Weib fängt an, in Erfüllung zu gehen, Herr Ritter!«

Wütend hatte er einen Pfeil ihr nachgesandt – höhnisches Gelächter aus dem Waldesdunkel antwortete ihm.

Da war er den Berg hinaufgesprengt und in den Burghof hinein – – dort traf ihn die Kunde: Weib und Kind tot! Ein Grausen ging über ihn hin und wollte ihn an der Bahre noch einmal packen – er schüttelte es unwirsch ab.

Der Gertraude und ihrem Fluch sollte bei der ersten Gelegenheit sein Pfeil ein Ende machen, das gelobte er sich mit heiligem Eid. Dann war diese Sache erledigt und wehe, wer von seinen Mannen noch davon reden würde!

Dann war der verblendete Mann, mit seinem Geschick und allen Menschen hadernd, in sein Gemach gegangen, ohne den Bruder zu begrüßen. Der suchte ihn auch nicht auf – er brauchte selber Zeit, sich zu sammeln.

Der Pater und auch er wußten bereits von den Worten der Gertraud, sein Knappe Eppo hatte sie ihnen gleich hinterbracht. Die Knechte, die seinen Bruder auf dem Heimritt begleiteten, hatten sie ja alle gehört – es war wie ein Lauffeuer bei den Burgbewohnern herumgeflogen und stand bei ihnen felsenfest: Der Fluch jenes Weibes hat getroffen und fängt an, in Erfüllung zu gehen! Und manch einer bekreuzigte sich im stillen angstvoll und flüsterte: »Mögen uns die lieben Heiligen schützen, daß uns das Unheil nicht mit ihm zusammen treffe.«

V.

Es war Herbst geworden. In leuchtender Farbenpracht prangten die waldbestandenen Berge, die das Wiesental umsäumten; wundervollen Farbenreichtum zeigte der Jura. Blau und klar wölbte sich der Himmel über all der Schönheit; die Luft war so durchsichtig, daß sich die weißen Alpenfirnen im Oberlande scharf am Horizonte abhoben. Es hatte mehrere Tage lang geregnet, da genoß man den herrlichen Morgen doppelt.

Auch in der guten Stadt Basel. Reges Leben und Treiben herrschte in den Straßen, denn es war heute Markt, und schon in früher Morgenstunde waren viele Bewohner der umliegenden kleineren und größeren Ortschaften gekommen, ihre Waren anzubieten und selber einzukaufen.

Auch die Ritter und edlen Herren der Umgegend kamen an solchem Tage gerne zur Stadt. Sie waren dann gewiß, immer eine Anzahl Bekannte zu finden, und es ging oft in der Stube »Zur Mucke« am Schlüsselberg hoch her. Hier war der Treffpunkt all der Herren vom hohen

Adel, hier fanden ihre Gesellschaften und Lustbarkeiten statt, und keiner vom Bürgerstande durfte daran teilnehmen, es sei denn, er bekleidete eins der höchsten Ehrenämter der Stadt oder galt als sehr reich.

So war auch heute in der Trinkstube »Zur Mucke« bereits ein großer Kreis zusammen, und immer mehr kamen hinzu. Da saß der Truchseß von Wohlhusen aus Bettingen, oberhalb Riehen, mit dem von Bärenfels aus Grenzach zusammen; der Eptinger Herr aus Pratteln fehlte nicht, ebensowenig der Graf von Tierstein und der Reich von Reichenstein. Aber auch die Schaler waren da, die Marschallke, Kämmerer, ze Rhin und viele andere.

Man saß in fröhlicher Runde an größeren und kleineren Tischen beisammen, tauschte Rede und Gegenrede, und manch derbes Scherzwort fiel, mancher Witz wurde erzählt und belacht, der nicht für Frauenohren getaugt hätte. Man war ja »unter sich«!

Auch Markgraf Otto von Rötteln war heute wieder einmal gekommen. Es war das erstemal seit dem Tode seiner Gemahlin, und man hatte ihn mit frohen Worten begrüßt – wußte man doch überall, daß er ihr nicht sonderlich nachgetrauert hatte. Noch lieber hätte man freilich gesehen, sein Bruder Rudolf wäre mit ihm zusammen erschienen. Schätzte man diesen doch ganz besonders hoch. Der aber war zur Sausenburg geritten, wie Otto erzählte, um dort nach dem Rechten zu sehen.

Bald war man in eifrigem Gespräch über all die Tagesneuigkeiten, die geschehen waren. Dabei wurde dem Weine eifrig zugesprochen, und die Diener hatten zu tun, die leeren Pokale immer neu zu füllen.

Als einer der letzten Gäste kam noch Herr Burkhard Werner von Ramstein, das Stadtoberhaupt. Er war erst kurze Zeit im Amte, aber sie hatte genügt, ihm die allgemeine Hochachtung der Stadt zu sichern. Sein Blick war scharf, er sah alles und jedes, nichts entging ihm – und seine Zunge war ebenso scharf. Wo er etwas Unrechtes sah, ging er schonungslos vor, wie er selber äußerst gerecht war. Gerade diesen Eigenschaften wegen wurde er bei allen ehr- und tugendsamen Bürgern geschätzt, und man war froh, ihn als Bürgermeister zu haben.

Der Adel in der Stadt aber fürchtete ihn ein wenig. Wenn er auch einer aus ihrem Kreise war, ließ er ihnen doch nichts durchgehen und sah ihnen sehr auf die Finger. Da hieß es, sich in acht zu nehmen.

Trotzdem hatte man ihn andererseits gerne, denn er war ein guter Gesellschafter, und so saß er auch heute bald in angeregtem Gespräch an einem der Tische mit einer Anzahl vom Stadtadel zusammen. Ein mächtiger Humpen stand vor ihm, er trank aber nur wenig. So behielt er seinen klaren, ruhigen Blick, während bei fast allen anderen der Wein bereits stark zu wirken begann.

Die einen fingen an zu singen, die anderen stritten sich, ob Bischof Johannes sich wirklich mit den Bernern auf sechs Jahre verbunden habe, wie die allgemeine Rede ging. An einem dritten Tisch erhitzte man sich über Walter von Geroldseck, der ein Wegelagerer und Raubritter schlimmster Art und der Schrecken sämtlicher Reisenden und Kaufleute war.

An diesem Tisch saßen die Grafen von Tierstein und

Rötteln beieinander, und eben rief der Markgraf mit dröhnender Stimme: »Wenn's gegen den Geroldsecker einmal angeht, bin ich der erste mit dabei, und wehe ihm, so ich ihn erwische!«

»Alsdann lernt er gleicherweise das Fliegen wie Euer Diener Gotthold«, lachte der Tiersteiner weinselig dazwischen.

Das Wort fiel wie ein Donnerschlag in die ganze Gesellschaft. Überall horchte man auf, war doch diese Tat Ottos zur Genüge bekannt und oft hier in der »Mucke« erörtert worden, solange Otto nicht dabei gewesen war. Sie hatte auch überall die gleiche Verurteilung erfahren. Die Zeit war gewißlich eine rauhe, und man war an Blutvergießen gewöhnt, aber treue Diener verstand man doch zu schätzen und handelte nicht mit ihnen in solcher Weise, auch wenn sie Strafe verdient hatten.

Es war aber wie auf Verabredung heute keine Andeutung darüber bisher gefallen, – man kannte den Jähzorn des Röttlers! – und bei dem unbedachten Wort des Tiersteiners ging es fast wie ein leises Erschrecken durch diejenigen hin, die es gehört hatten.

In Ottos Gesicht schoß die Röte, seine Augen bekamen eine dunklere Färbung.

»Was kümmert Euch solches?« fuhr er den Grafen von Tierstein an.

»Soviel als uns alle«, lachte dieser, dem der Wein schon sehr stark zu Kopf gestiegen war, vergnügt – »wir hätten's alle gleichermaßen gemacht.«

»Oho –«

»Was schwätzt Ihr da –«

»Uns gilt ein Mann mehr denn ein Hund –«

»Laßt die elende Geschichte ruhen!«

»Er konnte tun, was er wollte –« schwirrte es jetzt durcheinander, der Markgraf aber fuhr in aufsteigendem Zorn dazwischen: »In meine Sachen hat sich keiner zu mischen, und so es einer wagt, soll er mich kennenlernen!«

Sekundenlange Stille trat ein. Bei den meisten war der Weinrausch der Erregung gewichen, die anfing, Platz zu greifen; die Besonneneren suchten nach einem schnellen Ausweg aus der drohend gewordenen Lage.

Da schnitt kalt und scharf Herrn Burkhard Werners Stimme durch die Stille: »Ihr könnt von Glück sagen, Markgraf von Rötteln, daß Ihr nicht zu Basel wohnet. Solch himmelschreiender Frevel wäre Euch hier nimmer unvergolten geblieben. So aber wird der Allmächtige einst mit Euch abrechnen.«

Ein erleichtertes Aufatmen ging durch viele bei diesen klaren, deutlichen Worten hin; andere sprangen auf, dies und jenes von Vorrechten des Adels und ähnlichem rufend. Markgraf Otto aber war, blaurot im Gesicht, aufgefahren, seine Augen rollten, hoch schwoll die Ader an seiner Stirne an.

»Das sollt Ihr mir büßen, Bürgermeister«, schrie er voll Wut, »solches vergesse ich Euch nimmer!«

»Steht in Eurem Belieben«, erwiderte dieser stolz. »Gebt Frieden, Ihr Herren«, wandte er sich dann gebietend zu den anderen, »vergeßt nimmer, daß Ihr Euch zu Basel befindet.«

Hocherhobenen Hauptes verließ er das Gemach. Draußen vor dem Hause traf er etliche Ratsherren. Er grüßte sich freundlich mit ihnen und bat sie dann höflich, eine Ratssitzung, die für die achte Abendstunde einberufen war, abzubestellen. Er hätte in notwendiger Angelegenheit gen Liestal zu reiten und wisse nicht, ob er zur rechten Zeit zurück sein könne.

Gerne übernahmen sie den Auftrag und wünschten ihm gute Verrichtung – – droben aber im Hause »Zur Mucke« schloß sich im ersten Stock leise ein Fenster, aus dem Markgraf Otto sich eben hinausgelehnt hatte, um sein heißes Gesicht ein wenig zu kühlen. Mit böse funkelnden Augen setzte er sich wieder an den Tisch und leerte nachdenklich seinen Humpen. Er beachtete nicht, daß einer nach dem anderen sich entfernte und die Stube schon halb leer war.

Nun stand auch er auf, einen harten Zug im Gesicht. Nur etliche vom Stadtadel waren noch versammelt, sie saßen in ruhiger Unterhaltung zusammen. Mit kurzen Worten nahm Otto Abschied und ging. Bald darauf verließ er mit seinen wenigen Knechten die Stadt zum Riehentor hinaus.

Es ging auf den Abend.

Hinter den Vogesen war die Sonne zur Rüste gegangen. Von den Bergen stiegen die Schatten hernieder, feiernd lag die Natur. Überall in den Dörfern und auch in der Stadt tönten die Abendglocken.

In einer halben Stunde wurden die Tore von Basel geschlossen; schon hatten die Torglocken im Münster und St. Leonhard das erste Zeichen gegeben, damit sich jeder, der noch draußen weilte, eilen konnte, hineinzukommen.

Gemächlich kam Herr Burkhard Werner von Ramstein

seines Weges dahergeritten. Er brauchte sich noch nicht anzustrengen, die Stadt rechtzeitig zu erreichen, – in zehn Minuten schon war er am Tore, wenn er wollte. Er war sehr zufrieden mit dem Ausgang der Sache, wegen der er in Liestal zu tun gehabt hatte. Ein Stück Wald und etliche Wiesen hatte er käuflich zu nicht sehr hohem Preise für Basel erwerben können, das bedeutete einen guten Zuwachs zum Besitz der Stadt.

In Gedanken noch einmal den Kaufvertrag durchgehend, ließ er seinem Roß die Zügel und ritt langsam dahin, gefolgt von seinen zwei Dienern und einem Knecht.

Schon sah er die Mauern Basels auftauchen – da brach's plötzlich aus dem Gebüsch am Wege hervor und auf ihn zu. Ehe er sich noch besinnen konnte, rief eine wutbebende Stimme neben ihm: »Nun kommt die Abrechnung mit Euch, Herr Bürgermeister! Ungestraft beleidigt mich keiner!«

Blitzschnell übersah Burkhard Werner, in welcher Gefahr er schwebte, als er diese Stimme erkannte. Aber schon hatte auch er sein Schwert herausgerissen und hieb auf den Gegner ein.

Nun waren seine Diener heran und stürzten sich mit lautem Geschrei auf den Angreifer, dem seine Leute ebenfalls zu Hilfe geeilt waren.

Ein furchtbar kämpfender Knäuel wälzte sich auf der Straße hin und her, die Schläge prasselten aufeinander, – keiner wich. Vergebens versuchte der Bürgermeister, sich während des Kampfes der Stadt zu nähern – Markgraf Otto merkte die Absicht gar wohl und drängte ihn immer wieder zurück.

Mit wahnsinniger Wut schlug er auf den Bürgermeister ein, der, wie die Seinen, nur leicht bewaffnet war, aber wie ein Löwe focht. Er wußte, es ging um Leben oder Tod!

Kam denn niemand von der Stadt ihnen zu Hilfe? Man mußte doch den Tumult dort hören! Aber freilich – es konnte keiner ahnen, was hier eigentlich vorging.

Jetzt aber – ein freudiger Schreck durchzuckte ihn – dort kam ein Haufe aus dem Albantor hergesprengt – – Hilfe nahte! Bald mußten sie hier sein – dann wehe dem Markgrafen!

Doch auch dieser hatte sie bemerkt, und mit verdoppelter Wut drang er auf Burkhard Werner ein – wurde er denn vielleicht gefangengenommen, so sollte dieser wenigstens vorher vernichtet sein.

Nun waren die Retter dicht heran. In diesem Augenblick machte der Bürgermeister eine unbedachte Wendung mit dem Kopf zu ihnen hin – – und sank in der gleichen Sekunde blutüberströmt zusammen.

Die allgemeine Verwirrung, die jetzt entstand, wußte der Markgraf klug zu benutzen. Ehe sich die anderen recht besannen und nach dem Mörder umsahen, verklangen die Hufschläge der Fliehenden schon in der Dunkelheit.

Das war ein trauriger Zug, der nun langsam um weniges später durchs St. Albantor in die Stadt einritt! Auf einer schnell aus Zweigen hergestellten Tragbahre lag Burkhard Werner von Ramstein still und bleich, aus der klaffenden Wunde quer über die Stirne sickerte der rote Lebenssaft. Ein Medikus, den ein rasch vorausgeeilter

Bote geholt hatte, konnte nur noch seinen Tod feststellen.

Der Bürgermeister ermordet unter den Mauern der Stadt, vor ihren Toren – ermordet von einem aus höchstem Adel – – ein Wutschrei ging durch die ganze Stadt, als diese Tat wie durch ein Lauffeuer bekannt wurde.

Das forderte Rache, blutige Rache!

Noch am Abend kam der Rat zusammen, selbst Bischof Johannes nahm an der Sitzung teil. Nach nur ganz kurzer Beratung hieß es einstimmig: Auf und gegen Rötteln, den Mordbuben zu züchtigen!

An der Bahre seines toten Herrn aber klagte der eine der beiden Diener, der es verstanden hatte, sich unbemerkt zu entfernen, um Hilfe zu holen: »Ach, daß ich nicht schneller gewesen bin! Vielleicht wäre unser Herr dann am Leben geblieben.«

Mit fieberhafter Eile wurden von dem Rat die Befehle ausgegeben und sofort mit den Vorkehrungen zum Zug gegen Rötteln begonnen – – Rötteln war eine starke Feste, da gab's harte Arbeit, das wußte man.

Zur selben Stunde war Otto auf der Burg angelangt und sofort in seine Gemächer geeilt, ohne jemand zu sehen. Stöhnend sank er dort vor dem Kruzifix an der Wand zusammen. Was hatte er getan? Wozu hatte ihn sein unseliger Zorn wieder hingerissen!

Was würde Rudolf dazu sagen, wenn er es erfuhr? Was würde nun geschehen?

Er wand sich förmlich wie ein Wurm – er – er hatte seine Hände mit Blut befleckt, hatte einen Menschen niedergestochen – weshalb? warum?

Nur eines kurzen Satzes wegen, der noch obendrein –

Er fuhr plötzlich auf – wie, die Worte des Bürgermeisters wären vielleicht gar berechtigt gewesen?

Und nun ging es bei ihm, wie es bei allen solchen Menschen geht, die ihr Unrecht, ihre Sünde nicht sehen wollen, sich gegen jede bessere Erkenntnis verschließen und keinen Vorwurf ertragen können – er bäumte sich gegen die anklagende Stimme in seinem Innern auf, unterdrückte sie gewaltsam und stellte sich schroff dagegen.

Nicht er hatte unrecht getan, der Bürgermeister war es gewesen! Was ging diesen die ganze Sache an, was hatte er sich hineinzumischen, noch dazu in solcher Art und Weise!

Eine unerhörte Beleidigung war es, die er ihm ins Gesicht warf, eine solche Beleidigung, die er als Markgraf von Hachberg-Sausenberg-Rötteln sich nimmermehr gefallen lassen durfte. Sie verlangte Sühne, blutige Sühne, – und die hatte er mit vollem Recht genommen. Wehe dem, der ihn in solcher Weise angriff!

Mochte jetzt kommen, was da wollte, er stand seinen Mann, denn – er war im Recht gewesen!

VI.

In der geräumigen Burghalle neben dem großen Rittersaale hatten die beiden Markgrafen mit dem Pater und Hildgardis zusammen das Frühmahl beendet. Nun saßen sie noch beieinander und redeten über dies und das.

Mit ungewohnter Heiterkeit beteiligte sich Otto an den Gesprächen und war besonders zärtlich zu seiner lieblichen Tochter, die mit Anmut und kindlicher Würde die Hausfrau zu ersetzen suchte.

Von Katharina wurde fast gar nicht mehr gesprochen. Sie hatte recht gehabt, sie war schnell vergessen worden. Nur nicht von Graf Rudolf. Der leere Platz an der Tafel gab ihm immer aufs neue einen Stich ins Herz, und gar manchmal schlug er den Weg zu ihrem stillen Hügel dort auf dem Friedhof von Rötteln ein. Auch Pater Othmar ging zuweilen hin, und er wußte gar wohl, von wessen Hand die Blumen kamen, die das Grab schmückten.

Hildgardis sprach zu Anfang wohl je und dann mit dem Ohm von ihrem lieben Pflegemütterlein, wie sie Katharina genannt hatte, aber nach Kinderart kam sie leichter über deren Tod hinweg, zumal der Vater sie mit seiner ganzen Liebe umschloß.

Alles das ging Rudolf an diesem Morgen durch den Sinn, als sie plaudernd in der Halle saßen, und unwillkürlich beobachtete er etwas mehr seinen Bruder. Hatte er wirklich die Mutter seines Kindes so sehr geliebt, daß er sie nicht vergessen konnte? Es mußte wohl so sein, es mußten zwei Seelen in seiner Brust wohnen, etwas anderes war gar nicht möglich.

Plötzlich blickte er aufmerksamer zu Otto hin – – täuschte er sich oder war dessen Heiterkeit wirklich nur eine gezwungene? Sprach nicht eine gewisse Aufregung aus allem? Sollte er sich am Ende doch in seinem Bruder irren und der viel tiefer empfinden, als er es merken ließ? Spürte er die Leere in seinem Hause mehr, als er es aussprach?

Ein warmes Mitgefühl stieg in Rudolf auf. Vielleicht litt Otto mehr, als er glaubte und ahnte, und er hatte nie versucht, ihn zu trösten, ihm zu helfen, sein Leid zu tragen.

Er machte sich Vorwürfe – da tönte das Horn des Wächters scharf in seine Gedanken und die ganze Unterhaltung hinein.

Die Herren horchten auf – was hatte das zu bedeuten? Besuch kündigte *dieser* Hornruf nicht an – was also sonst? Es war doch keine Fehde irgendwo in Sicht?

»Vernahmst du etwas von –« das Wort erstarb Graf Rudolf auf den Lippen, als er sich zu seinem Bruder wandte, dessen Gesicht jetzt fahle Blässe zeigte. Mit einem Schlage wußte er, da war etwas geschehen, von dem er nichts ahnte.

Bevor er jedoch noch fragen konnte, kam der lange Eppo in großen Sprüngen über den Burghof und stürzte atemlos in die Halle hinein: »Herr, kommt, ein Abgesandter von Basel – er kündet Unglaubliches.«

Der Markgraf war schon aufgesprungen und ging seinem Knappen mit langen Schritten voran. Drunten im Zwinger fand er bereits fast alle Bewohner der Burg zusammenstehen, sie füllten beinahe den ganzen, nicht sehr großen Hof. Ihre heftigen Reden verstummten, als sie den Gebieter sahen, ehrerbietig machten sie ihm Platz.

Auf seinen Befehl öffneten sich die schweren Torflügel. Draußen hielt ein Bote der Stadt Basel und sagte noch einmal vor den Ohren des Herrn dem Markgrafen zu Hachberg-Sausenberg-Rötteln Fehde an wegen der Ermordung des Bürgermeisters, Herrn Burkhard Werner von Ramstein, geschehen gestern am Abend vor dem Stadttor durch Markgraf Otto.

Einen Augenblick stand Rudolf wie erstarrt – nun verstand er das Benehmen des Bruders! Und er hatte geglaubt – – – fort mit den Gedanken, der Augenblick erforderte anderes!

Stolz und gebietend stand er unter seinen Mannen, während sich das Tor hinter dem fortreitenden Boten von Basel kreischend geschlossen hatte. Sie umstanden ihn dichtgedrängt und sahen ihn erwartungsvoll an, fast in aller Mienen las er Empörung und Ärger.

War's anders möglich? Würgte ihn selber doch die Empörung!

Er schwieg einige Sekunden, er mußte sich erst zur Ruhe zwingen, bevor er sprechen konnte.

»Ihr habt solches alles vernommen«, hob er jetzt an, »wir wußten noch nichts von solch ungeheuerlicher Tat. Oder doch?« Er blickte sich um – – »Wo sind die Leute, so meinen Bruder gestern gen Basel begleiteten?«

»Herr, wir waren es«, sprach Gerwin hervortretend und wies auf noch etliche andere, »wir hätten aber nimmer gewagt, Euch solches zu melden.«

»Es wäre besser gewesen, so ihr getan hättet«, entgegnete er sehr ernst, »doch ich verstehe eure Gründe«, fügte er freundlicher hinzu, »nur denkt in Zukunft daran, daß ich der ältere bin. Jetzt aber an die Arbeit, jede Minute ist wichtig. Mit den Baslern ist nimmer zu spaßen.«

Knapp, klar und unverständlich gab er seine Befehle, – in zehn Minuten war der größte Teil seiner Mannen an den Mauern und den beiden Toren beschäftigt, andere aber bereits auf dem Wege, die Vögte von Lörrach, Brombach und Oetliken mit ihren Mannen aufzubieten, die Herren von Wohlhusen aus Bettingen, die von Bärenfels aus Grenzach und die von Eptingen aus Pratteln aber um Hilfe von außen her zu bitten. Mehr war im Augenblick nicht zu erreichen. Es galt, schnellstens zu handeln, denn der Rat von Basel würde jetzt auch nicht säumig sein, das wußte er.

Mit seinem getreuen Vogt, Herrn von Reinach, hatte der Markgraf noch eine kurze Besprechung, nun ging er mit schweren Schritten den gewundenen Pfad entlang, der am Hause des Vogtes vorüber zur Zugbrücke und nach der Oberburg führte. Einen Augenblick stand er an der Brücke still, prüfend überflog sein Blick den breiten Graben und die festen Mauern der Oberburg.

Die Feinde sollten ihre Arbeit bekommen!

Dann ging er mit einem tiefen Atemzug weiter – jetzt kam das Schwerste!

O, ihr Heiligen, was hatte sein Bruder da angerichtet! Was hatte ihn nur zu solcher Tat veranlaßt! Natürlich handelte er wieder im Jähzorn, soviel hatte er schon aus dem herausgehört, was die Leute erzählten. O – diese unselige Leidenschaft! Die brachte ihm doch noch einmal das Verderben.

Mit verschränkten Armen und unbeweglichem Gesicht, die blauen Augen scharf und blitzend auf Otto gerichtet, stand er um weniges später diesem im Wohngemach gegenüber.

Mit seinem ganzen Starrsinn, in den sich dennoch ungewollt ein wenig Verlegenheit mischte, hatte ihm der Bruder den Hergang der Sache erzählt – erst die Zusammenkunft in der Stube »Zur Mucke«, dann das übrige. Er wußte das Ganze so geschickt zu drehen und darzustellen, daß er einen Fremden vielleicht zu der Ansicht hätte bringen können, er sei im Recht gewesen.

Nicht aber Rudolf.

Ohne mit einer Miene zu zucken, hörte er ihm zuerst zu. Als er dann aber mit seinen Gründen und Beschönigungen kam, schnitt er ihm kurz das Wort ab.

»Gib dir keine Mühe«, sprach er mit harter, klingender Stimme, »dein Jähzorn hat ein zweites Menschenleben gefordert. Fahre nicht in die Höhe, es ist also! Meine Meinung über jene Sache mit deinem Diener Gotthold ist dir bekannt, – sie hat sich in nichts geändert. Das Entsetzen darob und zugleich die Angst, das Grauen vor dir haben Katharina einen frühen Tod gebracht. Nun mordest du – jawohl, und ob du dich auf mich stürzen möchtest –, nun mordest du den Bürgermeister, weil er dir die Wahrheit sagte. Er war im Recht damit, – – ich wollte, ich hätte hier solche Macht gehabt als er zu Basel! Und für sein ehrlich Manneswort stichst du ihn herunter –«

»Solches geschah im offenen Kampfe«, brauste Otto dazwischen.

»Den du, gleich Walter von Geroldseck, heraufgeführt hast«, erwiderte Rudolf mit scharfer Ironie, »auch er kämpft immer offen, nachdem er den, so arglos seines Weges zieht, hinterrücks überfallen hat.«

»Rudolf, wäge deine Worte«, rief Otto fast kirschrot im Gesicht.

»Meinest du, ich fürchte mich vor dir?« fragte dieser mit solcher kalten Schärfe, daß Otto jäh erblaßte. »Ich bin wohl der einzige, so dir die Wahrheit entgegenhält, und du sollst sie hören, ganz gleich, ob dir solches angenehm ist oder nicht. Als Folge deiner unseligen Tat kommt zuerst die Fehde gegen uns von Basel aus. Weißt du denn, ob unsere Burg solche Belagerung ertragen kann? Uns bleibt nimmer Zeit, viel zu rüsten – Basel wird gar schnell zufahren. Und so wir uns halten können – wieviel Menschenleben hüben und drüben wird's kosten, ehe die Fehde beendet ist. So wir uns aber nicht zu halten vermögen – erwäge, was alsdann geschieht. Solches alles aber, dieweil du, ein Ritter und Edler unter den Großen des

Landes, nimmer fähig bist, deinen Zorn zu meistern, den du letzten Endes gegen dich selber kehren solltest.«

»Bist du nun fertig?« keuchte Otto dazwischen.

»Nein«, sprach Rudolf stahlhart weiter, »ich habe dir noch eines zu sagen. Dieses Mal stehe ich noch zu dir, nimmer aus brüderlicher Liebe, sondern dieweil's gegen Rötteln geht. Beim nächsten Male jedoch –« er atmete schwer auf, seine Augen wurden fast dunkel und schossen Blitze, sein edles Gesicht war wie aus Stein gemeißelt, »ich schwöre dir solches beim Andenken unseres seligen Herrn Vaters, lasse ich dich alles, so du dir einrührest, auch allein ausbaden. Ich sollte heute schon mit all meinen Leuten die Burg verlassen, – ich tu's nicht, da ich Rötteln zu sehr liebe! Aber meine Meinung kennst du jetzt anjetzo. Nun kümmere dich um die Verteidigung und vergiß nimmer, daß du allen Mannen zu danken hast, so sie ihr Leben für Rötteln drangeben wollen.«

Er wandte sich kurz ab und ging hinaus.

Otto stand fast wie gelähmt vor Wut. Nun ergriff er einen Stuhl und schleuderte ihn mit solcher Wucht zu Boden, daß er krachend zersplitterte.

In diesem Augenblick kam Hildgardis herein. Ihr holdes Gesicht war leichenblaß, mit entsetzten Augen blieb sie an der Türe stehen.

»Herr Vater«, stammelte sie und preßte die feinen Hände auf die Brust, »ist's wahr, Rötteln soll belagert werden? Wegen Euch? Ihr hättet – –« schaudernd verhüllte sie das Gesicht.

Da war mit einem Schlage der ganze Zorn bei dem Markgrafen verraucht, alles, was an edlen Regungen in ihm schlummerte, erwachte. Wie in einem Spiegelbild sah er sein wahres Ich in den Blicken des Kindes. Ein Ekel überkam ihn vor sich selbst – nie – nie mehr wollte er sich von seinem Jähzorn so hinreißen lassen, daß er seine Tochter nicht anzuschauen vermochte. Er hätte es nicht ertragen können, ihre Liebe zu verlieren.

O – alles, nur das nicht!

Und auch jetzt nur nicht vor ihr in solch bösem Lichte dastehen! Das durfte nicht sein, mochte es kosten, was es wollte.

»Hildgardis, mein Kind« – er war auf sie zugetreten und zog sie zärtlich an sich –, »dein Vater handelte, wie es seine Ritterehre verlangte. Höre nicht auf solches, so andere dir vorreden, glaube, was ich dir sage. Verlaß du deinen Vater nicht, ich bin ein sehr unglücklicher Mann, und keiner ist da, so mich versteht.«

Da hing das Mädchen an seinem Halse und rief lachend und weinend zugleich: »Herr Vater, ich wußte ja, daß ich Euch vertrauen konnte. O, Ihr seid gut, und ich habe Euch lieb, so sehr lieb.«

In die Augen des Markgrafen trat etwas Feuchtes, er zog seine Tochter innig an sich und barg sein Gesicht in ihren blonden Locken.

Wie furchtbar schämte er sich vor der reinen Kindesseele!

Und bei allen Heiligen, bei dem Andenken an sein heißgeliebtes, früh verstorbenes, junges Weib, Hildgardis' Mutter, bei allem, was ihm sonst noch heilig war, schwor er sich in diesen Augenblicken, sich nie mehr von seinem Zorn übermannen zu lassen. Mit aller Kraft, die seiner

Seele innewohnte, wollte er dagegen angehen – er wollte, er mußte Herr darüber werden. Er wollte ein rechter Edelmann – ein edler Mann sein um Hildgardis' willen.

In der darauffolgenden Nacht fand Graf Rudolf keinen Schlaf.

Ruhelos wälzte er sich hin und her und blickte mit rechter Sorge in die nächste Zukunft. Eine Anzahl Mannen aus Lörrach und den anderen Orten waren wohl im Laufe des Tages in der Burg eingetroffen, sie bildeten jedoch keinen bedeutenden Zuwachs seiner Streitmacht. Er hatte ja auch nicht alle aus den verschiedenen Ortschaften anfordern können, ein Teil mußte an jedem Platze bleiben, im Falle eine Verteidigung notwendig wurde.

Die Bärenfelser Herren aus Grenzach aber sowohl als auch die Herren von Bettingen hatten sagen lassen, daß sie ihm nicht zu Hilfe ziehen könnten, da sie sich selber der Stadt Basel gegenüber zu schwach fühlten. Sie wollten jedoch versuchen, ihm in anderer Weise beizustehen, da sie bereits in Erfahrung gebracht hätten, daß die Meinung über diese ganze Fehde in Basel eine sehr geteilte sei. Fast der ganze Adel stände auf Seiten des Markgrafen, manche allerdings nicht seinetwegen, sondern um dem Rate entgegen zu sein, – die meisten aber, weil sie wüßten, daß Markgraf Rudolf an der ganzen Sache unschuldig sei.

Rudolf preßte die Lippen zusammen und warf die Decke von sich, es wurde ihm zu heiß bei den mannigfachen Gedanken, die auf ihn einstürmten.

Er hüllte sich in ein weiches Gewand, setzte sich auf

den breiten Steinsitz am Fenster und ließ sich den Nachtwind um die Stirne wehen.

Wie friedlich das Wiesental dalag, wie still und feierlich die Nacht war!

Aber wie lange noch – und das stille Tal würde widerhallen von dem Geschrei der Kämpfenden, von dem Gestöhn der Verwundeten und Sterbenden – – vielleicht sogar, wenn die Übermacht zu groß war und sie sich in der Burg nicht halten konnten – – –

Rudolf sprang auf, der Schweiß trat auf seine Stirne. Barmherziger – nur nicht daran denken – nur das Bild verscheuchen!

Aber es blieb – er sah immer wieder die brennende Burg vor sich, hörte die krachenden Mauern – –

Wie gejagt rannte er im Zimmer hin und her – das – nein, das konnte und würde er nicht überleben – das nicht!

All die Not, den Jammer, den solche Belagerung in sich schloß, all das, was vielleicht noch kommen konnte, all das hatte Otto verschuldet mit seinem ungebändigten Zorn!

Er ballte die Fäuste und murmelte eine Verwünschung.

Ob er nicht doch noch tat, was er ihm heute gesagt hatte, und mit all seinen Mannen die Burg einfach verließ?

Jedoch so schnell der Gedanke gekommen, so schnell verwarf er ihn wieder. Nein, das war unmöglich – das hieße, die Burg einfach preisgeben. Otto konnte sich keine vierundzwanzig Stunden halten, ihm fehlten die Mannen dazu. Denn freiwillig blieb keiner bei ihm.

Da sprang ein anderer Gedanke in ihm auf – so jäh und zugleich überzeugend, daß er mitten im Gemach still stand und vor sich hinstarrte.

Wie – wenn er den Mörder einfach dem Rate von Basel ausliefern würde! Dann war sofort Ruhe, es kam zu keiner Belagerung, zu keinem Blutvergießen. Es herrschte weiterhin zwischen ihm und der Stadt Basel Frieden wie bisher, und der Mörder bekam seine gerechte Strafe – –

Ja, – – aber der Mörder war sein Bruder!

Konnte – durfte er den Bruder preisgeben? Auch wenn er ein Mörder, ein vierfacher Mörder war? Denn auch Katharina und ihren totgeborenen Knaben hatte er auf dem Gewissen.

Aufs neue rannte er im Gemach auf und ab und stöhnte dabei wie ein waidwundes Tier. Nun blieb er wieder stehen und wischte sich die dicken Tropfen von der Stirne.

Keiner würde ihn verurteilen, wenn er es täte – jeder ihn verstehen und sein Gerechtigkeitsgefühl rühmen – – aber es war sein Bruder!

Sie hatten denselben Vater, dieselbe Mutter hatte sie beide geboren – auch Otto war ein Röttler! Durfte er an dem Bruder so handeln, auch wenn es galt, einen – nein, mehrere Morde zu sühnen und unendlichem Blutvergießen zu wehren?

Denn – das wußte er – er gab die Burg, sein Rötteln, nicht preis. Wurde sie zerstört, dann deckten ihre Trümmer seine Leiche!

War Otto solche Opfer wert?

Nein, tausendmal nein!

Was – o, was sollte er tun?

Der sonst so besonnene Mann war vollkommen ratlos zwischen der Pflicht seinen Mannen und dem Erbe seiner Väter gegenüber und dem Bruder.

Endlich warf er sich vor dem Kruzifix an der Wand nieder und betete inbrünstig zu dem heiligen Georg, seinem Schutzpatron, um Licht und Klarheit, aber kein rettender Gedanke wollte ihm kommen.

Da fiel ihm Pater Othmar ein – und schon war er an der Tür und ging so geräuschlos wie möglich hinüber zu dem Wohngemach des Mönches.

Er öffnete leise – mit erstauntem Blick sah der Pater ihn an und kam ihm entgegen. Er hatte anscheinend noch gelesen, denn auf hohem Leuchter steckte eine Kerze und allerlei Pergamentrollen lagen auf dem Tisch umher.

»Was ist, Graf Rudolf?« fragte er halb erschreckt.

»Ihr müßt mir helfen«, antwortete dieser mit dunkler Stimme und zog den Pater neben sich auf eine Bank nieder, »sagt mir, was ich tun soll.«

In kurzen Worten sprach er von dem harten Kampf, in dem er sich befand und aus dem er keinen rechten Ausweg sah.

Er hatte jedoch noch nicht geendet, als ein leichtes Lächeln über das ernste Gesicht des Mönches glitt.

»Laßt Euren Bruder entfliehen, Markgraf«, riet er dann, »damit seid Ihr aller Not enthoben.«

»Pater Othmar, Ihr habt recht«, rief der Markgraf erleichtert und befreit aus, »den Heiligen sei Dank – da ist ein Weg! Gleich morgen früh muß er fort, ehe denn die Basler hier sind. Fürwahr, solcher Gedanke ist Euch von dem Allmächtigen eingegeben worden. Habt Dank für Euren Rat! Ich störte Euch« – er wies auf die Pergamente –, »vergebt mir solches. Jedoch, ich wußte mir keinen anderen Rat, denn zu Euch in meiner Not zu kommen. Ihr Priester seid uns doch allemal über.«

Er lächelte leicht und trat zum Tisch. »Gewiß ein frommes Buch«, sagte er und wies auf zusammengeheftete, große Pergamentblätter.

»Das frömmste von allen, die heilige Bibel«, erwiderte der Mönch ehrfurchtsvoll.

Jetzt erblickte der Ritter mit Staunen Schreibsaft und Kiel daneben.

»Ihr schreibt selber?« fragte er überrascht.

Othmar lächelte. »Diese vielen zusammengehefteten Blätter sind die heiligen vier Evangelien«, erklärte er, »zwei davon schrieb ich bereits ab, ehe ich herkam, und brachte sie mit mir. Die anderen beiden sind die Arbeit der vergangenen Monate hier oben. Ich brachte meine Zeit nicht nur mit Gebet oder gar Nichtstun zu.«

»Solches habe ich auch nimmer angenommen! Später müßt Ihr mir mehr Einblick in Eure Arbeit gewähren«, erwiderte der Graf warm. Aber Othmar merkte doch, daß seine Gedanken schon wieder bei anderem weilten.

»So Otto nimmer fliehen will – was dann?« fragte er wie zur Bestätigung.

»Er wird schon«, lächelte der Pater flüchtig, »doch nun gönnt Euch noch etliche Stunden Ruhe, edler Herr. Ihr bedürft ihrer.«

»Tut ebenso«, bat Rudolf, »erhaltet auch Eure Kraft, ich habe Euch nötig.«

Mit festem Händedruck trennten sie sich.

Doch Rudolf suchte nicht allsogleich sein Schlafgemach auf, er schritt hinunter zur Halle und trat leise auf den Burghof.

Es war Vollmond. Der Nachtwind fuhr in kleinen Stößen durch die halbentlaubte Linde, so daß ihr Schatten gespenstisch über den im hellen Mondlicht liegenden Hof huschte.

Rudolf stand an der Mauer des Palas still und spähte scharf hinüber zu dem Hause, in dem einst sein Großvater, Otto von Rötteln, gewohnt hatte. Dort, vor den Stufen, die zur Türe hinaufführten, mußte der Eingang zum unterirdischen Gange sein, von dem Ohm Lutold und der Vater manchmal geredet hatten. Deshalb durfte dieses Haus nicht abgerissen werden, so gut gerade dieser Platz sich zu einer Kapelle geeignet hätte.

Sein verstorbener Bruder Heinrich und er wollten nach diesem Gang immer einmal suchen, aber bei den langen Jahren des Friedens war das aufgeschoben worden. Die letzte Fehde hatte ja vor beinahe sechzig Jahren stattgefunden, damals, als die Rötteler Grafen sich mit dem Habsburger herumschlugen, ehe er Deutscher König geworden war. Seitdem herrschte eitel Frieden, und der unterirdische Gang kam fast in Vergessenheit. Nun jedoch konnte er zur Notwendigkeit werden.

Gleich morgen nacht wollte er den Eingang mit vertrauten Knappen und Knechten suchen und sehen, ob und wie der Gang imstande war – da fuhr er plötzlich auf – –, was war das? Klang das nicht von irgendwoher wie Waffengeklirr?

Alle seine Sinne lauschten angespannt – nun atmete er wie erleichtert auf. Nein, er hatte sich getäuscht. So schnell waren die Basler doch nicht.

Er horchte noch eine Weile; als aber alles still blieb, ging er zurück in den Palas und hinauf in sein Schlafgemach. Er fror, – es war doch schon recht kalt in der Nacht.

Bald war er in bleischweren Schlaf gesunken, in dem sich seine Gedanken an diesen geheimnisvollen Gang im Traume weiterspannen.

Er sah die dunkle Öffnung vor sich, stieg hinein und zog die Platte hinter sich zu. Vorsichtig tappte er sich in der Dunkelheit vorwärts, als er heftiges Klopfen vernahm und seinen Knappen, den langen Eppo, ängstlich rufen hörte. Er ging langsam zurück, aber Eppo rief immer lauter und dringlicher. Ärgerlich wollte er antworten, er solle schweigen, damit nicht alle von dem Gang Kunde bekämen – – da fuhr er aus dem Schlaf empor.

Das erste Tagesgrauen lag im Gemach, vor seinem Bett aber stand Eppo und rief: »Die Heiligen seien gelobt, endlich erwacht Ihr, edler Herr! Wie oft rief ich Euch! Herr – die Basler sind da.«

Mit einem Schlage war Rudolf ganz wach und sprang auf. Eppo half ihm in die Rüstung, und schon nach fünf Minuten eilte er mit ihm auf den Söller.

Richtig – da waren sie!

So hatte er sich in der Nacht also doch nicht getäuscht.

Mit Ottos Flucht war es jetzt vorbei, die einzige Möglichkeit dafür blieb der unterirdische Gang. In der Gegenwart galt es aber anderes, – und wenige Augenblicke später schritt er schnell hinab zum Burgzwinger.

Klar und bestimmt gab er seine Befehle, nach einigen Minuten standen seine Mannen alle an den ihnen zugeteilten Posten, bereit, den Feind zu empfangen.

Sie bemerkten nicht den prüfenden Blick ihres Herrn, mit dem er die Mauer maß, dann ging er zu dem großen Eingangstor. Wohl war alles in guter Ordnung, man hätte nur in den letzten Jahrzehnten mehr zur Verstärkung tun müssen! Mit den Springolfen und Gewerfen, die man heute besaß, war die Unterburg leicht zu nehmen.

Rudolf preßte die Lippen zusammen, seine Augen blitzten, sein edles Gesicht wurde wie aus Stein gemeißelt. »Nur über meine Leiche –«, murmelte er leise vor sich hin, dann rief er Eppo herbei.

Er hatte ein kurzes Gespräch mit ihm, bei dem die Augen des jungen Knappen strahlten.

Endlich flüsterte er eifrig: »Herr, den Diethelm und den dicken Hannes nehmen wir mit, die zwei sind zuverlässig und verschwiegen.«

»Sind fünf mit dem Vogt und mir«, zählte Rudolf zusammen, »gut, sie reichen aus. Also um Mitternacht.«

Dabei wandte er sich kurz um und ging zur Oberburg zurück.

Auf halbem Wege traf er Otto. Auch dieser hatte die Feinde bereits wahrgenommen – er konnte ein leichtes Erschrecken nicht ganz verbergen.

»Sie sind da«, sprach Rudolf kalt, »nun tue deine Pflicht. Ich erwarte solches.«

»Wo bleibt Hildgardis?« fragte der Bruder mit schlecht verhehlter Sorge um sein Kind.

»Bei uns«, entgegnete Rudolf, »das heißt«, fügte er sich besinnend hinzu, »sie soll bei Frau Sybille bleiben. Wird die Unterburg eingenommen, müssen die Frauen und Mägde sowieso in der Oberburg untergebracht werden.«

»Mit solchem rechnest du?« Otto wurde noch um einen Schein blasser.

»Ich rechne mit allem«, erwiderte der Markgraf kurz.

»Rudolf – nimmer darf solches geschehen«, rief Otto nun in ausbrechender Angst und Sorge, »Rötteln, das Schloß unserer Väter, darf nicht fallen – es darf einfach nicht!«

Der Graf lachte bitter auf.

»Hättest all dieses früher bedenken und deinen unsinnigen Zorn meistern sollen. Man spielt nimmer mit Menschenleben, weil einem dieses oder jenes nicht paßt.«

Das Gesicht des anderen verfinsterte sich. »Ich habe mir in dieser Nacht gelobt, mich zu beherrschen und nimmermehr meinem Grimm nachzugeben, ob er auch noch so berechtigt sei«, murmelte er zwischen den Zähnen.

Erstaunt und halb erfreut sah Rudolf auf, sein Groll auf den Bruder begann schnell zu schwinden. Es war ja schon soviel gewonnen, wenn er nur erst einmal sein Unrecht einsah.

Bereits halb versöhnt bot er ihm die Hand und sagte in milderem Tone: »Mögen die Heiligen dir helfen, dein

Gelübde zu halten. Das Leben hier oben wäre noch einmal so schön.«

Er nickte ihm zu und schritt weiter. Jetzt galt seine Hauptsorge erst recht dem unterirdischen Gange, durch den der Bruder vielleicht noch entfliehen konnte. Jedoch mit Absicht hatte er ihm nichts davon angedeutet. Otto sollte den ganzen Schrecken dessen, was er heraufbeschworen hatte, selber sehen und empfinden – – der Gang blieb nur für den äußersten Notfall.

Im oberen Burghof traf er den Pater. »Der Tanz geht los«, rief er ihm zu, »ehe denn unser Plan ausgeführt werden konnte.«

»Ich vernahm solches allbereits«, antwortete der sehr ernst, »also bleibt nur ein Weg, kämpfen und siegen – den Bruder ausliefern dürft Ihr nimmer.«

»Ich hätt's auch nicht fertiggebracht«, erwiderte Rudolf und schüttelte den Kopf, »er bleibt eben doch mein Fleisch und Blut. Aber Ihr habt mir ein gut Wort gesagt, Herr Pater«, seine Augen leuchteten auf –, »kämpfen und siegen, also soll es sein.«

»Mit der Heiligen Hilfe«, fügte Othmar leise hinzu und blickte der gebietenden Gestalt nach, die erhobenen Hauptes zum Bergfried weiterschritt.

Der Mönch wandte sich zur Halle, wo das Frühmahl bereitstand. Er nahm aber nur wenige Löffel von der Morgensuppe, dann stieg er hinauf zu der kleinen Kapelle. In brünstigem Gebet lag er vor dem Altar auf den Knien, mild lächelte die Madonna mit dem heiligen Kinde im Arm auf den Beter herab.

Dem aber erging es, wie schon so manchmal, – er fand

nicht den wahren, tiefen Frieden, nach dem seine Seele sich sehnte, ja hungerte – wie lange schon? Er wußte es nicht – wohl schon jahrelang.

Er dachte der letzten Nacht, die nur eine von vielen war, in der er über den heiligen Schriften saß und dem nachsann, was er darin gefunden hatte. Othmar gehörte nicht mehr zu den vielen, die gedankenlos ihre Arbeit taten, ihre Gebete und Andachtsübungen verrichteten und es sich bei dem guten Leben im Kloster wohl sein ließen. Vor noch nicht gar so langer Zeit war's allerdings der Fall gewesen, aber das wurde eines Tages ganz anders.

Ihm wurde der Auftrag, die heiligen Evangelien fein säuberlich auf Pergament abzuschreiben und die Anfangsbuchstaben der jeweiligen Abschnitte schön bunt auszumalen. Mit Eifer begann er die Arbeit, aber er las allererst, was er schreiben sollte. Und bald vergaß er über dem Lesen das Schreiben!

Er wandelte mit dem Menschensohn über Galiläas Fluren, stieg mit ihm auf die Berge oder fuhr über den See Genezareth, – er lauschte seiner holden, schlichten Rede, sah seine Wundertaten – und ihm war zumute, als befände er sich in einer anderen Welt. Nur mühsam konnte er sich nach solchen Stunden in die Wirklichkeit des Klosterlebens zurückfinden, das so ganz anders war – so gar keine Vergleichspunkte bot mit dem, was er gelesen hatte.

Dann kam nach einiger Zeit für ihn wieder etwas ganz Neues: Burgleben! Obgleich selber aus ritterlichem Geschlechte, hatte er es doch nie kennengelernt, da er von frühester Jugend an im Kloster erzogen wurde.

Hier jedoch konnte er erst recht keine gleichlaufenden Linien finden. Je mehr er sich in seinem stillen Gemach in die Arbeit vertiefte, je mehr wurde ihm das Leben dieses Menschensohnes mit all seinen Herrlichkeiten, seinen Höhen und Tiefen der unbegrenzten Gnade auf Palästinas Auen zu einem Wunder- und Märchenlande, an dessen Pforten er mit sehnender, verlangender Seele stand und nie hineinkommen konnte.

Alle Andachten und Gebete, alle Messen und Predigten redeten wohl von dcm einen, zeigten die Herrlichkeit, führten bis an die Grenze – – aber weiter nicht. Ihm war manchmal zumute wie einem Kinde zur Weihnachtszeit vor den Türen der Reichen: seine Seele fror – hungerte – dürstete – wonach?

Nach dem Märchenhaften, was er auf Palästinas Boden sah?

Nein – oder ja – er wußte es nicht! Er wußte nur, daß er sich sehnte – unendlich sehnte, zur Ruhe, zum Frieden zu kommen.

So kniete er auch heute vor dem Altar, flehte und betete für sich, für die Burg und ihre Bewohner, besonders für die beiden gräflichen Brüder, – und ging nach einer Stunde in sein Gemach mit unbefriedigter Seele.

Er trat zum Fenster, und unwillkürlich tranken seine Augen fast das liebliche Bild, das er sah. Hier unten breitete sich das saftige Tal aus, durch das die muntere Wiese floß; in den kleinen, freundlichen Ortschaften wohnten fleißige Menschen. Weiterhin aber schweifte der Blick über die in buntester Farbenpracht leuchtenden, waldbestandenen Berge bis hin zum Blauen an der einen Seite und dem Jura an der anderen Seite. Es war ein Bild des Friedens an diesem klaren Oktobermorgen.

Aber der Frieden zerriß jählings – ein Springolf wurde dicht unten an den Berg geführt, Speere und Schilde blitzten plötzlich im Scheine der Morgensonne auf.

Den Pater durchrann ein Schauer – die Sünde mit ihren Folgen im Garten Gottes! Wie es damals im Paradiese war, so war es heute noch – – und das Gelobte Land mit den Fußspuren des Menschensohnes war fern – – unerreichbar fern!

Mit schwerem Seufzer trat der Pater vom Fenster zurück.

VII.

Der Tag war ruhig verlaufen. Die Belagerer hatten sich damit begnügt, den Ring möglichst fest um die Burg zu schließen. Das war nur von drei Seiten möglich, an der vierten verbot der jäh abfallende Fels jeden Angriff. Von hier war Rötteln uneinnehmbar.

Man schien es auch nicht sehr eilig mit dem Angriff zu haben, sondern wollte anscheinend alles mit Muße und Ruhe betreiben. Vielleicht erwarteten sie auch noch von irgendwoher Verstärkung.

Mit düsterer Stirne hatte Markgraf Rudolf alles beobachtet. Er war überall zu finden, seinem scharfen Blick entging nichts.

Otto tat es ihm gleich und versuchte dabei, freundlicher als sonst mit den Leuten zu verkehren. Wenn er aber gehofft hatte, sie dadurch bald zu gewinnen, irrte er sich sehr. Es war gut, daß er nicht hörte, was sie heimlich hinter ihm hersprachen.

»Er stirbt wohl bald und ändert sich dieserhalb vor

seinem Tode«, sagten die einen kopfschüttelnd, die anderen aber spotteten: »Der? Seht ihr nicht sein bleiches Gesicht? Er hat Angst, solches ist alles.«

So war der Abend gekommen.

Es dunkelte heute früher als sonst, schon am Nachmittag hatte sich der Himmel bezogen, ein dichter, feiner Regen fiel.

Für die Belagerer war das recht unangenehm, Markgraf Rudolf aber begrüßte es mit innerer Freude. Mondschein wäre ihrem Werke nur hinderlich gewesen.

Die Abendmahlzeit in der Halle war beendet worden. Auch Frau Sybille und Hildgardis hatten daran teilgenommen, während Herr Bernhard von Reinach drunten bei den Leuten geblieben war. Es wurde nicht viel geredet, hätte nicht das Jungfräulein immer wieder mit dem Ohm und dem Vater angefangen, es hätte wohl keiner ein Wort gesagt.

Auch der Pater hing seinen Gedanken nach. Er hatte sich nach dem Essen auf die Bank am Kamin gesetzt, die ein großes Bärenfall deckte. Auch auf den Steinfließen davor lag ein solches. Auf diesem hatte es sich Rudolfs schöner, brauner Hund bequem gemacht. Den Kopf auf die Pfoten gelegt, blinzelte er freundlich zu dem Pater auf.

Im Kamin prasselte ein lustiges Feuer. Man konnte es sehr gut gebrauchen, denn die Halle war immer kühl, besonders an Regentagen. Außerdem war es auch schon Herbst.

Die Zeit verstrich langsam und einsilbig. Frau Sybille hatte schon längst eine gute Nacht gewünscht, desgleichen

Hildgardis, und Markgraf Rudolf war soeben aufgestanden, um noch einen Gang zu den Wachen zu machen.

»Steige du auf den Söller«, sagte er zu Otto, »und alsdann laß uns der Ruhe pflegen. In dieser Nacht hat der Vogt die Wache, morgen ich, in der dritten du. Also wechseln wir.«

»Ich gehe gleich mit dir«, entgegnete Otto und bot dem Pater freundlicher als sonst den Gutenachtgruß. Rudolf drückte diesem nur warm die Hand.

Nun war der Mönch allein.

Gedankenverloren warf er noch einige Scheite in die Glut, daß sie knisternd und knackend auflohte; dazwischen horchte er auf den Sturm, der durch die Linde im Burghof fuhr und an ihren Blättern riß.

Er zog die Kutte fester um sich – draußen so ungemütlich wie drinnen!

Nicht, daß es kalt in der Halle war – im Gegenteil! Sie war auch sonst mit den schweren Eichenmöbeln so eingerichtet, daß man sich wohlfühlen und gerne hier weilen konnte wie in allen anderen Räumen in der Burg. Dennoch – es fehlte etwas! Die milde, weiche Frauenhand fehlte, die mit kaum sichtbaren Kleinigkeiten alles zu verschönern verstand, die gütige Frau mit den sanften Augen fehlte, die einen eigentümlichen Hauch von Behaglichkeit um sich verbreitete.

Wehmütig dachte er der Abende im vergangenen Winter und Frühjahr, wo er hier in der Halle manches Mal mit Frau Katharina gesessen und ihren flinken Händen zugeschaut hatte, wenn sie die Spindel drehte. Sie führten ernste Gespäche miteinander, er fand bei ihr tiefes

Verständnis, Sehnsucht nach Gott, ein Gemüt, reich an Liebe und Hingabe. Nur ein Mann wie Otto konnte den Schatz nicht würdigen, den er besaß.

Deshalb wurde er ihm auch genommen, – die anderen aber hatten darunter zu leiden, besonders Rudolf.

Das ernste Gesicht des Paters wurde noch ernster, sinnend blickte er in die Glut. Um des Markgrafen willen war es gut, daß sie gegangen war, – auf die Dauer wäre es doch wohl zu schwer für ihn gewesen.

Es mußte eigentlich etwas Wunderbares sein um solche große Liebe, – er würde das jedoch nie ganz verstehen lernen, er stand hoch darüber. Für ihn gab es nur die heilige Minne zur reinen Jungfrau, gab es nur die Liebe zu seiner Kirche, und beides sollte immer mehr sein Leben ausfüllen.

Ihn fröstelte, er stand auf. Die Stille im Palas und das Toben des Sturmes draußen wirkten fast unheimlich.

Er wollte in die Kapelle und dann in sein Zimmer gehen, aber vorher noch einmal draußen nachschauen.

So trat er auf den Hof. Der Regen hatte wohl aufgehört, doch finstere Nacht umfing ihn. Kein Sternlein war zu sehen. Er trat an die Mauer, die den Hof dem Palas gegenüber begrenzte, und versuchte, die Dunkelheit mit seinen Blicken zu durchdringen.

Unmöglich! Der Wind heulte nur noch stärker und fuhr durch die Kronen der Bäume des Waldes, der hier bis dicht an die Burg heranreichte, daß sie sich ächzend bogen.

Plötzlich schrak er zusammen – – ein gellendes Lachen

klang durch den Sturm vom Walde her an sein Ohr, erst einmal, jetzt etwas entfernter noch einmal.

Ein Schauer ging über ihn hin – »arme Gertraud«, murmelte er und wandte sich zurück. Dann aber schlug er das Kreuzeszeichen – er dachte daran, daß sie im Volksmund und auf der Burg ganz allgemein die »Hexe« genannt wurde.

Über den Berg fort nach Binzen hin hatte sie tief im Walde versteckt eine Hütte aufgeschlagen, wo – das wußte freilich niemand. Das heißt – der Pater war fest überzeugt, man *wollte* es nicht wissen, – damit Markgraf Otto ihr nicht nachspüren konnte. Sein großer Hund, der an jenem Schreckenstage verschwand, war bei ihr. Sie hatte damals seine zerbrochene Pfote geheilt, nun war das Tier ihr getreuer Begleiter.

Soviel hatte Othmar in Erfahrung gebracht, auch daß sie viel Kräuter und Beeren sammle, von was sie eigentlich lebte, hatte er nicht herausbringen können. Darüber schwiegen die Leute.

Er forschte auch nicht weiter, – die arme Frau tat ihm sehr leid. Gerne hätte er sie einmal gesprochen, deshalb ging er, besonders in den ersten Wochen, öfters einmal zu der Stelle, wo Gotthold heimlich begraben worden war. Aber er hoffte vergeblich, sie zu treffen.

Ob sie nun wirklich eine Hexe geworden war, konnte er nicht beurteilen. Unmöglich war es immerhin nicht. Jedenfalls hatte ihr Fluch zu wirken begonnen, schon als die Herrin das Zeitliche segnete – das war ja nun Tatsache, und das konnte nur geschehen, wenn sie mit dem Bösen im Bunde war.

Pater Othmar bekreuzigte sich nochmals und sprach alsdann etliche Gebete zur Bewahrung vor allen Dämonen und bösen Mächten, dann suchte er sein Gemach auf.

Langsam rückten die Stunden vor, es war Mitternacht geworden.

Der Regen hatte erneut und noch stärker eingesetzt, doch die fünf dunklen Gestalten, die am Brunnen zusammenstanden, achteten nicht darauf.

»Der Eingang muß hier an dem Hause sein, ich weiß, daß mein Herr Vater und der Ohm zuweilen davon redeten«, flüsterte Markgraf Rudolf leise, »nun gilt es zu suchen wo.«

»Ein schlimm Ding, so man nichts Näheres weiß«, meinte der alte Vogt kopfschüttelnd; der lange Eppo aber rief halblaut: »Ans Werk! Alsdann wissen wir sehr bald Bescheid.«

»Der Regen ist nützlich«, lachte Hannes vergnügt, »dieweil er alle Spuren dort verwischt, wo wir gegraben haben.«

Mit suchenden Blicken besichtigten nun alle den Eingang zu dem kleinen Wohnhaus, das schon seit vielen Jahren leer stand und nur noch als Nachtquartier diente, wenn viele Gäste auf der Burg waren und im Palas sich nicht Raum genug für alle fand.

Drei Stufen führten zur Tür hinauf, von denen die erste viel breiter als die beiden anderen war. Da das viereckige Haus mit zwei Wänden gerade in eine Mauerecke hineingebaut war, kamen zur Untersuchung nur zwei Seiten in Betracht. Vorsichtig entzündeten sie ein Windlicht, und der dicke Hannes riet, den Boden an der Hausecke mit einem Eisenstab zu untersuchen.

Diethelm hatte sich inzwischen still zurückgehalten und machte sich an den Stufen zu schaffen. Er lockerte ringsumher die Erde, stieß mit einem stumpfen, alten Dolch bald hierhin, bald dorthin und pfiff plötzlich leise zwischen den Zähnen – das Messer war irgendwo steckengeblieben. Gedämpft rief er die anderen herbei, – richtig, da steckte es anscheinend in einer Ritze fest.

Eifrig untersuchten sie weiter, und allmählich sah man, daß die Steinstufe eine Platte war, die irgend etwas zu decken schien. Nun galt es, sie fortzubekommen. Die Männer arbeiteten fieberhaft, allen voran Rudolf, und jetzt – ein Ruck – die unterste breite Stufe bewegte sich, gab nach und ließ sich, wenn auch mühsam, beiseite schieben.

Nun wurde eine eiserne Platte sichtbar, an der ein verrosteter Ring befestigt war. Zitternd vor Erregung packten alle vier an, der fünfte leuchtete. Doch war es schon schwer gewesen, die Steinstufe fortzuschaffen, so erst noch die Eisenplatte.

Die Männer arbeiteten, daß ihnen der Schweiß übers Gesicht lief, aber alle Mühe schien vergeblich zu sein. Endlich nach mehr als einer halben Stunde gab die Platte mit leise knirschendem Geräusch nach, vorsichtig wurde sie emporgehoben – ein schwarz gähnendes Loch tat sich auf, aus dem ihnen dumpfe Kellerluft entgegenschlug – – sie hatten den Eingang gefunden!

Keiner von ihnen sprach ein Wort, fast atemlos vor

Aufregung blickten sie hinunter, als nun der Vogt mit dem Windlicht hineinleuchtete.

Eine kleine Treppe wurde sichtbar.

Wortlos nahm Rudolf das Licht und verschwand langsam in der Tiefe. Minutenlang lauschten die anderen in gespannter Erwartung; endlich zeigte sich wieder der matte Lichtschimmer, der Graf kam zurück.

»Anscheinend ist er in Ordnung, doch muß alles genau untersucht werden«, sagte er leise.

»Am besten ist, wir beginnen gleich in der nächsten Nacht damit«, schlug Herr Bernhard von Reinach vor, »vor allem müssen wir sehen, wo er endet.«

»In der nächsten Nacht sollte ich die Wache haben«, entgegnete der Markgraf, »ich werde jedoch mit meinem Bruder tauschen. Alsdann werde ich zuerst mit Euch, Herr Vogt, den Weg untersuchen, indes ihr drei anderen hier oben den Eingang hütet. Brauchen wir den Gang nicht diesmal, so vielleicht ein anderes Mal.«

Vorsichtig wurde sodann die Öffnung erst mit der eisernen, dann durch die Steinplatte verschlossen, das Wegwischen der vielen Spuren dem strömenden Regen überlassen, und bald lag der obere Burghof still und ruhig da.

Am Morgen zog Rudolf auch Otto ins Vertrauen. Am liebsten wäre dieser nun gleich in der nächsten Nacht mitgegangen, aber er sagte nichts und fügte sich den Anordnungen seines Bruders.

Trübe und grau hingen die Wolken den ganzen Tag hindurch über den Bergen, die Luft war regenschwer.

Bei den Belagerern herrschte Ruhe, sie unternahmen

auch heute keinen Angriff. Rudolf rechnete auch in den ersten Tagen nicht damit, zumal er wußte, daß der Adel der Stadt zum größten Teile auf seiner Seite stand.

Und wieder wurde es Abend und Nacht.

Schon in der elften Stunde standen die Eingeweihten vor dem offenen Gang. Heute war das Öffnen nicht mehr so schwer gewesen, und nun entzündeten sie etliche Windlichter, mit denen versehen der Markgraf und Herr Bernhard den Weg in die Tiefe antraten. Diethelm folgte ihnen, sie hatten es ihm auf seine dringenden Bitten gestattet. Eppo und Hannes zogen die Mäntel fester um sich und setzten sich dann still auf die Steinplatte, um zu warten.

Es war ein langer, beschwerlicher Weg, den die drei tief unten in der Erde unter dem Bett der Wiese hin zu machen hatten. Sie fanden den Weg wohl ziemlich in Ordnung, dennoch war es sehr beschwerlich, fast in halbgebückter Haltung zu gehen, oft über Steingeröll und durch Wasserpfützen hin. Der Gang machte verschiedene Windungen und Krümmungen, mehr als einmal mußten sie stillstehen, um zu verschnaufen.

Wie lange sie nun schon gegangen waren, wußten sie nicht, es konnten gut zwei Stunden sein. Plötzlich fing der Weg langsam zu steigen an, es dauerte nur noch kurze Zeit, und eine kleine Treppe wurde sichtbar.

Mit klopfendem Herzen stiegen sie hinauf, eine eiserne Platte verschloß auch hier den Ausgang. Doch diese gab schneller nach als die andere. Langsam schoben sie sie beiseite und befanden sich auf dem Friedhof von Brombach.

Vorsichtig spähend schauten sie sich um. Gerade über

ihnen breitete sich eine alte, mächtige Kastanie aus, die allerdings jetzt fast ganz entlaubt war; die Platte aber, die von dieser Seite den Gang schloß, war eine uralte Grabplatte.

Rudolf mußte lächeln. »Wer weiß, von wo die einmal aufgetrieben worden ist«, sagte er leise zu dem Vogt.

»Oder wessen Grabesruhe durch diesen Gang gestört wurde«, lachte dieser.

Sie hatten ihre Lichter gelöscht und saßen ausruhend auf dem Rande der Platte, der kalte Nachtwind strich ihnen erfrischend über die Stirne.

Herr Bernhard und Diethelm unterhielten sich leise flüsternd, Markgraf Rudolf aber schaute unverwandt hinüber, wo sich jenseits des Tales dunkel und massig Burg Rötteln erhob, das Schloß seiner Väter.

Wie er es liebte! Seine ganze Seele hing an diesem Fleckchen Erde!

Mochte ihm auch noch die Sausenburg und manch anderes Stücklein Erde gehören, wo es schön war und lieblich zu wohnen – nichts kam Schloß Rötteln gleich. Und ehe er das drangab – eher sein Herzblut!

Doch war dieses fürs erste noch nicht notwendig. Schlimmstenfalls konnte er durch diesen Gang Hilfe holen, wenn sie mit den Städtern nicht fertig werden sollten.

Aufatmend strich er sich durch das volle Haar und erhob sich. »Kommt, laßt uns zurückgehen! Wir wissen anjetzo, was not ist.«

Der Vogt schlug Feuer, zündete die Lichter an und stieg als erster hinab, Rudolf als letzter. Die Grabplatte schloß sich.

Da knackte es leise in einem dichten Seitengebüsch, eine hagere Frauengestalt schlich heran. Ein dunkles Tuch war fest um den Kopf geschlungen, fast geisterhaft schien das weiße Gesicht aus der Umhüllung hervor. Einzelne kleine, schwarze Haarsträhnen hatten sich herausgelöst und flatterten wirr um den Kopf, ein großer, dunkler Hund hinkte hinter ihr her.

Gespensterhaft jagte der Wind dunkle Wolken am Himmel dahin, aber immer wieder huschte ein bleicher Mondstrahl zur Erde.

Bei dem Schein eines solchen beugte sich das Weib über die Grabplatte und tastete mit zitternden Händen daran entlang. Nun richtete sie sich auf – sie mußte einst eine hübsche, stattliche Frau gewesen sein, jetzt aber glühten ihre Augen in tödlichem Haß.

Sie hob die geballte Faust gegen die Burg jenseits des Tales, schüttelte sie und rief leise mit dämonischer Freude: »Nun seid ihr in meiner Hand! Hier also ist das Geheimnis, von dem mein geliebter Mann einst sprach. Anjetzo weiß ich es! Schon morgen spüre ich ihm nach, ihr aber – o, ihr sollt meine Rache fühlen! Allen voran du, du Mörder meines Glücks, du –« der Rest erstarb in undeutlichem Murmeln.

Sie wandte sich ab, nahm einen kleinen Sack mit Kräutern auf, rief den Hund und verließ langsam den Friedhof.

Der Rückweg wurde den drei Männern nicht so lang. Sie atmeten aber doch auf, als sie auf dem Röttler Schloß anlangten. Die beiden anderen waren froh, sie wohlbehalten wiederzusehen, und mit Eifer wurde besprochen, die nächsten Nächte zur Erneuerung des Ganges zu verwenden.

Auch Otto war herzugekommen und war bei dieser Gelegenheit wie auch in den folgenden Tagen nicht nur zu Eppo und Hannes, sondern zu allen Mannen voll solcher Güte, daß man aus dem Wundern gar nicht herauskam. Doch auch Diethelm, sein Leibknappe, konnte nicht genug rühmen, daß sein Herr jetzt immer so freundlich und gut sei wie nie vorher. Dadurch erreichte Otto, daß die Stimmung der Mannen allgemach umschlug, und unwillkürlich freute er sich, wenn er nicht mehr so finsteren Blicken wie früher begegnete.

Auch Rudolf bemerkte mit innerer Genugtuung diesen Wechsel in den nächsten vierzehn Tagen – so waren doch alle die Vorgänge der letzten Zeit nicht ohne nachhaltigen Eindruck auf seinen Bruder geblieben. Aber er konnte sich einstweilen doch nicht recht darüber freuen, ihn beunruhigte das Verhalten der Feinde.

Was hatten sie eigentlich vor!

Nur ein paar kleine Angriffe waren erst erfolgt, die sehr bald zurückgeschlagen worden waren und ihnen keinerlei Verluste gebracht hatten. Warum zögerten sie mit dem Sturm? Waren sie doch noch nicht stark genug oder wollten sie die Burg aushungern? Nun, davor schützte sie hier der Gang, der jetzt in Ordnung war.

Was also beabsichtigten die Städter?

So waren zwei Wochen vergangen. Da plötzlich war eines Tages große Bewegung im Lager, und zum maßlosen Staunen der Burgbewohner kam endlich ein kleiner Trupp, an dessen Spitze sich der Bärenfelser Herr befand, geradewegs auf das Schloß zugesprengt. Schon von weitem schwenkten sie ein weißes Tuch, und am Tore angekommen, begehrte der Ritter, den Markgrafen Rudolf zu sprechen.

Aufs höchste erstaunt erschien dieser in voller Rüstung, jedoch mit offenem Visier, auf der Mauer.

»Was ist Euer Begehr?« fragte er hinab.

»Herr Markgraf, ich komme im Auftrag des Rates der guten, alten Stadt Basel, Euch Frieden und Beendigung der Fehde anzubieten. Nur müßt Ihr auf die Bedingungen eingehen, so der Rat Eurem Bruder vorlegt. Versteht wohl, edler Herr, nicht Euch, dieweil Basel mit Euch nimmer Fehde zu führen gesonnen ist.«

»Und solche wären?« fragte Rudolf kühl zurück.

»Markgraf Otto muß eine größere Buße an Silber zum ersten der Witwe des erstochenen Herrn Burkhard Werner von Ramstein zahlen, zum anderen der Stadt. Ferner darf er während des ganzen nächsten Jahres sich nimmer in Basel blicken lassen. Tut er solches doch, verwirkt er sein Leben. Zum dritten muß er dem Münster zu Basel zu drei Malen zwei schwere Wachskerzen stiften, und zwar allemal dann, wenn sich der Tag jährt, an dem er solchen Mord beging. Seid Ihr mit solchem allen einverstanden, so kommt heute gegen Abend mit Eurem Bruder ins Lager, wo ein Vertrag darüber aufgesetzt und mit der Stadt Siegel und Eurem eigenen versehen werden soll. Alsdann soll Friede herrschen.«

Der Ritter von Bärenfels grüßte höflich, wandte kurz um und ritt mit seiner Schar davon.

Sehr bald herrschte in der Burg frohe Erregung, denn

die Mannschaften hinter den Mauern und in den Wachttürmen hatten natürlich jedes Wort klar verstanden. Fragende, hoffende Blicke folgten der stolzen Gestalt des Markgrafen, als er zur Oberburg schritt – wenn die ganze Belagerung bisher auch nicht von Bedeutung gewesen war, so war es doch ein recht unangenehmes Gefühl, eingeschlossen zu sein.

In dem unbeweglichen Gesicht des Grafen jedoch konnte man nichts lesen, woraus auf irgendeine Antwort zu schließen gewesen wäre – desto mehr freilich sah Otto darin, als der Bruder ihm etliche Minuten später in seinem Gemach gegenüberstand.

Kurz und klar legte er ihm die Bedingungen des Rates vor und schloß dann: »Ganz selbstverständlich unterzeichnen wir beide den Handel, und ich werde Sorge tragen –«

»Nein«, unterbrach ihn Otto finster, und dunkle Röte flackerte über sein Gesicht hin, »es ist nimmer so selbstverständlich, daß ich solches unterschreibe. Damit würde ich mich alsdann als der allein Schuldige bekennen.«

»Der du auch bist«, erwiderte Rudolf sehr ernst und eindringlich. »Otto, Otto, verschließe dich doch nimmer so geflissentlich gegen jede bessere Einsicht.«

Der Markgraf senkte den Blick, – Rudolf hatte ja wohl etwas recht, aber doch nicht in allem. Nein, so ohne weiteres gab er sich nicht darein.

»Vor allem müßte der Rat auch meine Gründe würdigen, so mich zu solcher Tat zwangen«, antwortete er finster, »und du als mein Bruder solltest dich mehr auf meine Seite stellen denn auf die der Krämerseelen dort unten.«

»Tat ich solches nicht?« fragte Rudolf, und seine Augen blitzten, »weshalb sonst wäre unsere Burg eingeschlossen? Ich und alle unsere Mannen waren bereit und entschlossen, das Äußerste zu wagen, sie gegen Basel zu halten – was verlangst du noch mehr? Und der Rat sollte deine Gründe zu solcher Tat würdigen? Otto, wohin gerätst du mit deinem Starrsinn! Kann ein Mensch, noch obendrein ein Edelmann, Gründe haben, einen anderen Menschen heimtückisch zu überfallen und niederzumachen? Basel ist im Recht mit seinen Forderungen an dich, und du solltest froh sein, solcherweise davonzukommen.«

Wieder senkte Otto den Blick. Er empfand genau das Demütigende der ganzen Lage für ihn, er wußte, daß man nur um Rudolfs willen die Fehde einstellen wollte und ihm deshalb dieses Anerbieten machte – das reizte den leicht erregbaren Mann unbändig.

»Nein«, sagte er jetzt hartnäckig, und die Ader auf seiner Stirne begann einen blauen Strich zu bilden, »ich unterzeichne solche erniedrigenden Forderungen nicht.«

»Nun denn –« Markgraf Rudolfs Stimme klang stahlhart, er richtete sich zu seiner ganzen gebietenden Größe auf, seine blauen Augen flammten –, »so höre mein letztes Wort, Otto. Du solltest allen Heiligen auf den Knien danken, daß bis anhero noch kein Sturm auf Rötteln erfolgte, so uns den Verlust manches unserer Mannen gebracht und dadurch noch mehr Blutschuld auf dein Gewissen geladen hätte, dieweil du allein die Ursache solcher Fehde bist. Der Rat ist einsichtsvoller denn du, er will nimmer mit solchen kämpfen, so völlig unschuldig an allem sind. Derhalben seine Forderungen. Und nun vernimm – weigerst du dich, zu unterzeichnen, so liefere ich dich dem Rate aus. Ich setze nunmehr um deinetwillen nimmer auch nur einen von unserer Mannschaft oder gar die Burg aufs Spiel. Jetzt wähle. Ich lasse dir bis zum Abend Bedenkzeit. Vergiß auch nicht Hildgardis dabei.«

Er drehte kurz um und verließ mit harten Schritten das Gemach.

Draußen traf er auf den froh überraschten Pater. »Es soll Friede werden, Graf Rudolf?«

»Kommt«, damit winkte er ihm finster und ging ihm voran in die Halle hinab, in die eben vom Hofe her Herr Bernhard, der Vogt, hastig eintrat.

»Nun, Herr?« fragte er erwartungsvoll.

»Er will nicht«, rief Rudolf jetzt in zorniger Erregung, »aber er muß! Es gibt keinen anderen Weg, denn durch diese Demütigung für ihn soll er geheilt werden. Da er aber immer wieder dagegen aufbegehrte, stellte ich ihn kurz entschlossen vor die Wahl: entweder er unterschreibt, oder ich liefere ihn aus.«

»Herr – solches tatet Ihr?« fragte der Vogt, einen Schritt zurücktretend, »zu solchem Opfer wäret Ihr fähig?«

»Opfer?« Rudolf sah Herrn Bernhard ein wenig erstaunt an, »meinet Ihr, mir gälte ein Menschenleben auch so wenig, daß ich alle meine Mannen aufs Spiel setzen könnte? Kennt Ihr mich noch so wenig? Zudem – sollte Otto sich dennoch anjetzo weigern, alsdann stelle *ich* dem Rat die Bedingung, daß meinem Bruder kein Schaden an seinem Leben oder seiner Gesundheit erwachsen darf.«

Mit feinem Lächeln mischte sich nun der Pater ein: »Er wird unterschreiben! Ihr tatet klug, Graf Rudolf, ihn an sein Kind zu mahnen.«

Der Vogt sagte nichts. Er sah nur seinen Herrn an und beugte dann ein Knie vor ihm.

Rudolf wurde fast verlegen und sagte rasch, beinahe ein wenig barsch: »Geht hinab, Herr Vogt, zu den Leuten. Sie sollen sich bescheiden, die Fehde endet heute noch.«

Als aber der Graf mit dem Pater allein war, verließ ihn doch einen Augenblick die Selbstbeherrschung. Er stützte den Kopf in beide Hände und stöhnte leise auf: »Otto, Otto, wozu zwingst du mich! Pater, sagt mir, tat ich recht?«

Milde legte dieser die Hand auf Rudolfs Schulter – »Ganz recht, Markgraf! Seid ohne Sorge, er unterschreibt. Und solche Gewaltkur wird ihm gut tun.«

Inzwischen fing der bittere Kampf bei Graf Otto bereits an, sich zu entscheiden. Wohl war er zuerst bei den harten Worten des Bruders fast sinnlos vor Wut aufgefahren und hatte ihm nachstürzen wollen, dann war er am Tisch zusammengesunken.

Hildgardis! Sein Kind!

Wenn die Städter die Burg doch am Ende gestürmt und eingenommen hätten, was wäre alsdann aus ihr geworden? Wohl hätte man sie durch den Gang in Sicherheit bringen können, aber wohin? Und später, wenn er und Rudolf vielleicht gefallen wären oder wenn ihre Flucht nicht glückte und auch sie gefangengenommen worden wäre?

Hildgardis, sein Liebling, an dem seine ganze Seele hing, das einzige, was seinem Leben wirklich Wert verlieh – er stöhnte laut auf und barg das Gesicht in den Händen.

Nun sollte Frieden werden, besser bleiben – denn bis jetzt hatten die Feinde ja gar keinen rechten Angriff unternommen –, wenn er die Forderungen des Rates unterschrieb! Damit war auch Hildgardis' Zukunft und Leben wieder sichergestellt – nun wollte er nicht – warum nicht? Weil er sich nicht so demütigen lassen, sich nicht dem Rat fügen und damit seine Schuld eingestehen wollte – die Schuld, die eben doch da war!

Vor den reinen, klaren Augen seines Kindes hatte er sie nur zu deutlich empfunden und sich gelobt, nie mehr dem Zorne nachzugeben – sollte es jetzt wieder anders werden?

Zudem – womit hatte ihm Rudolf doch gedroht? Dazu sollte er als Bruder fähig sein?

Nun – er lachte heiser auf –, es war schon zu glauben, denn Rudolfs Gerechtigkeitsgefühl und Rechtssinn kannte er schon von Jugend auf.

Er sprang auf und rannte einmal auf und ab. Jetzt nützte auch der unterirdische Gang nichts. Ja, wenn er Zeit zur Entscheidung bis morgen haben würde, könnte er die Nacht benutzen und fliehen. So aber! Und ganz abgesehen davon – er allein hätte ja auch die Platten nicht heben können, weder hier noch am Ausgang. Und wenn – wo sollte er sich alsdann hinwenden? Höchstens zu Graf Hunoltstein drüben im Elsässischen, seinem Freunde – – nein, auch den Gedanken verwarf er sofort.

Und über allem stand ihm immer wieder der Gedanke an Hildgardis, an sein geliebtes Kind.

Je weiter der Tag vorschritt, desto ruhiger wurde er. Das Mittagsmahl ließ er sich durch seinen Knappen Diethelm ins Zimmer holen, aber bald nachher suchte er seinen Bruder auf.

Der saß in seinem Arbeitszimmer und hatte eine Anzahl Abrechnungen vor sich, zu deren Durchsicht er sich bis jetzt nicht die Zeit genommen hatte. Ärgerlich blickte er auf, als die Türe einfach geöffnet wurde, sprang jedoch überrascht empor, als er Otto erkannte. Sofort wußte er, was der Besuch zu bedeuten hatte – ein heimlicher Atemzug hob befreiend die Brust.

Er bot dem Bruder einen Stuhl, der aber blieb stocksteif vor ihm stehen und sagte finster: »Ich werde unterschreiben.«

»Recht so«, rief Rudolf und wollte ihm erfreut die Hand bieten.

Otto aber übersah sie und fuhr in gleichem Tone fort: »Nicht wegen dir oder deiner Drohung, allein um Hildgardis' willen.«

»Aus welchen Gründen ist mir gleich«, erwiderte nun der Markgraf und trat einen Schritt zurück, »genug – du tust es! In der fünften Stunde reiten wir hinunter ins Lager.«

Eine halbe Stunde später kam Graf Rudolf hinunter zum unteren Burghof, um dem Vogt die Entscheidung mitzuteilen. Zugleich gab er Befehl, die Rosse bereitzuhalten und bestimmte etliche Knappen und Edelknechte, die ihn und Otto begleiten sollten.

Kaum unterdrückte, freudige Erregung herrschte bald in der ganzen Burg, aber noch wagte niemand etwas zu sagen.

Bald nach fünf saßen die beiden Markgrafen auf prächtig geschirrte Pferde im Zwinger auf. Es waren zwei stolze, ritterliche Gestalten in kostbaren Rüstungen; mit strahlendem Blick stand Hildegardis neben dem mutigen Tiere ihres Vaters, klopfte dessen glänzenden Hals und blickte glücklich den Vater an.

»Wie herrlich, daß nun endlich wieder Friede wird«, seufzte sie froh, »nun darf ich auch bald wieder hinunter ins Tal, und Ihr macht einen Ritt mir mir – gelt, Herr Vater?«

Er beugte sich hinab und drückte einen Kuß auf ihre Stirne – »alles, wonach dein Herze Verlangen trägt, mein Töchterlein«, erwiderte er innig.

Gleich darauf flog das Tor auf, der kleine Zug verließ die Burg.

Mit Ehrerbietung wurden sie im Lager empfangen und in das Zelt des neugewählten Bürgermeisters geführt. Dort war der ganze Rat und auch etliche vom Stadtadel versammelt. Mit würdevoller Höflichkeit wurden die beiden Markgrafen begrüßt und dann sofort mit den Verhandlungen begonnen.

Etliche Male wollte Otto allerdings dabei auffahren, aber der ernste Blick des Bruders brachte ihn immer wieder zum Schweigen. Endlich war man fertig – mit heimlicher Wut setzte er seinen Namen unter das Schriftstück – – aber er tat es doch!

Gleich nachher brachen die Grafen von Rötteln wieder auf. Während die Pferde vorgeführt wurden, flüsterte Herr von Bärenfels Rudolf lächelnd zu: »So war meine Hilfe Euch wirksamer! Fast der ganze Adel stand und steht zu Euch – wohlgemerkt, zu Euch, Markgraf Rudolf, nicht zu Eurem Bruder. Derhalben wir dem Rat immerwährend in den Ohren lagen mit Vorstellungen und Reden. Auch der Rat selber steht für Euch, so war's nimmer schwer, einen Ausweg zu finden. Seine Freiheit dankt Euer Bruder nur Euch. Was geschah, war nur um Euretwillen. Wäre er allein gewesen –, traun, es wäre ihm dreckig ergangen.«

Rudolf drückte ihm die Hand. »Dank Euch und den anderen allen! Ihr könnt auf mich zählen, so Ihr's mal braucht.«

Schweigsam ritten die Herren den Burgberg hinan, es war in der achten Abendstunde. Diethelm war vorausgesprengt, ihr Kommen zu melden, so fanden sie das Tor schon geöffnet. Aber wie staunten sie, als sie beim Eintritt alle ihre Mannen versammelt fanden. Der ganze Zwinger war von Fackeln erhellt, die frohe Gesichter beleuchteten; ein freudiges »Willkommen« schallte ihnen entgegen.

Da richtete sich Markgraf Rudolf höher im Sattel auf und rief mit weithin klingender Stimme: »Habt Dank, ihr Getreuen! Ihr steht zu uns und wir zu euch, wir alle aber zusammen für Rötteln, unsere Heimat. Die Fehde ist aus, der Friede geschlossen. Herr Vogt von Reinach gibt euch zur Feier von dem guten Markgräfler, laßt ihn euch munden, und morgen findet eine große Messe statt.«

»Heil unseren Markgrafen«, schallte es da vergnügt,

indes sie von den Pferden sprangen und zur Oberburg hinaufschritten, wo sie von Frau Sybille und Hildgardis sowie dem Pater erwartet wurden.

Nach dem Mahle, das froher als sonst verlief, hob Otto – einem inneren Gefühl nachgebend – plötzlich den Pokal zu Rudolf hin und bot ihm gleichzeitig die Hand. Ein froher Schimmer überflog das ernste Gesicht des älteren Bruders. Mit kraftvollem Druck faßte er die gebotene Rechte, und ohne ein Wort leerten sie ihre Becher bis zur Neige.

In dieser Nacht gelobte sich Otto noch einmal, seinen Zorn zu meistern und um Hildgardis' willen sich selber mehr zu beherrschen. Rudolf jedoch schlief zum ersten Male seit diesen Wochen traumlos und fest.

Im dichten Walde am Fuß des Berges aber stand ein Weib, starrte mit brennenden Augen zur Burg empor und flüsterte haßerfüllt: »Diesmal glückte es mir nicht. Ein anderes Mal desto besser! Du entgehst meiner Rache nimmer, du Mörder dort oben!« Mit einem gräßlichen Fluch verschwand sie tiefer im Walde, gefolgt von ihrem hinkenden Hunde.

VIII.

Ein mit Sonnenglanz durchwobener Junitag war über dem schönen Wiesental zur Rüste gegangen. Wie zarte, blaue Schleier hingen die Abendschatten in den weiten Wäldern der Schwarzwaldberge, tief im Westen lag über den Vogesen dort, wo die Sonne geschieden war, noch ein feiner, roter Streifen, weiße Wölkchen zogen wie Schwäne im Äther dahin.

In den Dörfern waren die Abendglocken verklungen, tiefer Friede lag über der feiernden Welt. Ein leiser Wind strich flüsternd durch die Buchen- und Eichenwälder am Föhrenbühl und Burgberge. Aus dem Burggärtlein stiegen Rosen- und Liliendüfte empor und mischten sich mit dem Geruch der Lindenblüten im oberen Burghof, irgendwo zirpte ein Vöglein im Schlafe. Es war ein wonnevoller Abend, an dem es dunkelte, ohne daß die Nacht kam, denn es war die Zeit der hellen Nächte – an dem die ganze Welt wie von süßem Traume befangen war.

Diesem Zauber konnten sich auch die beiden Männer

nicht entziehen, die unter der Linde auf dem Bänklein neben dem Brunnen im oberen Burghofe saßen, obgleich man hier der kommenden Nacht gewahr wurde. Warfen doch der Palas und der starke Turm neben dem Aufgang zum Burghof ihre breiten, schwarzen Schatten über denselben.

»Möge unserem holden Edelfräulein ein langes Leben so voll Sonnenglanz und Rosenduft beschieden sein, als der heutige Tag ihr brachte«, brach endlich Pater Othmar das Schweigen.

»Auch ich wünsche solches von Herzen«, entgegnete Graf Rudolf, »möge vor allem das neue Lebensjahr ihr ein volles, reiches Glück durch ihre Verbindung mit dem Grafen Otto von Hunoltstein bringen.«

»Soll diese anjetzo bald geschlossen werden?«

»Ja. Wenigstens hat der Vater des Jünglings vor etlichen Tagen einen Boten hergesandt mit der Kunde, daß er nun in Bälde mit seinem Sohne zu kommen gedächte, den alten Verspruch zu erneuern.«

»Haltet Ihr solche Versprüche, mit denen die Eltern ihre Kinder von Jugend an zusammentun, für richtig, Graf Rudolf?«

»Durchaus nicht! Und so ich ein Kind gehabt hätte, nimmer hätte ich's getan«, erwiderte der Markgraf ernst. »Doch geschieht dieses in gar vielen Familien. Auf solche Ehen müssen die Heiligen alsdann besonders achthaben, so sie nicht zum bitteren Herzeleid für beide Teile werden sollen. Doch ist mir um Hildgardis nimmer bange, dieweil Otto damals zur Bedingung machte, daß sie keine Abneigung gegen den erwählten Gemahl haben dürfe.«

»Ich weiß, Ihr erzähltet mir schon früher davon«, warf Othmar dazwischen. »Weiß sie von dem allen?«

Rudolf nickte. »Freilich. Aber so der Vater einmal davon zu reden beginnt, hält sie ihm den Mund mit ihrer kleinen Hand zu, lacht ihn an und erklärt ihm, sie dächte nimmer daran, ihn und Burg Rötteln zu verlassen, sie liebe beide zu sehr. Alsdann lacht auch er, zieht sie ans Herz und ist glücklich.«

»Es ist zum Verwundern, welche Macht das Mägdelein über Otto besitzt«, sprach der Pater sinnend, »mir will oft scheinen, er könne dem Blick ihrer blauen Augen nimmer widerstehen. Freilich –« er lächelte leicht – »ist solches auch nicht so einfach. Hildgardis ist ein selten fein und schön Mägdelein geworden, mit sonderlicher Anmut und Lieblichkeit begabt.«

»Was das Kind versprach, hat die Jungfrau gehalten«, erwiderte Graf Rudolf warm, »Ihr habt die Mutter nie gekannt, sonst würde Euch solches nimmer wundern. Sie war noch schöner.«

»Daher Otto sie nimmer vergessen kann, wie er mir einmal erzählte«, nickte Othmar.

»So ist's«, bestätigte Rudolf, »doch verhoffe ich immer noch, er wird wieder ehelichen, sobald Hildgardis vermählt ist.«

»Meint Ihr?« zweifelte der Mönch, »so er sein Weib solcherweise liebte, als Ihr und besonders er mir erzählte, glaube ich's nimmer.«

»Wenn sein Töchterlein erst fort ist, wird es ihm hier öde werden – und darauf rechne ich. Alsdann werden andere Frauen wieder für ihn in Frage kommen«, lachte

Rudolf heiter. »So er sich aber erst aufs neue unter ihnen umzuschauen beginnt, wird er so vieler Holdseligkeit begegnen, daß sein Herz von Eis sein müßte, so es nicht schneller zu schlagen begänne.«

Nun lachte auch der Pater und fragte belustigt: »Ei, ei, Rudolf, woher kommt Euch solche Weisheit?«

»Meinet Ihr, ich sei für diese noch zu jung?« neckte der Graf vergnügt, »glaubt Ihr nicht auch, hochwürdigster geistlicher Herr, daß es weise ist, beizeiten daran zu denken, Sonnenschein auf die Burg zu bekommen, dieweil sie ansonsten nach Hildgardis' Fortgang gar zu dunkel und düster sein dürfte?«

»Graf Rudolf – Ihr wolltet –«

»Freilich will ich«, unterbrach der Graf den froh überraschten Ausruf des Paters, »nämlich dafür Sorge tragen, daß Otto solches tut.« Damit drückte er herzhaft die Hand des Mönches, und dieser schwieg, – merkte er doch plötzlich mit heimlich aufsteigender Freude, daß sich hinter diesen Worten noch anderes barg.

»Kennt Ihr den jungen Grafen von Hunoltstein?« fragte er nach einigen Augenblicken.

»Nein. Wir sind seit Jahren nimmer im Elsaß gewesen«, erzählte der Markgraf. »Wohl trafen wir des öfteren seinen Vater, so ein guter Freund von uns seit unserer Jugend und mir im besonderen lieb ist, aber den Sohn sahen wir nie. Doch soll er ein tapferer und feiner Jüngling sein.«

»Otto wird wirklich nimmer auf die Verbindung bestehen, so das Mägdelein nicht will?« fragte der Pater mit leiser Sorge, »ist ihm denn nicht soviel daran gelegen?«

»Wohl schon, denn die Hunoltsteiner gehören mit zu den ersten Adelsgeschlechtern im Elsaß und der Pfalz. Aber dennoch bin ich gewiß, das Glück seines Kindes steht ihm höher«, entgegnete Rudolf. »Schade, daß der junge Graf nicht auch bei den Ritterspielen zu Basel anwesend sein wird«, fügte er dann hinzu, »solche würden eine passende Gelegenheit sein, daß sich die beiden kennenlernen könnten.«

»Werdet Ihr hinreiten?«

»Freilich! Graf Walram von Tierstein würde es gar übel vermerken, so wir fehlten. Ich reite und Otto auch, und zu Hildgardis' größter Freude wird auch sie dabei sein. Als Otto ihr solches sagte, jubelte sie, es sei ihr schönstes Angebinde zum Namenstage.«

»Wann findet das Fest statt?«

»In drei Wochen.«

»Vielleicht gehören die Hunoltsteiner doch zu den Geladenen.«

»Nein, solches weiß ich genau«, erklärte Rudolf, »es wird nur der hohe Adel von Basel und der Umgegend zugegen sein. Würden auch sonst zuviel der Gäste werden und hätten sie nimmer Platz im Bankettsaal ›Zur Mucke‹.«

»Graf Tierstein feiert seinen fünfzigsten Namenstag?«

»Ja. Derhalben gibt er dies Fest. Am Vormittag ist feierliche Messe im Münster, am Mittag die Festspiele draußen auf der Wiese am Birsig, abends das Bankett mit nachfolgendem Tanz.«

»Wird ein schön Schauspiel werden«, lächelte der Pater.

»Hättet Ihr Lust, solches mit anzusehen?« fragte Rudolf froh, »Ihr könntet's als unser Kaplan – auch Bischof Johannes wird daran teilnehmen.«

»Nein, nein«, wehrte Othmar lachend ab, »ich tauge nimmer für solche weltliche Freude. Ich bleibe hier oben in meinem stillen Gemach und will dafür beten, daß kein Unheil geschieht – sonderlich nicht mit Otto.«

So schwiegen beide einige Augenblicke.

»Otto hat sich geändert«, nahm nun wieder der Pater das Wort, »jene Lehre vor acht Jahren tat ihm doch gut.«

»Sie war notwendig, so hart sie ihn auch ankam«, erwiderte der Markgraf, »er hat sich wahrlich sehr zusammengenommen, was ohne jene Geschichte mit Basel wohl kaum geschehen wäre.«

»Ist anzunehmen. Denn daß der Zorn sich noch immer allgewaltig in ihm regt, merkt man allemal, so er der Gertraud begegnet ist«, entgegnete Othmar.

Rudolf nickte. »Er hat sich auch schon des öfteren hinreißen lassen, einen Bolzen auf sie abzuschießen. Seine Leute erzählen es jedesmal, derhalben er auch bei unseren Mannen immer noch mehr gefürchtet als geliebt ist.«

»Der Hexe tät's nimmer schaden, so sie einmal einen Denkzettel bekäme«, sagte der Pater mit gerunzelter Stirn, »sie ist eine böse Zauberin geworden und gewißlich mit dem Bösen im Bunde –«

Er bekreuzigte sich. »Sie hat gar vielerlei Tränklein und Mittelchen für mancherlei Krankheit, und wo solche nicht helfen, pustet und streicht sie die Kranken, und es wird gewißlich besser mit ihnen. Auch braut sie wirksame Liebestränklein und bespricht das Vieh im Stall. Ihre Kräuter aber sammelt sie nachts auf den Friedhöfen oder in den Wäldern zwischen zwölf und eins. Ist solches alles ein lichtscheues Treiben.«

»So man ihr nur einmal beikäme«, murmelte der Graf ärgerlich, »auch ich vernahm all dieses und weiß ebenfalls, daß sie es ist, so den Tieren im Walde nachstellt und ihnen oftmals Gift legt. Alles solches ist aber nur die Folge jener einen Ursache. Und wie gerne hätte ich ihr damals etwas Gutes angetan – es war unmöglich.«

»Ich weiß, wir mühten uns ja beide darum. Und nun trifft ihr Haß alles, was Rötteln heißt – ganz gleich, ob schuldig oder unschuldig.«

»Ihr Haß schadet uns nichts.«

»Bisher nicht. Aber das Weib ist zäh. Alle Eure Versuche, ihr zu helfen, wies sie mit der gleichen Bosheit zurück, wie sie Euch zu schaden sucht – nun schon jahrelang. Sie ist gefährlich.

»Glaub's nimmer! Es vergingen seit jener Geschichte acht Jahre.«

»Mögen die Heiligen geben, daß Ihr recht behaltet«, erwiderte der Pater und erhob sich. »Laßt uns zur Ruhe gehen, Graf Rudolf, es geht wohl schon auf Mitternacht.«

»Dennoch ist die Luft so wonnig mild und warm, Othmar, und seht nur, wie die Sterne leuchten. Mich hält's doch nimmer im Gemach oder auf dem Pfühl; ich gehe erst noch einmal hinab zum Zwinger und mache einen Rundgang durch die Burg.«

Der Graf drückte dem Mönch die Hand und schritt den schmalen Gang neben dem Turm hinab, der Zugbrücke zu. Der Torwächter hier oben rieb sich schnell den Schlaf aus den Augen, als er den Herrn sah – wie hätte er aber auch den jetzt um Mitternacht erwarten können!

Rudolf blieb mitten auf der schmalen Brücke stehen und schaute in den tiefen Graben hinab, der die Unterburg von der Oberburg schied. Wenn's einmal wirklich ernst wurde, hier hatten die Feinde nichts zu lachen! Rötteln war erst einmal genommen worden, und damals war es dreifache Übermacht gewesen, der es erlag. Es galt für uneinnehmbar. Und was in seiner Kraft stand, wollte er dazu tun, daß es so blieb – – zumal, wenn die alten Mauern ein junges Liebesglück erblühen sehen sollten.

Rudolf atmete auf und strich sich mit kurzer, schneller Bewegung durch das dunkle Haar. Nun ging er weiter. Es war beinahe Vollmond. Silbernes Licht schien auf den schmalen, gewundenen Pfad, der am Vogthaus vorüber zum Zwinger führte. Auch hier war alles still, nur in einem der Ställe klirrte leise eine Kette.

Der Graf wandte sich und ging langsam wieder zurück, seine Brust hob sich. Rötteln – sein Rötteln, eine sichere Friedensstätte und darin eine holde Burgfrau, die ihm das Leben sonnig und licht machte und mit tugendsamem Eifer für sein Wohl und das der Bewohner sorgte und – – – da schrak er zusammen, ein Schauer rann über ihn hin. Irgendwo, unweit des westlichen Tores, wo der Ausgang in den Wald hinausführte, gellte ein schauerliches Lachen durch die stille Nacht.

»Die Hexe«, murmelte er und bekreuzigte sich unwillkürlich, »wahrlich, man sollte ihr das Handwerk legen. Und ob die Bewohner von den verschiedenen Dörfern, sonderlich von Binzen, zu ihr halten und auf sie schwören – sie muß unschädlich gemacht werden. Nimmer auf böse

Art, es gibt jedoch genug Klöster, wo sie zur Besinnung gebracht werden kann.«

Er stieg langsam zum Palas empor. Auch hier auf dem Hofe war alles still, nur wie ein leises Rauschen und Raunen ging's durchs Geäst der Linde. Wieder setzte er sich auf das Bänkchen und sann – – ein prächtiges Bild erstand vor ihm. –

Den Burgberg hinauf ritt ein stolzes Paar mit großem Gefolge, auf weißem Zelter eine holde, schlanke Frau mit lichtem Blondhaar, der das Glück aus den schönen, blauen Augen strahlte, – neben ihr der Gemahl in glänzender Rüstung mit glückgeschwellter Brust und jugendlichem Feuer, ob sich ihm schon das Haar an den Schläfen licht färbte. Weit offen standen Röttelns Tore, Blumen waren gestreut, in dem altersgrauen Palas hier oben war eine vornehme, frohe Gesellschaft versammelt, die junge Markgräfin von Sausenberg-Rötteln zu empfangen – – –

Rudolf sprang auf und breitete sehnend die Arme aus – – »Katharina!«

Wie sich besinnend, fuhr er mit der Hand über die Augen – noch war es nicht soweit. Er hätte doch niemals geglaubt, daß zu ihm, dem ernsten Manne, der schon längst nicht mehr zu den Jungen gehörte, noch einmal die Liebe kommen würde – und dazu mit solcher Allgewalt! Nicht daß er Katharina von Grandson vergessen hatte – o nein! –, aber die Lebenden haben doch mehr Anrecht an uns als die Toten.

Was ihn zuerst zu der lieblichen Tochter seines älteren Freundes, des Grafen Walram von Tierstein, hingezogen hatte, war, daß sie den teuren Namen führte wie die

Heimgegangene, der seine erste Liebe gegolten hatte. Dann aber fesselte ihn bei näherer Bekanntschaft ihr anmutiges, gütes Wesen, ihr heiteres Geplauder. Auch war sie nicht mehr ganz jung, die Jugendblüte, in der Hildgardis stand, hatte sie hinter sich. Jedoch gerade das war es, was ihm gefiel. Dazu sagten ihm ihre feine Beobachtungsgabe, ihre kluge Rede immer mehr zu.

Wie es dann eigentlich gekommen war, wußte er nicht, genug – er liebte Katharina von Tierstein mit der ganzen Glut seiner starken Mannesseele und war entschlossen, sich diesmal sein Glück durch nichts rauben zu lassen. Erst sollte sie ihm bei dem Fest in drei Wochen den Siegerkranz reichen; er wollte und mußte ihn bei den Kampfspielen erringen, und ihr als der Tochter des Gastgebers stand es zu, den Würdigsten damit zu schmücken. Mit dem Kranz zugleich aber wollte er sich am Abend das beglückende Wort von ihr und den Segen der Eltern holen – er wußte, beides würde man ihm, dem Markgrafen von Sausenberg-Rötteln, nicht verweigern. Er hatte auch in Katharina von Tiersteins leuchtenden Augen bei den letzten Malen ihres Zusammenseins gar deutlich lesen können, daß ihr Herz ihm entgegenschlug.

Und nun rechnete er weiter – jetzt war es Juni, im September, spätestens Oktober, konnte die Vermählung stattfinden. Dann sollte sich das ganze Bild verwirklichen, das ihm vorhin vorschwebte.

Wie so ganz anderer Art aber waren die Gedanken, die Pater Othmar in derselben Stunde bewegten.

Auch er schlief nicht.

Er saß am Fenster auf dem breiten Steinsitz, hatte die

Hände um ein Knie gefaltet und den Kopf an die Mauer gelehnt. Der Nachtwind strich über sein geschorenes Haupt und das schmale, ernste Gesicht, über die schwarze Kutte mit dem Ledergürtel, an dem das Kreuzlein aus Rosenholzperlen hing, das ihm Hildgardis einmal geschenkt hatte.

Ein bleicher Mondstrahl erhellte notdürftig das Gemach, Licht brannte keins. Traumverloren schauten die dunklen Augen des Mannes ins Tal hinab, dessen zauberhafte Schönheit im Mondesglanz ihn vorhin ganz gefesselt hatte.

Jetzt sah er freilich nichts mehr davon – seine Gedanken waren andere Wege gegangen. Wohl hatte er, als er sich von Graf Rudolf trennte, alledem nachgesonnen, was sie miteinander geredet hatten, und selbstlose Freude erfüllte sein Herz, als er des Freundes Worten über Sonnenschein auf der Burg nachdachte.

O wie sehr wünschte er ihm ein großes, volles Glück! Wie verdiente er es mit seinem edlen, vornehmen Herzen, nachdem er so lange Jahre stilles, tiefes Leid um nie besessenes Glück getragen hatte.

Freund – ja, das war ihm Rudolf in diesen Jahren des Zusammenlebens geworden, Freund im wahren Sinne des Wortes. Ein tiefes Verstehen verband sie beide, gerne besprach der Graf mit ihm alles, was geschehen sollte, bevor er mit dem Bruder darüber redete.

Aber auch er hatte mehr als einmal den Grafen in seine eigenen Gedanken und Grübeleien hineinblicken lassen. Doch da vermochte ihm dieser weniger zu folgen. Er hielt sich streng an die Lehren und Vorschriften der

Kirche, erfüllte sie treu und gewissenhaft, tat noch ein übriges mit Stiftungen und Geschenken – mehr war nicht notwendig. Rudolf konnte nicht recht verstehen, weshalb er sich mit noch anderen Gedanken quälte, nannte ihn lächelnd und neckend einen grüblerischen Heiligen, der einen besonderen Platz im Himmel haben wollte, und riet ihm, sich alles unnützen Studierens zu entschlagen.

Da hatte Othmar geschwiegen – es war wohl auch besser so. Wozu sollte er Rudolfs einfältig-frommes Gemüt mit seinen Fragen beschweren! Der Graf hätte ihn doch nicht verstanden. Und darin hatte er auch nur zu sehr recht – das Grübeln führte zu nichts, er kam zu keinem Endziel. Es war ihm jedoch zur Unmöglichkeit geworden, den »Menschensohn« auf Judäas oder Galiläas Fluren, wie er ihn in den heiligen Schriften kennengelernt hatte und ihn immer bei sich benannte, mit dem Jesus zu vereinigen, den die heilige Kirche lehrte. Der war anders, ganz anders.

Gewiß lag das nur an ihm. Er hatte eben ein zu geringes Verständnis für das Heiligste, und es war Sünde, immer wieder zu vergleichen und zu prüfen. Ihm konnte und durfte ja gar nichts anderes maßgebend sein als nur die heilige Kirche und was alle die großen Heiligen und Väter in derselben gelehrt und gesagt hatten. Ihm stand nichts anderes zu, als ihr blindlings zu glauben und zu gehorchen. Ach – und er wollte es ja auch so gerne! Hing er doch mit allen Fasern an der Kirche, war sie ihm doch der Inbegriff aller Heiligkeit und Wahrheit. Wie durfte er, ihr geringster Sohn, sich erkühnen, irgend etwas in ihr mit zweifelnden Augen anzusehen!

Und doch – und doch!

So sehr er sich in all diesen Jahren gemüht hatte, volles Genügen in seinen vielen Andachts- und Gebetsübungen, in einem frommen, gottgefälligen Wandel nach den Satzungen der heiligen Kirche, in Bußübungen und anderem zu erlangen – es war vergeblich gewesen! Und doch hatte der Christus im Evangelium des heiligen Apostels Johannes so klar gesagt: Ich bin gekommen, daß sie das Leben und volles Genügen haben sollen.

Warum nur hatte er es denn nicht! Er gab sich doch die größte Mühe, es zu erlangen, – mit peinlicher, nein, ängstlicher Sorgfalt achtete er darauf, es an der Erfüllung keiner Vorschrift fehlen zu lassen. Ach, und wie sehr hungerte seine Seele nach diesem »Leben – voller Genügen!«

Fast verzweifelt hatte er zuweilen danach gerungen, jetzt war er müde geworden. Er hatte den Kampf aufgegeben, es nützte ja doch alles nichts. Seine Seele aber war leer geblieben und suchte sich nun über ihren inneren Durst, ihren Mangel mit der Vorstellung hinwegzutäuschen, daß sie mit unter der Jüngerschar wandelte, die dem Menschensohn von Süden nach Norden in Palästina nachfolgte und seinen holden Lehren und Reden lauschte.

Auf diese Weise führte er lange Zeit eine Art von Doppelleben. Dann änderte sich auch das. Es führte ja auch zu nichts. Selten und seltener vertiefte er sich in jene Zeit, und mehr und mehr wurde sie ihm zu dem Traumgebilde eines Wunderlandes, in das hineinzugelangen keinem Sterblichen je vergönnt war. So waren die Jahre verstrichen und würden hoffentlich für ihn in Ruhe hier oben weiter verstreichen.

Der Mönch stand auf und streckte die hohe, hagere Gestalt. Er war müde geworden. Wie zauberhaft schön diese Mondnacht war! Fürwahr, nein, – er wünschte nirgend anders zu leben als hier auf Rötteln. Und er wollte noch ein Besonderes tun mit drei Paternostern und fünf Ave-Maria täglich, damit der tiefe Friede ihm in allem hier erhalten bliebe und das Glück in Rudolfs wie auch in Hildgardis' Leben einkehren möchte.

Er kniete zu brünstigem Gebet vor dem kleinen Altar in seinem Gemach nieder, den ein heller Mondstrahl magisch beleuchtete, dann suchte er sein Lager auf.

Dasselbe silberne Mondlicht fiel auch in die jungfräuliche Kemenate Hildgardis'. Das holde Burgfräulein lag auf dem weißen Linnen ihres Lagers in tiefem Schlafe, ein liebliches Lächeln umspielte im Traum ihre Lippen. Die Jungfrau hatte in der Tat gehalten, was das Kind versprochen hatte, – es war nicht zu verwundern, daß man von der Schönheit Hildgardis' überall redete und sie pries. Wie ein feines Goldgespinst lag das lockige, gelöste Haar über den weißen Schultern und Armen und rahmte ein wunderliebliches, zartes Gesicht ein, dessen edle, feine Züge die innere Herzensgüte verrieten. Auf der Burg wurde sie von alt und jung geliebt und verehrt, sie war der Sonnenschein aller mit ihrem immer frohen, strahlenden Lächeln, ihrer Milde und Wärme, und für »unser Fräulein« wäre jeder einfach durchs Feuer gegangen.

Nun stand sie an der Schwelle des Lebens und sollte den großen Schritt hinaus in ein ihr unbekanntes Land tun. Diesem Gedanken hatte das Mägdelein heute vor dem Schlafengehen lange nachgesonnen, und halb bange, halb wonnige Schauer waren dabei durch ihre junge Seele geflutet.

Wohl hatte Frau Sybille ihr oftmals von dem großen Glück erzählt, das einem Weibe an der Seite eines geliebten, edlen Mannes erblühen könne, zu dem sie aufschauen dürfe und der ihr Führer, Schützer und starker Halt in allen Dingen des Lebens sei. Wie das aber sein konnte, davon vermochte Hildgardis sich keine rechte Vorstellung zu machen. Sie hatte ja Ähnliches niemals bei dem Vater oder dem Ohm kennengelernt. Und auch Herr Bernhard, der Vogt, kam ihr gar nicht so vor, obgleich Frau Sybilles Augen bei ihrem Erzählen gestrahlt hatten.

Es mußte also etwas ganz Wundervolles sein – – und nun stand ihr dieses Glück bevor? Sie sollte es an der Seite des jungen Grafen Otto von Hunoltstein finden?

Aber wenn er nun ganz anders war, als sie dachte und sich ausmalte? Da war es doch ein Trost, daß der Vater ihr wiederholt versprochen hatte, er würde sie niemals zu einer Heirat zwingen, wenn sie nicht wollte, der junge Graf müsse sich dann eben ein anderes Gemahl suchen.

Ja, das sollte er dann auch nur – Hildgardis war fest entschlossen, ihn nicht zu freien, wenn sie nicht eine große Liebe für ihn hegen und solch Glück empfinden könnte, wie es ihr Frau Sybille gerühmt hatte.

Wie sehr vermißte sie in solchen Stunden eine treusorgende Mutter, der sie sich hätte anvertrauen können, oder eine gute Schwester, – aber beides war ihr versagt geblieben. Doch dafür hatte sie ja schließlich die heilige

Jungfrau, und wenn diese sich auch gewißlich nicht um Liebesfragen eines Mägdleins kümmerte, da es für sie wichtigere Dinge gab – ja, sie vielleicht darin gar nicht recht bewandert war, so tat es doch gut, ihr wenigstens das Herz ausschütten zu können.

Das hatte Hildgardis denn auch getan, aber mit bange und doch erwartungsvoll klopfendem Herzen beschäftigte sie sich vor dem Einschlafen mit demjenigen, der nun bald, wie der Vater ihr heute mitgeteilt hatte, kommen wollte, die bestimmte Braut zu sehen und auf sein Schloß heimzuholen. Mit dem Gedanken an ihn schlief sie ein, und holde Träume umsponnen ihre unberührte Seele.

IX.

Im Elsaß war ein Gewitter niedergegangen. Grau und schwer hingen die Wolken über den Bergen, es tropfte von Baum und Strauch. Düster ragte die stolze, weite Burg auf dem hohen Felsen in den Nebel hinein, fast schienen ihre grauen, dicken Mauern eins mit dem Gestein, wie aus diesem herausgewachsen.

Und so trutzig, fest und wetterhart wie der Fels, auf dem die Burg stand, war das Geschlecht, das hier oben seit Jahrhunderten herrschte und mit zu den Vornehmsten des Landes gehörte. Ritterlicher Mut, kühne Taten, edle Gesinnung zeichneten die Männer aus, sie waren treu dem Freunde, furchtbar dem Feinde. Stolze Schönheit eignete den Frauen, und die Familien vom hohen Adel rechneten es sich zur Ehre, ihre Töchter dort oben auf der mächtigen Feste als Herrinnen walten zu sehen.

Heuer stand aber das edle Geschlecht der Hunoltstein nur auf vier Augen. Graf Ruprecht hatte sein junges, geliebtes Weib begraben müssen, als er sich kaum sechs Jahre des Lebens mit ihr erfreut hatte, und auch nicht wieder an eine zweite Heirat gedacht. Er lebte der Verwaltung seines großen Besitzes und der Erziehung seiner beiden Kinder, die ihm sein Weib hinterlassen hatte.

Von diesen erwählte die junge Gräfin Anna in hingebender Frömmigkeit den Schleier, als sie kaum erwachsen war, und entsagte der Welt, – desto mehr Hoffnungen setzte der Vater nun auf seinen einzigen Sohn Otto. Der war zu einem hochgemuten, schönen Jüngling herangewachsen, wohl bewandert und geübt in allen ritterlichen Tugenden und Künsten. Es gereichte Graf Ruprecht zur besonderen Freude, daß er ihm schon in zartester Jugend ein Gemahl in der einzigen Tochter seines Waffengenossen und Freundes, des Markgrafen Otto von Sausenberg-Rötteln, gesichert hatte. Gehörten doch die Markgrafen zu den angesehensten und mächtigsten Familien des Badener Landes und waren dazu die begütertsten Herren.

Bei dieser Verbindung kam Macht zu Macht, Ansehen zu Ansehen, Reichtum zu Reichtum. Kein Wunder, daß er seinem Sohne oft und viel von Rötteln erzählt hatte und ihm die Schönheit und Tugend der jungen Gräfin Hildgardis rühmte, von der so viel geredet wurde, ohne daß er sie selber gesehen hatte.

Viel lieber hätte Graf Ruprecht freilich noch gesehen, sie wäre Markgraf Rudolfs Töchterlein gewesen. Den schätzte und achtete er bedeutend höher als seinen Bruder und hegte für ihn innerlich wahrhafte Freundschaft. Aber leider war der gänzlich unbeweibt geblieben! Nun, Otto heiratete ja auch nicht den Vater, sondern die Tochter, und sie zog alsdann auf den Hunoltstein, da mochte es gehen. Sonst wäre es wohl leichtlich zu Streitereien zwischen dem Schwiegersohn und dem Markgrafen gekommen.

Sein Sohn war mit dieser Heirat überhaupt nicht sehr einverstanden. Er hatte sich oftmals dagegen empört und seinem Vater rund heraus erklärt, er würde die Gräfin von Rötteln nur dann ehelichen, wenn sie ihm auch wirklich gefiele und er sie liebgewinnen könne. Graf Ruprecht hatte sich endlich damit einverstanden erklärt, obgleich er sich nicht verhehlte, daß es zu bösen Dingen zwischen ihm und dem Röttler Grafen führen könne. Aber schließlich – Otto war sein Einziger, auf ihm stand das Geschlecht, er sollte in seiner Ehe glücklich werden.

Nun war allgemach die Zeit herangekommen, in der diese geplante Verbindung zur Tat werden sollte. Graf Ruprecht hatte mit Einwilligung seines Sohnes ihren Besuch auf Schloß Rötteln dem Markgrafen Otto ansagen lassen. Er wußte, daß Hildgardis nun im zwanzigsten Jahre stand, sein Sohn zählte bereits etliche Lenze mehr, da war es für beide Zeit, den Bund zu schließen.

Dem jungen Grafen ging die Sache allerdings sehr im Kopfe herum. Er lehnte sich gegen alles auf, was einem Zwang ähnlich sah, und hatte nur aus kindlicher Liebe und Gehorsam gegen seinen Vater diesem nachgegeben und dem Besuch auf Rötteln zugestimmt. Nicht, daß ihn eine andere Neigung zu einem Edelfräulein gefesselt hätte, o nein, dann wäre er ja überhaupt nicht nach Rötteln gezogen. Andererseits war er aber auch beinahe neugierig, die ihm seit seiner Jugend versprochene Braut kennenzulernen, von der so viel des Lobes und Rühmens bereits zu ihm gedrungen war. Wenn er nur nicht gleich als ihr Verlobter hinkommen mußte – wenn er sich ihr vorher und auf andere Weise nähern könnte!

Er sann und sann – – und heute stürzte er fast ins Gemach zu seinem Vater. »Ich hab's, Herr Vater, ich hab's«, rief er vergnügt.

Graf Ruprecht lag auf einem Ruhebett und hatte ein Wolfsfell über die Füße gebreitet. Ab und zu zwickte es ihn im rechten Bein, besonders wenn sich das Wetter ändern sollte. Er war sonst aber ein kraftvoller Mann mit leicht ergrautem Haar und struppigem Bart, auf den er wenig Sorgfalt legte. Unter den buschigen Brauen blitzten ein paar dunkle Augen, die sich nun mit frohem Ausdruck auf den Sohn richteten.

Otto hatte die gleiche kraftvolle Gestalt wie sein Vater und dieselben dunklen, blitzenden Augen, im übrigen hatte er die Schönheit von seiner Mutter geerbt.

Mit sichtlichem Wohlgefallen ruhten Graf Ruprechts Blicke auf dem schlanken Mann mit den edlen Zügen, und er fragte gut gelaunt: »Was hast du denn, mein Sohn? Du warst bei dem Unwetter vorhin doch nimmer zum Jagen ausgeritten?«

Otto lachte. »Gewißlich nicht! Aber nunmehr gedenke ich auf eine Beize zu reiten, bei der ich mir einen Edelfalken fangen will – das heißt, so er wert ist, gefangen zu werden.«

Der Vater schmunzelte. »Du sprichst zu weise, mein Sohn! Seit wann willst du die Edelfalken fangen?«

Nun lachte Otto hell auf. »Euer Gesicht ist köstlich,

Herr Vater! Schade, daß ich kein Maler bin, ansonsten würde ich Euch konterfeien!«

»Ungeratener Sohn«, lachte nun auch Graf Ruprecht fröhlich und erhob sich, »warte, ich will dir Ehrfurcht vor deinem alten Vater beibringen.«

»Ist nimmer vonnöten«, rief Otto herzlich und sah bewundernd auf die gebietende, stolze Gestalt, »nur dürft Ihr anjetzo noch nicht vom Alter reden. Ich müßte sonst erst recht lachen.«

Er setzte sich aufs Ruhebett und zog den Vater neben sich. »Nun kommt, hochedler, weiser, erhabener Herr und Graf von Hunoltstein«, scherzte er, »laßt mich Euch meine Gedanken in Demut zu Füßen legen.«

Graf Ruprecht legte ihm fast zärtlich den Arm um die Schultern und hörte aufmerksam zu, was Otto ihm eifrig vortrug. Je länger, desto mehr trat ein vergnügter Zug in sein Gesicht, nun lachte er dröhnend auf und schlug sich mit der großen Hand auf den Schenkel.

»Du Teufelsbraten«, rief er, »daß du dich aber nimmer dem Alten verrätst, ehe ich da bin. Ich muß solches mit ansehen. Hahaha, wird das eine Überraschung geben!«

»Also, Ihr seid damit einverstanden, Herr Vater? Seht, ich wüßte keinen anderen Weg –«

»Ist auch nimmer vonnöten, so kommst du am ehesten zum Ziele«, rief der Graf dazwischen. »Und ist's nicht, wie du es wünschest, verschwindest du einfach und kommst mir entgegengeritten.«

In eifriger Beratung saßen die beiden jetzt noch lange zusammen, dann rief der Graf seinen vertrauten Diener Melchior heran. Auch mit diesem redeten sie lange. Der schüttelte wohl zuerst bedenklich den Kopf, doch dann mußte auch er lachen.

»Ich will schon für alles sorgen, Herr, keiner soll die Wahrheit ahnen, Ihr sollt mit mir zufrieden sein. Wenn's nur gut ausgehen möchte!«

»Warum soll es nicht?« rief Graf Ruprecht vergnügt, »solche Brautwerbung ist einmal was anderes. Wann willst du fortziehen, Otto?«

»In einer Woche, dachte ich, Herr Vater, so es Euch genehm ist.«

»Wohl, und ich ziehe alsdann acht Tage später.«

Nun begann in der Burg ein reges Treiben. Der Graf zog viele seiner Mannen zusammen, und alles wurde aufs prächtigste zu dem Zuge nach Rötteln vorbereitet. Er wollte seinen ganzen Reichtum bei dieser Gelegenheit entfalten und mit glänzendem Gefolge in die Burg einreiten, die zukünftige Herrin des Hunoltsteins war es wert!

In der gleichen Zeit wurden auf Schloß Rötteln die letzten Vorbereitungen zu dem Basler Fest getroffen. Auch hier entfaltete man dabei eine Pracht, wie man sie seit langen Jahren nicht mehr gesehen hatte, und Pater Othmar staunte innerlich über den mehr als fürstlichen Reichtum, der zutage trat. Es schien, als könne sich Rudolf gar nicht genug in allem tun.

Auch Otto war von seinem Eifer angesteckt worden und schärfte Frau Sybille immer wieder ein, aufs beste für Hildgardis zu sorgen. Das tat sie wohl schon ohnedem, aber doch empfand das Edelfräulein gerade jetzt wieder schmerzlich, daß kein treues Mutterherz für sie sann und sie ganz auf sich und die Vogtfrau sowie ihre Gürtelmagd Kunigunde angewiesen war.

Aber dennoch hatten gerade diese beiden ihrer Pflicht volles Genüge getan, und es war ein glänzender Zug, der sich am frühen Morgen eines der letzten Julitage im Zwinger ordnete, um durch das geöffnete Tor die Burg zu verlassen. Pater Othmar hatte schon eine Stunde vorher in der Burgkapelle eine Messe gelesen und den Segen über die Herren und Hildgardis gesprochen, dann war er nach dem Abschied zum Söller hinaufgestiegen, um den Zug recht lange sehen zu können.

Es war ein farbenprächtiges Bild, das sich ihm bot. An der Spitze ritten die beiden Markgrafen in blauen Samtgewändern, deren Schlitze weiße Seide wiesen, und auch Hildgardis in ihrer Mitte trug die Gewandung in den Rötteler Farben. Ein dunkelrotes Seidenkleid umschloß knapp die schlanke Gestalt, von dem Hütlein wehte ein weißer Schleier, den eine Edelsteinagraffe hielt. Und doch waren dies erst die Reisekleider, die Rüstungen der beiden Brüder und die Festgewänder waren schon am Tage zuvor nach Basel und in den bischöflichen Palast gebracht worden, wohin die Herren von dem Bischof, Herrn Johann Senn von Münsingen, eingeladen worden waren zu herbergen.

Den Herren folgten die Knappen, Edelknechte und Diener in leichten Rüstungen, wohl vierhundert an der Zahl. Auf ihren Schildern prangte das Röttler Wappen, ein geteilter Schild mit einem wachenden roten Löwen auf goldenem Feld in der oberen Hälfte, in der unteren auf silbernem Querbalken blaue und weiße Eisenhütlein auf blauem Grund.

Langsam schlängelte sich der Zug die gewundene Straße den Burgberg hinab nach Tumringen hin und verlor sich dann in der Richtung Riehen zu, bis zuletzt nur noch eine Staubwolke seinen Weg bezeichnete, aus der es zuweilen in der Sonne aufblitzte. Jetzt verschwand auch diese. Pater Othmar aber blieb noch lange hier oben stehen und genoß den herrlichen Blick über die dunklen Schwarzwaldberge.

Sein Auge schweifte vom Blauen, der sich scharf vom lichten Himmel abzeichnete, bis hinüber zum Jura, der sich jenseits des Rheines aufbaute. Wie liebte er dieses Fleckchen Erde! Fürwahr, er konnte Graf Rudolfs Heimatliebe nur zu gut verstehen. Nun blieb sein Blick an einem kleinen Türmlein hängen, das drüben jenseits Lörrach von einem Berge herab zu ihm hin grüßte. Er kannte es gut, war er doch schon zuweilen dort oben gewesen.

Die heilige Chrischona lag dort oben begraben, eine von den elftausend Jungfrauen, die auf der Rückreise von Rom nach Köln bei Basel gelandet war. Dort starb sie, wurde alsdann auf jenem Berge begraben und über ihrem Grabe die Kapelle errichtet. In späterer Zeit hatten fromme Einsiedler dort eine kleine Hütte erbaut und in derselben gelebt, das mußte aber schon lange her sein. Denn das Hüttchen war fast ganz zerfallen und bot kaum noch Schutz gegen Unbill des Wetters.

Es war schon verschiedene Jahre her, daß der Pater dort gewesen war – ob er wohl wieder einmal hinwanderte? Fast gelüstete es ihn, und kurz entschlossen stieg er vom Söller hinab, rüstete sich und machte sich auf den Weg. Dem Burgvogt rief er mit fröhlichem Gruß sein Ziel zu, dann schritt er rüstig bergab.

Es war ein recht heißer Weg durch das Wiesental hin dem Dörflein Lörrach zu, wo die Röttler Herren eine kleine Burg besaßen, aber dann nahm ihn kühler Wald auf. Hinter Riehen fing der Pfad zu steigen an. In Bettingen, dem lieblichen Dörflein, rastete er eine halbe Stunde am plätschernden Dorfbrunnen, und nach einer weiteren halben Stunde war er oben bei dem kleinen Kirchlein.

Ermüdet setzte er sich auf ein Bänkchen, das unter einer Linde an der niedrigen Mauer stand, die halb um die Kirche führte. Der milde Wind strich über sein kahles Haupt und erfrischte ihn, ganz besonders aber tat ihm die tiefe Stille wohl, die ihn umgab.

In den weiten Buchenwäldern rauschte es geheimnisvoll, die Sonne vergoldete mit ihren letzten Strahlen das Kirchlein hier oben, drunten das Rheintal und drüben die aufsteigenden Juraberge, hinter denen sich rötlich schimmernd die Alpenhäupter des Helvetischen Oberlandes mit ihren Firnen und Gletschern vom bläulichen Abendhimmel abhoben.

Ein goldener Strahl glitt auch wie grüßend über die wenigen, halbschiefen, zum Teil schon verwitterten Kreuze des kleinen Friedhofes, der jenseits der niedrigen Mauer sich ein Stücklein den Berghang hinabzog. Auf den Gräbern, die teilweise bereits eingesunken waren, blühten wilde Rosen in Fülle, und blühende Gräser wiegten sich im Abendwinde.

Der Mönch hatte die Hände gefaltet, schaute und schaute und konnte sich kaum satt sehen an all der wunderbaren Schönheit. Fürwahr, hier ließ es sich gut in der Abgeschiedenheit dem Allmächtigen dienen. Er konnte die Einsiedler begreifen, die sich hier immer wieder von Zeit zu Zeit eingefunden und die kleine Hütte bewohnt hatten. Freilich, wer jetzt kam, mußte sie neu aufbauen – nicht einmal für eine Nacht hätte sie Schutz gewähren können. Er war wirklich froh, daß die guten Leute, die hier am Fuß des Berges in dem kleinen Anwesen wohnten, ihm Nachtquartier angeboten hatten.

Während Pater Othmar hier in der Stille und Weltabgeschiedenheit der Andacht pflegte und dabei einen selten schönen Sommerabend genoß, rüstete man in Basel zu dem großen Festbankett in der »Mucke«. Die Ritterspiele, die draußen vor den Toren der Stadt gegen Muttenz zu auf freiem Gelände stattgefunden hatten, waren beendet. Sie hatten nur vier Stunden gedauert. In jedem Treffen aber, ob Mann gegen Mann oder beim Buhurt, war der Markgraf Rudolf von Rötteln Sieger geblieben, so daß sein Name jetzt rühmend in aller Mund war.

Wie stolz hatte er zu Pferde gesessen, wie sicher und gewandt die Waffen geführt! Es war ein wundervoller Anblick, wenn er in die Schranken ritt in seiner goldstrahlenden Rüstung, mit dem wehenden roten Federbusch auf dem Helme, indes sein mutiger Hengst eine prachtvolle Decke von blauem Samt mit langen, silbernen Fransen trug.

Gar manches schöne Frauenauge blickte mit heimlicher Bewunderung und stillem Wunsche auf den sehnigen, kraftvollen Mann, der in der Vollkraft der Jahre stand und trotz seiner vierzig Lenze noch unbeweibt war. Ob er gar nimmer daran dachte zu freien? Fast schien es so, denn er trug auch an seiner Lanze keine anderen als die Röttler Farben.

Als die Spiele in der sechsten Stunde beendet waren, schritt Markgraf Rudolf mit hoch erhobenem Haupte die Stufen empor, die zu den Sitzplätzen der Frauen führten. Er hatte den Helm abgesetzt, auf seinem Gesicht lag die Röte der Erregung. Mit raschem Aufleuchten umfaßten seine blauen Augen die schlanke Gestalt im weißen Seidengewande, die sich erhoben hatte, den Siegerkranz in den Händen.

Eine lichte Röte lag auch auf dem feingezeichneten Gesicht der jungen Gräfin Katharina von Tierstein, die sich noch vertiefte, als er nun ein Knie vor ihr beugte und dabei seine Augen strahlend in die ihren senkte. Ihre Stimme zitterte ein wenig, als sie ihm den Kranz mit etlichen passenden Worten aufs Haupt legte, er aber ergriff ihre Hand und drückte einen raschen Kuß darauf.

Nun drängten sich auch die anderen glückwünschend zu ihm, allen voran sein Bruder Otto. Er hatte keinen Waffengang mitgemacht, sondern neben seinem holden Kinde unter den Zuschauern gesessen und sich mit stolzer Vaterfreude fast mehr an den Triumphen erfreut, die Hildgardis' Schönheit errang, als an den Siegen seines Bruders Rudolf.

Hoch erhobenen Hauptes führte er sie auch am Abend in den Bankettsaal, der im Glanz von Hunderten und aber Hunderten von Kerzen strahlte, mit Genugtuung vernahm er die mancherlei bewundernden Bemerkungen. Selbst Graf Rudolf war überrascht, als er seine Nichte sah.

Ein zartblaues Seidengewand mit reicher Silberstickerei umschloß die feine, schlanke Gestalt, floß in langer Schleppe aus und hob ihre lichte Schönheit noch besonders hervor, ein silberner Reif mit einem Saphir fesselte die goldblonde Lockenfülle, und ein verlegen-schüchterner Ausdruck auf dem holden Antlitz vermehrte noch den Reiz, der von ihr ausging.

»Schade, daß Graf Hunoltstein heute nimmer hier ist«, flüsterte Rudolf seinem Bruder lächelnd zu.

Auch der lachte leise. »Hätt's auch gewünscht! Doch es tut nichts, Hildgardis wär' alsdann nur noch schüchterner. Der sieht sie schon noch zeitig genug. Mich verlangt nimmer danach, mein Mägdelein bald zu verlieren, – am liebsten behielte ich sie ganz.«

»Begreife solches«, nickte Rudolf frohgemut, »gelingt dir aber nimmer. Ist's nicht der Hunoltsteiner, alsdann ein anderer – sieh nur, das Röttler Edelfräulein zieht die jungen Ritter an wie der Honig die Bienen.«

»Nur daß sie ihn nimmer bekommen können«, schmunzelte Otto, und Rudolf wandte sich ab, denn der Herold rief zu den Plätzen.

Er als der Sieger des Tages hatte den Ehrenplatz neben der einzigen Tochter des Gastgebers, Katharina von Tierstein, indes die Eltern, Graf Walram und seine Gemahlin Agnes, eine geborene Gräfin von Aarburg, ihnen gegenüber saßen. Der Graf, ein stattlicher Fünfziger, war ein liebenswürdiger Gastgeber, der eifrig um das leibliche Wohl seiner Gäste besorgt war und besonders den Markgrafen immer wieder zum Essen und Trinken nötigte.

Rudolf hatte heute weniger Sinn als sonst für die Genüsse des glänzenden Festmahls, unter denen sogar der gebratene Pfau im vollen Schmuck seiner Federn und eine Anzahl Fasanen nicht fehlten. Er achtete auch kaum auf die Pracht ringsumher, er hatte nur Sinn für seine holde Nachbarin.

Immer wieder beugte er sich während des Tafelns zu ihr hin, immer mehr vertiefte sich die Röte auf ihren Wangen, – mit geheimer Freude sah es die Mutter. Von den anderen achtete keiner besonders darauf – Katharina hatte ihm den Kranz gereicht; da war es natürlich, daß er ihr huldigte.

Bald da, bald dort an den langen Tafeln wurde von seiner Kunst, die Waffen zu führen, geredet, und endlich sagte der ältere Graf von Pfirt mit seinem tiefen Baß: »Der Rudolf von Rötteln verstand schon in seiner Jugend, das Schwert zu führen, ich kannte ihn, da er noch ein Bub war. Zu solcher Kunst besitzt er aber noch eine andere – er versteht, mit eisernem Willen das durchzuführen, so er als recht und gerecht erkannt hat. Welche die größere ist, will ich nimmer entscheiden.«

»Wohl die zweite«, entgegnete gedämpft der Freiherr von Falkenstein, »ich vermeine, er wäre ansonsten nimmer in solchem Frieden mit seinem Bruder ausgekommen.«

»Wohl möglich«, mischte sich der Graf von Homburg ein, »seiner eisernen Festigkeit muß sich auch der Otto beugen. Und er tut's nimmer zu seinem Schaden – weiß solches aber auch.«

»Zumal er daneben gar genau weiß, daß sein Bruder niemals, wie er selber, eine Sache nur durchführen will, dieweil er sie eben will, sondern sich allemal von seiner unbeugsamen Gerechtigkeitsliebe und Wahrhaftigkeit leiten läßt«, fügte Graf Walram von Tierstein, der soeben zu den Redenden getreten war und den letzten Satz gehört hatte, leise hinzu.

»Er ist halt alsdann der ›eiserne Markgraf‹«, lachte der Freiherr von der Hasenburg dazwischen und – »der eiserne Markgraf« ging's nun an jener Tafel leise von Mund zu Mund.

»Laßt's keinen hören«, warnte der Tiersteiner frohgelaunt, »man weiß nimmer, wie's gefällt.«

Bald nachher war die Schmauserei beendet, und man ging in den Tanzsaal, um einen der beliebten Rundtänze zu tun.

Graf Rudolf eröffnete den Reigen mit Katharina von Tierstein. In edlem Anstand hielt er mit seiner Rechten ihre Linke hoch, mit züchtig gesenkten Blicken schritt sie neben ihm her. Als zweites Paar folgte ihnen der junge Graf von Froburg mit Hildgardis von Rötteln, und nun schlossen sich alle die anderen Ritter und Damen ihnen an.

Es war ein Bild voll Glanz und Pracht, auf das die älteren Herrschaften mit unverhohlener Bewunderung blickten. Solche großen Feste kamen doch eben nur selten vor und nur bei besonderen Anlässen, wie auch dieses Mal. Kein Wunder, daß dann alles an Kleiderpracht, an Gold und Silber, an Geschmeide und Edelsteinen um- und angetan wurde, was nur möglich war.

Solche Rundtänze boten aber auch den jungen Rittern unbeobachtete Gelegenheit, der Erwählten ihres Herzens ihre Liebe zu gestehen, und sie nahmen das reichlich wahr!

So merkte denn auch jetzt niemand, daß Markgraf Rudolf die zarten Finger Katharinas immer inniger drückte und während der blechernen Musik ihr allerlei zuflüsterte; man sah nur, daß er nach beendetem Tanz mit dem Gastgeber in ein kleines Gemach neben dem Saale ging. Sehr bald folgte die Mutter mit Gräfin Katharina, und nun wurde man allgemein aufmerksam.

Doch man sollte schnell erfahren, was sich zugetragen hatte – in der nächsten Viertelstunde verkündete Graf Walram von Tierstein seinen Gästen den Verspruch seiner einzigen Tochter Katharina mit dem Markgrafen von Sausenberg-Rötteln.

Das gab eine große Überraschung bei allen, besonders Otto war zuerst fast sprachlos. Aber dann überwog auch bei ihm die Freude.

Rudolf selbst strahlte so vor Glück, wie man ihn noch nie gesehen hatte, und auf Katharinas feinen Zügen lag ein seliges Lächeln.

In erhöhter Freude wurde nun das Fest fortgesetzt und dabei dem Markgrafen auch scherzend sein neuer Beiname verraten. Er lachte herzlich und freute sich daran, er empfand ihn fast als eine Ehrung.

Zu später Stunde endlich schloß die schöne, ungetrübte Feier, der Rudolf – wie er glückstrahlend versicherte – bei seiner Vermählung eine noch größere folgen lassen wollte.

X.

Eine Woche war verstrichen. Die Zeit näherte sich, in der Graf Ruprecht von Hunoltstein sein Kommen mit seinem Sohne angemeldet hatte.

Klopfenden Herzens gedachte Hildgardis täglich, ja fast stündlich daran und sah mit geheimem Zittern dem Augenblick entgegen, in dem sie den Herren gegenübertreten sollte. Dann wieder weilten ihre Gedanken bei dem verlebten Feste, auf dem sie zum ersten Male in die große Welt eingetreten war. Sie konnte mit dem Erfolg zufrieden sein, allenthalben wurde ihr gehuldigt, und besonders hatte sich der junge Graf von Froburg darin hervorgetan.

Hildgardis mußte lächeln, wenn sie an ihn dachte. Er war doch wirklich noch recht jung, und hoffentlich erwies sich der Hunoltsteiner anders. Sonst – nein, so war er gewiß nicht! Der Vater und erst noch der Ohm hatten ihr immer von ihrem Freunde Graf Ruprecht erzählt, wie stolz und stark, wie kühn und kraftvoll der wäre, und der Sohn sollte ihm völlig gleichen – nun, sie mußte abwarten.

Auch heute bewegten sie diese Gedanken, während sie im Burggärtlein umherging und Rosen und Lilien zu einem Strauße wand, um den Altar in der Burgkapelle damit zu schmücken. Und sie sann weiter, welch ein großes Glück es doch sein mußte, von Herzen zu lieben und ebenso geliebt zu werden.

Sie sah es ja jetzt täglich vor sich an dem frohen Gesicht des Ohms, der seit seinem Verspruch ein ganz anderer geworden schien und dem das Glück aus den blauen Augen leuchtete – sie hatte es in dem lieblichen Gesicht ihrer neuen Verwandten, der Gräfin Katharina von Tierstein, gesehen, als sie mit den Eltern vor etlichen Tagen zu Besuch hier weilte. Die junge Braut strahlte förmlich, so daß sie sie immer wieder anschauen mußte, – – ob sie auch so strahlen würde, wenn sie verlobt war?

In ihre Träumereien hinein schallte das Horn des Wächters. Kamen Gäste? Sie horchte auf – nein, dann war die Ankündigung eine andere – ruhig setzte sie ihre Arbeit fort.

Als sie fertig war, nahm sie alle Blumen zusammen und schritt langsam den kleinen Pfad entlang, der oben an der Zugbrücke endete. Wie sie dort hinaufkam und nun auf die Brücke trat, glich sie in ihrem leichten, weißen Linnenkleide mit den roten Stickereistreifen selber einer der duftigen Blüten, die sie im Arme trug, und die beiden Männer, die just eben von der Unterburg her den Weg hinaufstiegen, verhielten an der Ecke den Schritt, um sie bewundernd, ja fast mit Staunen zu betrachten.

Hildgardis war sie nicht gewahr geworden. Sie ging an dem Torwächter mit frohem Gruß vorüber und stieg den Gang zum oberen Burghof empor, nickte dem Ohm und dem Vater zu, die dort an der Mauer standen, und verschwand im Palas, um die Kapelle zu schmücken. Sie mußte sich damit eilen, es war nur noch kurze Zeit bis zum Mittagsmahle, und so stand sie bald darauf in ihrem Gemach, wo ihre getreue Gürtelmagd Kunigunde bereits ihrer harrte, ihr ein anderes Gewand überzuwerfen.

Während sie eifrig die Falten des weißen Seidenkleides ordnete und ihr einen silbernen Gürtel umlegte, an dem an feiner Kette ein blaues Seidentäschlein hing, erzählte sie ihrer jungen Herrin, daß vorhin zwei Fahrende gekommen seien und um gütige Rast gebeten hatten. Der Vogt wollte sie nicht aufnehmen, aber der Jüngere bat so herzlich, daß Herr Bernhard endlich einwilligte.

»Auch Euer hochedler Herr Vater ist mit ihrem Bleiben einverstanden«, sprach sie eifrig, »und sie sollen heute nach dem Mittagsmahle in der Halle oben zur Laute singen. Der Ältere kann's gewiß nimmer gut, der sieht gar komisch aus. Er hinkt und hat einen großen Schnauzbart, so mit langen Spitzen herabhängt. Auch seine Schuhe haben lange Spitzen – hahaha! Der Jüngere aber ist ein feiner Gesell, der wird auch Euch gefallen, Herrin. Er ist schlank und groß, dabei kraftvoll und trägt das Haupt stolz – gleich einem Edelmann. Seine dunklen Augen blitzen, er ist ein schöner Mann.«

»Du bist wohl schon verliebt in ihn«, neckte Hildgardis und ließ sich mit einem Silberstreifen die Locken fesseln, »gib acht, daß der lange Eppo nimmer eifersüchtig wird.«

Das Mädchen wurde rot und lachte: »O nein, Herrin, dazu haben wir uns zu lieb.«

»Wollt ihr nimmer bald ans Freien denken?« fragte nun das Fräulein gütig.

»Zum Herbst, Herrin, so Ihr verstattet«, erwiderte Kunigunde mit strahlendem Blick.

»Ei freilich«, entgegnete Hildgardis eifrig, »und ich rüste dir dein Festkleid und richte deinen Ehrentag aus, es soll eine schöne Feier werden.«

In warmer Dankbarkeit küßte das Mädchen beide Hände ihrer jungen Herrin und rief unter Lachen und Weinen: »Wie soll ich Euch solche Güte danken! Ihr müßt mir nur erlauben, Euch weiterhin zu dienen.«

Hildgardis lachte herzlich. »So ich aber von hier fortziehen sollte? Willst du alsdann mitkommen und den Eppo hier lassen?«

»Nein, nein, Herrin – aber Ihr dürft nimmer fort – Ihr –«

»Komm jetzt, stecke mir noch die Rose in den Gürtel«, schnitt Hildgardis ihre Rede ab, »da ergeht das Zeichen zum Mittagsmahle, und du weißt, der Herr Vater wartet nimmer gerne.«

Eilfertig vollendete Kunigunde ihr Werk, dann trat sie befriedigt einen Schritt zurück. »Herrin, Ihr schaut aus wie ein lichter Maientag!«

Hildgardis lachte und stieg dann, leise ein Liedchen summend, zur Halle hinunter, – die beiden Fahrenden waren vergessen. Sie dachte auch erst wieder an das, was

Kunigunde ihr erzählt hatte, als der Vater nach dem Mahle den Ohm und den Pater zu bleiben bat und die Fahrenden hineinführen hieß.

Unwillkürlich mußte Hildgardis lächeln, als der Ältere zuerst eintrat – es stimmte alles so genau, was Kunigunde erzählt hatte. Ein eigentümlich forschender Blick traf sie jetzt von ihm, daß sie fast unwillig werden wollte, – da trat der Jüngere ein.

Betroffen sah sie ihn an, wie gebannt hingen ihre Blicke einen Atemzug lang ineinander – sie fühlte eine feine Röte in ihrem Gesicht aufsteigen.

Doch auch Markgraf Rudolf und Pater Othmar schauten ihn erstaunt an, als er jetzt mit edlem Anstand sich verneigte, für die gütige Aufnahme dankte und in wohlgesetzten Worten bat, etliche Lieder vortragen zu dürfen.

Während er die Laute stimmte, die sein Gefährte ihm reichte, mußte Hildgardis ihn immer wieder ansehen. Fürwahr, Kunigunde hatte ganz recht gesehen – der Jüngling hätte viel eher ein Edelmann sein können als ein Spielmann. Jede Bewegung war vornehm, dazu die edle Haltung und das männlich schöne Gesicht mit dem kühnen Ausdruck!

Nun hob er an zu singen. Mit wohltuender, klarer Stimme sang er ein Lied zum Preise der Freundschaft und Treue und begleitete sich dazu in weichen Akkorden. Reicher Beifall lohnte ihn, als er geendet hatte, und wieder begann er. Jetzt war es ein lustiges Schelmenliedchen, das er spielte und sang, und sein Genosse begleitete ihn mit tiefer, quakender Stimme, was große Heiterkeit erregte.

Auch Hildgardis lachte herzlich, verstummte aber jäh, als sie sah, daß die Augen des jungen Spielmanns wie gebannt an ihr hingen. Eine leichte Verlegenheit bemächtigte sich ihrer, sie schlug die Augen nieder. Aber merkwürdig – es war ihr nicht unangenehm.

Und wieder griff der Jüngling in die Saiten, und ein Lied zum Preise der holden Frauenminne entströmte seinen Lippen zart und inbrünstig.

Die Zuhörer lauschten ergriffen, und als er geendet hatte, rief Markgraf Rudolf begeistert: »So ist's recht! Singt und spielt von Glück und Minne, von der Frauen holder Schönheit, von Lust und Wonne. So du aber von uns fortziehst, nimm den Weg gen Schloß Pfeffingen, wo die edle Gräfin Katharina von Tierstein wohnt. Der sage einen Gruß von mir und singe alsdann die gleichen Lieder.«

Der Spielmann verneigte sich, indes ein leises Lächeln um den Mund seines Gefährten zuckte.

»Genug jetzt«, sagte Graf Otto und erhob sich, »habt Dank, ihr beiden, für eure Lieder. Man soll euch drunten in der Burg gut beherbergen, ich will's unseren Herrn Vogt wissen lassen. Rastet etliche Tage hier oben, so ihr wollt, und verkürzt uns die Zeit mit Sang und Spiel. Wir hören dergleichen nimmer sehr oft.«

Auch Markgraf Rudolf lud sie freundlich ein, und mit frohem Aufleuchten der schönen, dunklen Augen sagte der Jüngere sofort zu und verneigte sich ehrerbietig.

Graf Otto nickte ihm zu. »Nun denn, tummelt euch in der Burg und singt auch den Leuten drunten, sie sind vielleicht noch froher darob als wir.«

Lachend versprachen es die beiden, dann verließen sie die Halle. Auch Hildgardis ging sofort hinauf in ihr Gemach. Die Lieder hatten ihr Herz ergriffen, still setzte sie sich ans Fenster und blickte träumend ins Weite.

Immer wieder sah sie den edlen Fremden vor sich, dessen Gesicht bereits reifere Mannesschönheit, aber nichts, gar nichts von dem Leichtsinn zeigte, der sonst den Fahrenden eigen war, – hörte seine einschmeichelnde, weiche Stimme, merkte seine dunklen Augen mit eigenem Ausdruck auf sich gerichtet. Mit Freude dachte sie an den Abend, fast wollte ihr die Zeit bis dahin lang scheinen.

Um sie zu kürzen, ging sie hinunter zum Zwinger und hinüber nach Dorf Rötteln, wo ihre Ahnherren, die Grafen von Rötteln, auf dem Friedhof ihre letzte Ruhestätte hatten. Sie tat erst ein kurzes Gebet in der kleinen, alten Dorfkirche, dann ging sie hinaus zu den zum Teil schon eingesunkenen Gräbern und setzte sich unter eine Buche.

Ganz still war es ringsum, nur der Wind rauschte leise durch die Bäume. Hildgardis schaute zu dem Turme des ehrwürdigen Kirchleins auf, ein Storchennest war droben und gewißlich auch in diesem Jahr die Stätte stillen Familienglücks gewesen – ach, überall Liebe, Freude, Glück, und die Welt so schön, so wunderschön – mit tiefem Aufseufzen preßte sie beide Hände auf die Brust.

Da raschelte es neben ihr, und ehe sie sich noch recht besinnen konnte, stand der junge Spielmann vor ihr. »Vergebt meine Kühnheit, edelste Gräfin«, begann er freimütig, »ich machte einen Spaziergang hierher und sah Euch hier sitzen. Verstattet mir, Euch die bescheidene

Bitte vorzutragen, mir ein wenig von der Burg und ihren hochedlen Besitzern zu erzählen.«

Er blieb vor ihr stehen, an eine Birke gelehnt, und sah mit zwingendem Blick auf sie nieder, und Hildgardis – ja, was war's eigentlich, daß sie nicht anders konnte als dieser Bitte nachgeben? Sie war von dem feurigen Blick der dunklen Augen wie gebannt, ihr Herz pochte fast hörbar, und mit leiser, zuerst etwas zitternder Stimme begann sie zu reden – – –

Als sie nach mehr als einer Stunde heimgekommen war, wußte sie kein Wort mehr von dem, was sie beide zusammen gesprochen hatten – sie wußte nur, daß sie einen wunderschönen Spaziergang mit ihm gemacht hatte und sich jetzt noch mehr als vordem auf den Abend freute!

Mit heimlicher Sorgfalt ließ sie sich von Kunigunde zum Nachtmahl schmücken und bemerkte beim Eintritt in die Halle mit stiller Freude, daß die dunklen Augen aufleuchteten, als er sie sah.

Bis fast zur Mitternacht hin saß man dann in kleinem Kreise zusammen, auch Herr Bernhard und Frau Sybille waren dabei. Gar manche liebliche Weise von Minnelust und Leid ertönte, aber dazwischen verstand der Fremde so anziehend zu erzählen, wußte über so vielerlei Bescheid, daß Graf Rudolf einmal ganz verwundert ausrief: »Traun, hätte doch nimmer gedacht, daß ein Spielmann solch ein reiches Wissen haben kann! Vermeinte immer, ihm stecken nur Schelmereien und allerlei Leichtsinn im Kopf.«

Pater Othmar aber fügte hinzu: »Ihr könntet gut

einen St. Galler Mönch zum Lehrmeister gehabt haben, so viel wißt Ihr.«

Der Fahrende bekam einen roten Kopf und biß sich auf die Lippen. Seine Antwort klang unverständlich.

Graf Otto aber fragte: »Wer seid Ihr und woher kommt Ihr? Wie ist Euer Name?«

»Nennt mich Balthasar und meinen Gefährten Melchior«, erwiderte er nun humorvoll, »sind wir auch nicht zwei von den heiligen drei Königen, so sind wir dennoch ausgezogen, ein Reich zu erobern.«

»Ihr – ein Reich?« entgegnete Otto halb spöttisch.

Balthasar aber rief mit übermütigem Lachen: »Ja, und ich will Euch singen, edle Herren, welches.«

Er griff in die Saiten und sang ein Lied von der heimlich Geliebten, in deren Herz er allein herrschen wollte, mit solchem Frohsinn, daß die anderen in heiteres Lachen ausbrachen.

»In solchem Reich will auch ich als König herrschen«, sagte Rudolf frohgelaunt und schlug ihm auf die Schulter, »singt noch eins davon und dann gute Nacht. Morgen ist auch ein Tag.«

Und Balthasar sang, den Blick auf Hildgardis gerichtet – sie aber schaute zu Boden und sprach kein Wort. Mit leisem Gutenachtgruß entschlüpfte sie bald nachher, dann aber saß sie auf ihrem Lieblingsplatz am Fenster und starrte in die Nacht hinaus.

Was war mit ihr geschehen, daß ihre Wangen glühten und doch die Hände kalt waren? Warum schlug ihr das Herz so unruhig und aufgeregt – was hatte das alles zu bedeuten?

Sie vermochte nicht, es sich zu erklären, – sie wußte nur, daß etwas ungeahnt Frohes, Schönes in ihr Leben getreten war. Sie hätte jubeln mögen und doch dabei weinen, weinen – –

Sie schlug die Hände vors Gesicht und schluchzte nun wirklich auf, sprang dann aber empor, schüttelte die wirren Locken aus dem Gesicht, lachte und nannte sich selber eine Törin. Dann schlüpfte sie schnell unter die Decke ihres Lagers und schlief bald ein. Aber in ihren Träumen sah sie immer ein Paar strahlende Augen auf sich gerichtet und hörte eine weiche Stimme süße Lieder singen.

Wie im Fluge verstrichen die nächsten fünf Tage. Die beiden Fahrenden waren immer noch Gäste auf der Burg und hatten es verstanden, alle Herzen für sich zu gewinnen. War es besonders Melchior, der bei den Mannen und Mägden in der Unterburg mit seinen Scherzen und Schnurren den Mittelpunkt bildete, so hatte sich Balthasar im Herrenhaus einen Platz gesichert.

Obgleich er das Gastrecht schon über Gebühr in Anspruch genommen hatte, wie Pater Othmar mit leisem Kopfschütteln bei sich selbst feststellte, dachte er doch anscheinend gar nicht daran, weiterzuziehen. Und da weder Markgraf Rudolf noch sein Bruder etwas dazu sagten, schwieg selbstverständlich auch der Pater. Je länger er aber das höfisch gewandte, sichere Benehmen des jungen Spielmanns sah, desto mehr machte er sich seine Gedanken über ihn.

Was – oder wer barg sich hinter ihm?

Er sah auch mit aufsteigender Besorgnis das verräterische Rot auf den zarten Wangen Hildgardis', sooft Balthasar zu singen begann, sah, wie ihre dunkelblauen Augen selbstvergessen an seinen edlen Zügen hingen und seine Blicke immer nur sie suchten – – waren denn die beiden Markgrafen blind dafür? War es nicht seine Pflicht, Rudolf auf die Gefahr aufmerksam zu machen, die hier anscheinend riesengroß aufwuchs?

Den Vater wollte und konnte er nicht warnen – wer weiß, wie der es aufgefaßt hätte. Aber Rudolf, sein Freund, sollte es wissen und mochte dann handeln. Er würde die beiden Fahrenden schon sehr bald aus dem Bannkreis der Burg zu entfernen wissen. Sobald sich Gelegenheit dazu bot, wollte er mit ihm reden, am besten gleich morgen nach dem Frühmahl.

Hätte der Pater freilich gewußt, was Frau Sybille gestern abend erfahren hatte, er wäre sofort zu Rudolf gegangen.

Das Burgfräulein war gestern gegen Abend zu der mütterlichen Freundin gekommen, warf sich ihr schluchzend an die Brust und bat sie um Hilfe.

Die erschrockene Frau nahm das weinende Mägdlein zärtlich in die Arme, beruhigte sie und forschte dann zuerst einmal nach der Ursache ihres Kummers. Aber sie war geradezu entsetzt, als Hildgardis ihr das Bekenntnis ihrer Liebe zu Balthasar stammelte.

Mit allen ihr zu Gebote stehenden Worten und Vorstellungen suchte sie ihr diese Liebe auszureden und wies sie immer wieder auf die Unmöglichkeit derselben hin, Hildgardis aber blieb dabei, sie könne und würde nie dem Grafen von Hunoltstein als ehelich Gemahl folgen, eher ginge sie in ein Kloster.

»Kind, Kind, bedenke, was solches alles nach sich ziehen kann«, rief Frau Sybille aufgeregt, »sag mir vor allem, hat dieser Spielmann dir ein Wort von Liebe gesprochen?«

»Nein«, wehrte Hildgardis ab, »kein Wort! Dazu ist er zu vornehm. Er ist sicherlich gar kein Spielmann.«

»Torheit, was denn«, sagte ärgerlich die Vogtfrau, »wäre er doch nur geblieben, wo er war! Was mußte ihn treiben, justament hierher zu kommen, wo er solch Unheil anrichtet!«

»Er weiß es ja gar nicht«, verteidigte Hildgardis den heimlich Geliebten, »und nimmer darf er solches erfahren – ich stürbe vor Scham!«

»Natürlich nicht«, lächelte nun Frau Sybille, »wer wird ihm denn dein Geheimnis verraten, so du es nicht selber tust, Mägdelein!«

Dann wieder versuchte sie, ihre junge Herrin zu trösten, doch nur wenig beruhigt ging diese ins Burggärtlein.

Was Frau Sybille ihr gesagt hatte, war ihr ja nichts Neues. Ungezählte Male hatte sie es sich in diesen Tagen selber klargemacht, daß ihre Liebe zu dem Spielmann eine Unmöglichkeit sei.

Und dennoch! Sie konnte nicht anders, und wenn sie sterben sollte!

Als sie sich zuerst ihrer Liebe bewußt worden war und erkannte, daß es nicht nur herzliches Wohlgefallen war, was sie für den Fremden empfand, hatte sie gemeint, vergehen zu müssen. Immer stand ihr der Vater vor Augen, der sicherlich sehr zornig, vor allem bitter enttäuscht sein würde, wenn sie um eines Fahrenden willen den Grafen von Hunoltstein aufgab.

Nein, nein, er durfte diesen Grund überhaupt nicht erfahren – o, es war nicht auszudenken, was dann geschah! Ihr blieb nur eins übrig – dem Leben zu entsagen und ins Kloster zu gehen. Ach – und sie lebte doch so gerne in der schönen Welt, sie hatte einen wahren Abscheu vor den Klostermauern!

Dennoch – ehe sie dem Grafen Hunoltstein folgte, dann lieber den Schleier nehmen. Was sollte ihr letzten Endes auch das Leben ohne den Geliebten!

Mit ihrer großen Not mußte sie sich dann zu jemand flüchten – sie konnte gar nicht mehr anders. O, wenn sie eine Mutter gehabt hätte, oder wenn die milde, gütige Frau des Vaters noch leben würde! Nun blieb ihr nur Frau Sybille, die ihr ja in der Tat eine mütterliche Freundin geworden war, und so öffnete sie ihr das ganze Herz. Aber sie wußte im voraus – sie würde ungetröstet fortgehen, und so war es auch!

Mit all diesen traurigen Gedanken flüchtete sie sich in eine ziemlich versteckte Laube im kleinen Gärtlein, sank auf die Bank, die dort stand, barg das Gesicht in den Händen und weinte bitterlich.

Wie immer in diesen Tagen, wenn Hildgardis irgendwo allein ging, tauchte auch sehr bald der Spielmann im Gärtlein auf. Er schien ein merkwürdiges Glück darin zu haben, jedesmal gerade den Weg zu wählen, den sie gegangen war! Als etwas ganz Selbstverständliches blieb er dann an ihrer Seite, und sie hatte es immer mit ungestümem Herzklopfen geduldet.

So stand er auch jetzt plötzlich am Eingang der Laube. Erschrocken fuhr sie auf und starrte ihn beinahe fassungslos an.

»Tränen in Euren Augen, edles Fräulein«, fragte er mit leiser Sorge, »ist Euch ein Kummer begegnet?«

Dann stand er schon vor ihr und hatte ihre Hände genommen.

Als sie nun aber die großen, blauen Augen, die in Tränen schwammen, zu ihm aufschlug, mit wehem Lächeln in dem süßen Gesicht ihn ansah, etwas sagen wollte und nicht konnte, verließ den Mann jede Besinnung. Er riß sie in seine Arme und jubelte leise: »Hildgardis, mein Glück, meine Liebe, mein alles du, nur du!«

Da hatte auch das Mädchen alles vergessen, was als himmelhohe Mauer trennend zwischen ihnen stand. Lachend und weinend vor Glück lag sie in seinen Armen und ließ seine leidenschaftlichen Küsse und Liebkosungen über sich ergehen.

So verging den beiden wohl eine Viertelstunde. Da aber kam die Ernüchterung für das Edelfräulein.

Unter heißen Tränen machte sie sich los und rief leise: »Weh, ich darf dir ja nimmer folgen! Mein Vater suchte allbereits einen Gemahl für mich. Doch ehe ich den eheliche, springe ich vom Söller hinab oder gehe ins Kloster«.

Er zog sie wieder zärtlich an sich, strich ihr über die goldblonden Locken und drückte ihren Kopf an seine Brust.

»Du sollst und wirst mein Weib werden, mein geliebtes Weib«, flüsterte er fast übermütig vor Glück, »glaubst du, ich wüßte nimmer, daß dein stolzer Vater mich eher mit Hunden aus dem Zwinger hetzen ließe, denn daß er dich mir gäbe? Bedenke, du, die Grafentochter – ich, der Spielmann!«

Er lachte. »Und dennoch wirst du mein Weib, so du mich nur wirklich liebst.«

Er beugte sich zu ihr und sprach weiter, jetzt aber im tiefsten Ernste: »Ist deine Liebe zu mir stark genug, Hildgardis, um mir in Elend und Not zu folgen? Bedenke wohl, Spielmannslos ist nimmer ein leichtes – im Gegenteil! Alles müßtest du um meinetwillen hingeben, so dir lieb ist – die schöne Burg, dein sorgenfreies Leben, deine Freunde, alles – alles. An der Seite jenes Mannes jedoch winkt dir Ehre, Glanz, Reichtum –«

Sie verschloß ihm den Mund mit der Hand. – »Und ob solches alles wäre, ich würde an seiner Seite sterben in der Sehnsucht nach dir, sterben an meiner Liebe«, schluchzte sie, »lieber in Not und Elend mit dir, denn ohne dich in Glanz und Reichtum.«

Er preßte sie stürmisch an sich. »So bleibt nur ein Weg – du entfliehst mit mir! Willst du solches, Hildgardis?«

Wohl ging ein Zittern einen Augenblick durch sie hin, doch dann hob sie den schönen Kopf. Hier war ein Weg, an den sie nie gedacht hatte. Sie sah ihn voll hingebender Liebe an. – »Ich entfliehe mit dir!«

Der Spielmann preßte die Lippen eine Sekunde lang zusammen, er beherrschte sich nur mit aller Gewalt.

»Gut«, sagte er nun mit tiefem Atemzug, »morgen besprechen wir alles Nähere. Bis dahin denke auch noch all dem nach, so du aufgeben mußt, und prüfe dich, ob deine Liebe stark genug dazu ist. Ich möchte nimmer deine schönen Augen späterhin in Tränen um Vergangenes sehen, denn, Hildgardis – ein Zurück gibt's alsdann nimmermehr! Bist du erst mein, so gebe ich dich nimmer hin, und ob die ganze Welt dich fordern würde. Ich muß Melchior ins Vertrauen ziehen, er wird uns eine starke Hilfe sein. Wo treffen wir uns morgen? Hier?«

»Nein«, bat sie, »so mein Vater uns alsdann vielleicht finden würde –« sie schauerte – »ich kann nimmer an ihn gedenken! Wir wollen uns im Walde treffen, dort vor dem westlichen Tore, wo der Ausgang nach Norden ist. Dort ist nicht weit vom Wege ein lauschig und versteckt Plätzlein hinter etlichen Steinen und dicken Buchen.«

»Gut. Du gehst mir in der zehnten Morgenstunde voran, und ich folge dir, mein Liebling! Ich folgte dir ja immer in diesen Tagen, gehörte dir doch mein Herz vom ersten Augenblick an.«

»Wie dir das meine, Geliebter.«

Nach zärtlichem Abschied verließ er die Laube und ließ Hildgardis mit den widerstrebendsten Gefühlen zurück. Sie zitterte und fror vor innerer Erregung trotz der Sommerwärme, war auch am Abend so bleich, daß der Vater und auch der Ohm sie bald nach dem Nachtessen besorgt ins Bett schickten.

Sie verbrachte eine schlaflose Nacht und konnte kaum Herr ihrer Gedanken werden. Zuviel stürmte auf sie ein. Aber über allem stand das Eine – die Liebe zu dem Fremdling!

Daneben jedoch hob die Liebe zum Vater mehr und

mehr das Haupt empor, und laut schluchzend barg sie zuweilen den Kopf im Kissen und flüsterte erstickt: »Ich kann ihm solch Leid nimmer zufügen – ich kann nicht! O mein Vater, mein Vater!«

Einmal dachte sie daran, zu dem Pater zu gehen. Aber sofort verwarf sie den Gedanken wieder. Nein, sie mußte den Kampf allein auskämpfen ohne jede Hilfe.

Dann sprang sie vom Lager auf und warf sich vor dem Bilde der heiligen Gottesmutter auf die Knie. Weinend und flehend rang sie die Hände, und plötzlich kam es über sie wie eine Erleuchtung.

Wohl konnte sie nimmer dem zugedachten Verlobten als Ehegemahl folgen, es würde eine zu große Sünde gegen ihn und Qual für sie sein, – aber sie durfte auch niemals mit Balthasar flüchten und sein Weib werden. Dieses Leid konnte und durfte sie dem Vater nie antun, dazu liebte sie ihn zu sehr, – und den Ohm, den es gleicherweise treffen würde.

Das mußte sie morgen dem Geliebten sagen, ob er sie auch nicht verstehen und sogar an ihrer Liebe zweifeln würde. Sie konnte nicht anders handeln. Ihrer Liebe würde sie allzeit treu bleiben und niemals ehelichen, – wollte man sie jedoch dazu zwingen, so blieb ihr immer noch das Kloster.

Ein wenig stiller und ruhiger schlug ihr Herz, nachdem sie diesen Entschluß gefaßt hatte. Aber je näher der Morgen kam und damit die Stunde, wo sie ihn Balthasar mitteilen wollte, je mehr zitterte sie.

Und dann war es soweit, er stand ihr in der kleinen,

natürlichen Steingrotte unter den hohen, dicken Buchen und dem dichten Gestrüpp, das ringsum stand, gegenüber.

»Hildgardis!«

Mit überströmender Zärtlichkeit zog er sie an sich und küßte sie – wie zerbrochen lag sie bebend in seinen Armen. Nun erst fühlte sie die ganze Schwere ihres Entschlusses.

Fast war es ihr unmöglich, ihm das zu sagen, was sie mußte, – und doch – es mußte sein! Empfand er denn gar nichts von der Schwere seiner Forderung, daß er so froh und heiter war? Oder war das leichtlebige Spielmannsnatur? Ihr war zum Sterben weh zumute – und er konnte lachen, so herzlich und froh lachen, wie sie es fast noch nie von ihm gehört hatte!

Jetzt nahm er ihren Kopf in beide Hände, schaute sie strahlend an und fragte: »Nun? Wie hat mein Lieb entschieden? Wollen wir fliehen?«

Sie suchte mit Gewalt die Tränen zurückzudrängen, machte sich los und zog ihn neben sich auf einen moosigen Stein nieder. Leise und in stammelnden Worten kam es nun über ihre Lippen, wozu sie sich entschlossen hatte, und er ließ sie still ausreden.

Er schwieg auch noch, als sie schon zu Ende war, wie sie nun aber ängstlich zu ihm aufschaute, begegnete sie seinem übermütig blitzenden Blick, daß sie ganz verwirrt wurde.

»Und du meinst, ich sei mit deinem Entschlusse einverstanden?« rief er nun heiter. »Du glaubst, ich gäbe mein

Glück so ohne weiteres hin? Nein, was ich habe, das halte ich –«

Er riß sie förmlich in seine Arme. – »Mit dir zusammen trete ich vor deinen Vater und fordere dich von ihm! Er wird dich mir nimmer weigern, nimmer – ich weiß solches genau!«

Mit aufsteigender Angst blickte sie ihn an – redete er im Fieber?

Da lachte er hell auf, neigte sich ganz dicht zu ihrem Ohr und flüsterte ihr zu: »Nicht Balthasar, der Spielmann, sondern Otto, Graf zu Hunoltstein, hält seine geliebte Braut im Arme, der er in dieser Verkleidung nahte, um sie erst unbefangen kennenzulernen. Glaubst du nun, daß der Vater mir gerne sein Töchterlein als Ehegemahl gibt?«

Betäubt und verwirrt schaute Hildgardis ihn mit weit geöffneten Augen zuerst fassungslos an, und er mußte ihr noch einmal sein Geheimnis erzählen, ehe sie alles begriff. Da aber überflutete sie eine solche nie geahnte Seligkeit, daß ihr fast der Herzschlag aussetzte. Sie mußte sich in einem Tränenstrom Luft machen. Als aber Otto sie ganz bestürzt ansah, brach sie in jubelndes Lachen aus.

Es dauerte lange, ehe die beiden Glücklichen sich so weit beruhigt hatten, daß Hildgardis zur Burg zurückkehren konnte. Durfte sie doch nicht allzulange fortbleiben, es wäre sonst am Ende aufgefallen. Sie verabredeten noch, ihr Geheimnis so lange zu wahren, bis Ottos Vater, Graf Ruprecht, da sein würde, was schon in zwei bis drei Tagen der Fall sein konnte, vielleicht noch früher.

Mit glühenden Wangen und glückseligem Herzen malten sie sich immer wieder die große Überraschung auf der Burg aus, wenn der Spielmann und das Edelfräulein sich als verlobtes Paar Graf Ruprecht und den beiden Markgrafen vorstellen würden, und dazwischen schloß Otto immer wieder Hildgardis' Mund mit langem Kuß.

Auch der Abschied gestaltete sich recht umständlich, aber endlich hatten sie es doch fertiggebracht, sich zu trennen. Hildgardis löste sich aus seinen Armen und schlug rasch den Weg zum Schlosse ein, nachdem sie verabredet hatten, sich morgen wieder hier zu treffen.

Der junge Graf blickte der lichten, feinen Gestalt wie verklärt nach – – – und seitwärts hinter dem dichten Gebüsch und gänzlich von demselben verborgen funkelten zwei boshafte Augen hinter ihr her. Das große, hagere Weib zog ihr schwarzes Kopftuch fester um das knochige, spitze Gesicht, ein höhnender Zug lag um den Mund.

»Der stolze Graf wird sich freuen, so er vernimmt, daß sein feines Töchterlein eine Spielmannsdirne geworden ist«, murmelte sie unhörbar vor sich hin und verschwand lautlos im Walde.

An diesem Tage lag ein derart verklärter Schein über Hildgardis, daß es sogar dem Ohm auffiel, der doch genug mit sich selber und den Vorbereitungen zu seiner Vermählung zu tun hatte, die in sechs Wochen stattfinden sollte. Ihre Augen strahlten, ihr ganzes Wesen schien wie getragen von einer unendlichen Freude. Galt das doch vielleicht ihrer bevorstehenden Verlobung? Es war ja heute in den Nachmittagsstunden ein Bote von Graf Hunoltstein gekommen, daß er in zwei Tagen auf der Burg einzureiten gedachte.

Hildgardis lachte glücklich auf, als sie die Kunde vernahm, war auch jetzt am Abend so übermütig froh, neckte sich mit jedem herum und war wie ein Kind voll lustiger Einfälle, daß der Vater sie wiederholt an den Locken zupfte und sich über sein schönes Töchterlein herzinnig freute.

XI.

Wonnig und hell stieg der nächste Morgen empor. Man konnte auf einen heißen Tag rechnen, denn die Luft flimmerte im Sonnenschein, und über den Bergen lag es wie feiner Dunst.

»Es kann heute noch ein Wetter geben«, sagte der Vogt zu Rudolf und hielt prüfend den gefeuchteten Zeigefinger in die Luft, »der Wind ist nach Westen umgesprungen, und über den Vogesen türmen sich weißgeballte Wolken. Ich habe drüben hinter Hauingen gegen Rechberg zu Heu liegen und will sehen, solches heute noch einzubringen.«

»Tut es«, nickte Rudolf, »ich muß gen Basel, bin aber auf den Mittag wieder hier.«

Bald nach dem Frühmahl machte sich der Markgraf bereit und sagte beim Abschied zu seiner lieblichen Nichte: »Soll ich dir ein schön Angebinde aus der Stadt drunten mitbringen, Mägdelein? Vielleicht einen Ring oder eine Perlenkette?«

Sie nickte erfreut. »Gern, Herr Ohm! Eine Kette würde mich sonderlich freuen.«

Er strich freundlich über ihr leuchtendes Gesicht, grüßte die anderen und ging zum Zwinger, wo sein Roß bereitstand und etliche Knappen seiner harrten.

Bald nachher ließ auch Graf Otto satteln. Er hatte einen Ritt nach Brombach und von dort nach Lörrach vor, wo er auf den kleinen Burgen, die zu Rötteln gehörten, allerlei mit den Vögten zu bereden gedachte. Auch er hoffte, auf Mittag zu Hause sein zu können, wollte aber noch versuchen, auf dem Heimweg etwas Wild für die Küche zu erlegen.

Mit freudigem Herzklopfen sah Hildgardis die beiden fortreiten – nun war es gute Zeit, sie konnte ohne Sorge mit dem Geliebten zusammen sein. Schade, daß er schon vorausgegangen war, sonst hätten sie ebenso ungestört in der kleinen Laube im Burggärtlein gesessen.

Sie hatte sich für ihn mit besonderer Sorgfalt geschmückt. Ein feines, weißes Linnenkleid mit seidigem Glanze umschloß die schlanke Gestalt, am Hals und unten am Saume zierte es schmale, blaue Stickerei. Die weiten, offenen Ärmel ließen die schönen Arme frei, die feine Goldreifen zierten, und durch die blonden Locken schlang sich ein blaues Seidenband.

Mit einem Jubelruf schloß der junge Graf sie in die Arme, als sie unversehens vor ihm stand, und nun versank die Welt wieder für die beiden Liebenden, sie gaben sich ohne Sorge dem Genuß des ungestörten Zusammenseins hin. Dann aber besprachen sie flüsternd und kosend den Zeitpunkt ihrer Vermählung, die Otto so bald als nur möglich wünschte, und dazwischen erzählte er ihr von der großen Feste Hunoltstein, auf der sie nun bald als Herrin walten sollte.

Sie sprachen leise, daß es dem lauschenden Weibe hinter ihnen unmöglich war, auch nur ein Wort zu verstehen, so sehr sie sich auch anstrengte. Mißmutig verschwand sie endlich im Walde und schlug einen Seitenweg nach Brombach zu ein. Plan- und ziellos ging sie dahin, leise vor sich hinsprechend. Zuweilen flog ein boshafter Zug über ihr Gesicht, sie schien etwas zu überlegen.

Die Sonne war inzwischen höher gestiegen, es ging auf Mittag zu. Plötzlich blieb das Weib stehen – ein bekannter Ton war an ihr Ohr gedrungen.

Sie lauschte angestrengt – ja, das waren Roßhufe, die näher kamen. Das konnte nur der eine sein, den sie haßte mit der ganzen Glut ihres Herzens, dem zu schaden sie seit Jahren unablässig nachsann. Sie hatte ihn vor zwei Stunden fortreiten sehen – – wann hätte sie nicht gewußt, was er tat! Folgte sie ihm doch wie ein Schatten, immer beherrscht von dem einen Gedanken, endlich – endlich Rache nehmen zu können.

Sie lauschte noch einmal – es war kein Irrtum, sie hatte richtig gehört. Im gleichen Augenblick war ihr Plan fertig.

Unhörbar flog sie mehr, als sie lief durch den Wald zu der Stelle zurück, wo sie Hildgardis und den Spielmann belauscht hatte – richtig, sie saßen noch da. Ein teuflischer Zug verzerrte ihr Gesicht – vorsichtig schlich sie jetzt nur ein Stücklein weiter und barg sich dann lauernd hinter den Bäumen – – –

Graf Otto hatte seine Geschäfte in Lörrach und Brombach schneller abgewickelt, als er dachte, und freute sich jetzt, noch etwas jagen zu können. Doch das Glück war ihm nicht hold, im Gegenteil – er stieß auf einen verendeten Hirsch und merkte an ihm wieder die Tätigkeit der Hexe. Verdrießlich gab er die Jagerei auf und schlug den Heimweg an.

Langsam ließ er sein Pferd dahinschreiten und dachte dabei nach, wie er diesem Weibe, die gegen alles gefeit schien, einmal beikommen könne. Zwei Knappen, unter ihnen Diethelm, folgten ihm gemächlich in gedämpfter Unterhaltung.

Plötzlich bäumte sich das edle Tier des Grafen und machte einen kleinen Seitensprung. Er fuhr aus seinen Gedanken auf, und dunkle Röte überlief sein Gesicht, als er diejenige erkannte, mit der er sich eben beschäftigt hatte.

»Reitet nur schnell, edler Herr«, rief sie ihm hohnvoll zu, »Ihr kommt just zur rechten Zeit. Dort bei den Felsen unter den Buchen, an dem wohlversteckten Plätzlein, könnt Ihr Euer sittsames Töchterlein in den Armen des Fahrenden finden, wie sie der Liebe pflegen. Hihi – das Burgfräulein von Rötteln eine Spielmannsdirne –«, und ehe der Graf noch hätte Zeit finden können, die Armbrust herunterzureißen und zu zielen, war sie schon wieder im Walde verschwunden.

Er hätte aber auch gar nicht daran gedacht, es zu tun – er hielt die Zügel seines Tieres wie erstarrt. Wie wenn ein Blitz vor ihm eingeschlagen wäre, so hatten ihn diese Worte getroffen – – – in einem vernichtend hellen Lichte sah er plötzlich das sonderbare Benehmen seiner Tochter in den letzten Tagen – – –

Noch gellten die höhnenden Worte der Hexe in seinen Ohren: »Das Burgfräulein von Rötteln eine Spielmannsdirne« – und schon hatte er sein Pferd herumgerissen, gab ihm die Sporen und jagte dem bezeichneten Platze zu.

Der ganze furchtbare Jähzorn des Mannes, der jahrelang zurückgehalten worden war, brach jetzt mit doppelter Gewalt hervor und machte ihn blind und taub für alles – blaurot im Gesicht jagte er dahin, daß die Knappen ihm nicht folgen konnten und ihn bei einer Wegbiegung aus den Augen verloren – vorwärts, nur vorwärts – – –

Eben hielt der junge Graf in der Spielmannskleidung seine Braut im Arme und küßte sie zum Abschied, da brach's mit Allgewalt durchs Gebüsch.

»Du elender Abenteurer – also lohnest du meine Gastfreundschaft, indem du mein Kind verführest –«, donnerte eine wutschnaubende Stimme, und schon drang das schmale, lange Schwert dem unglücklichen Jüngling in die Brust, der blutüberströmt zusammenbrach.

Das entsetzte Mädchen wollte sich mit wahnsinnigem Aufschrei dazwischenwerfen, aber ein harter Griff schleuderte es beiseite, daß es mit dumpfem Schlag zu Boden flog und regungslos liegenblieb.

Hildgardis war mit dem Kopf auf einen der großen Steine aufgeschlagen, nun rieselte das Blut aus klaffender Wunde in die goldblonden Haare und färbte das weiße Kleid dunkelrot.

Dieser Anblick gab dem Markgrafen im gleichen Augenblick die Besinnung zurück, und ebenso schnell war sein Zorn verraucht.

Was hatte er getan!

Schon war er aus dem Sattel gesprungen, kniete neben ihr und jammerte: »Mein Kind – mein Kind – o ihr Heiligen, solches habe ich nimmer gewollt.«

Inzwischen waren die Knappen herangekommen, abgesprungen und kamen nun bleich und schlotternd näher. Das Ganze war so schnell geschehen, daß den beiden Unglücklichen keine Zeit auch nur zu einem Gedanken geblieben war, und die Knappen, die kaum eine Minute später da waren, das Furchtbare nur an dem blutigen Schwert ihres Herrn und seinem verzweifelten Gebaren erkannten.

»Hildgardis«, schrie er in wahnsinniger Angst und suchte das rinnende Blut mit dem Tüchlein zu stillen, das er aus ihrem Gürtel genommen hatte, »Hildgardis, mein Kind, vergib – vergib!«

Da öffnete sie noch einmal die großen, blauen Augen, eine Welt von Weh lag in dem Blick, mit dem sie ihn ansah.

»Vater, es ist – Graf Otto von Hunoltstein – der – als Spielmann – kam, mich kennenzulernen. Wir – waren – seit gestern – verlobt – wir wollten euch alle – überraschen. Otto –« sie wandte den Kopf mühsam zur Seite, »legt mich neben ihn, – wir – können – nicht zusammen – leben – aber – sterben.«

Wie vom Blitz getroffen war der Graf bei ihren Worten zusammengebrochen, Diethelm aber biß die Zähne aufeinander, winkte seinem Genossen und bettete die Sterbende vorsichtig neben den nur noch leise röchelnden jungen Grafen.

Mit unendlicher Liebe blickte Hildgardis ihn an – »Otto« –, ihr Kopf neigte sich an seine Schulter, die blauen Augen schlossen sich für immer. In diesem Augenblick tat auch er den letzten Atemzug.

»Zur Burg – Hilfe holen«, raunte Diethelm zitternd seinem Gefährten zu, und schon saß dieser auf und jagte zur Burg hinauf.

Regungslos, mit stierem Blick sah Graf Otto unverwandt auf seine beiden Opfer, ab und zu durchschüttelte es ihn.

Gertraud, die Hexe, aber schaute verstohlen durchs Gezweig, und ein mitleidiger Zug flog sekundenlang über ihre harten, spitzen Züge, als sie die beiden Toten sah. Das hatte sie nun doch nicht beabsichtigt, war doch das Burgfräulein zu ihr nie unfreundlich gewesen, wenn sie sie einmal getroffen hatte. Als sie aber den Grafen sah, funkelten ihre Augen in boshafter Schadenfreude, sie nickte befriedigt. Dann glitt sie geräuschlos wie eine Katze davon und verschwand.

Als wäre ein Blitz aus hellem Himmel zündend herniedergefahren, so wirkte die Kunde von dem Geschehenen in der Burg. In wenigen Minuten wußten es alle bis zum jüngsten Stalljungen hinab; wie eine atemberaubende Lähmung legte es sich über sie.

Markgraf Rudolf, der eben wohlgemut und fröhlich von Basel heimgekehrt war, packte den Unglücksboten bei der Brust und mußte zweimal fragen, ehe er recht begriff. Er wurde weiß im Gesicht, seine Augen quollen fast aus den Höhlen. Doch dann preßte er die Lippen zusammen, seine Züge wurden eisern – es galt zu handeln. Haarscharf und kurz klangen seine Befehle, jeder flog, sie auszurichten, und schon nach wenigen Minuten war ein kleiner Zug bereit, die beiden Toten zu holen.

Melchior war aschfahl geworden, als er von dem Unglück hörte, und hatte zuerst wie erstarrt gestanden, ohne sich zu rühren.

So gewahrte ihn Rudolf und trat mit hartem Schritt vor ihn: »Ist's Wahrheit, so ich vernahm? Ihr beide seid Hunoltsteiner?«

»Er war mein junger Herr, mein geliebter Graf Otto –« die Stimme des Mannes brach, er drehte sich kurz um und war verschwunden, ehe Rudolf noch weiter zu fragen vermochte.

Da ging der Graf mit hartem, schwerem Tritt zum Tore hinab, dem traurigen Zuge entgegen.

Es war Nacht geworden.

Krachend ging ein Unwetter nieder, keiner achtete darauf. Das Unwetter, das in die Burg eingeschlagen hatte, war ungleich viel härter und schwerer als das, das draußen tobte.

In der Burgkapelle lagen die beiden Gemordeten nebeneinander aufgebahrt – man hätte meinen können, sie schliefen, so friedvoll sahen sie aus. Der lange Eppo, Diethelm, Hannes und Gerwin, der auch den Ritt heute mitgemacht hatte, hielten die Totenwache. Es waren beherzte und kühne Männer, aber doch mußten sie sich immer wieder etwas Feuchtes aus den Augen wischen, besonders, wenn sie ihre junge, schöne Herrin ansahen.

In der Halle des Palas saß Pater Othmar bei seinem Freunde, hatte die Hände ineinandergeschlungen und versuchte mit aller Gewalt, seine furchtbare Erregung zu meistern. Er mußte ihrer Herr werden um Rudolfs willen, der jetzt, nun sie allein waren, unter der Wucht des Ereignisses fast zusammenbrach.

»Mit diesem, was er heute tat, zerschneidet er auch zwischen mir und sich selber jede Verbindung«, sagte Rudolf soeben finster zu dem Pater, »ich kann nimmermehr mit ihm zusammenbleiben.«

»Ihr könnt ihn doch aber nimmer von Rötteln weisen?« entgegnete kopfschüttelnd der Mönch.

»Ich kann und werde solches tun«, erwiderte Rudolf kurz.

»Aber wohin?«

»Gen Sausenberg. Dort mag er hausen, hier nicht.«

»Er wird nicht gehen.«

»Ich zeige ihm, daß er muß«, damit sprang Rudolf auf und rannte in der Halle hin und her. »Otto, Otto, was tatest du dir und mir an«, stöhnte er fast verzweifelt und blieb dann vor dem Pater stehen.

»Er muß fort – ich kann ja ansonsten nimmer an meine Vermählung denken.«

»Warum nicht?« fuhr Othmar auf.

Rudolf wühlte aufgeregt in seinem Haar. »Weil ich doch kein jung fröhlich Ehegemahl hier in die Burg bringen darf, wo soviel an Morden geschehen ist! Denkt doch – vor acht Jahren, und nun heute! Ich müßte ja in ständiger Sorge um mein Glück sein, so ich den vielfachen Mörder in der Nähe meines Weibes wüßte!«

Wieder ging er mit großen Schritten auf und ab. »Pater Othmar« – es kam schweratmend aus gepreßtem Herzen –, »wird meine Braut sich nicht überhaupt bedenken, einem Manne zu folgen, so der Bruder eines sechsfachen Mörders ist?«

Er fuhr sich mit beiden Händen durchs Haar – »Barmherziger, so ich daran gedenke, Katharina könnte die Verlobung anjetzo lösen – – ich weiß nimmer, was ich täte!«

»Wie kommt Ihr auf solchen Einfall, Rudolf! Wäre ihre Liebe alsdann echt und wahr?« rief Othmar. »Wohl verstehe ich mich nimmer darauf, vermeine aber, es gehe auch mit irdischer Minne nach einem Worte, so ich einmal von unserem Abte drunten im Kloster von der himmlischen Minne vernahm: ›Viele Wasser vermögen sie nimmer auszulöschen.‹ Plagt Euch anjetzo nicht mit solchen Gedanken. Viel wichtiger ist, was mit Eurem Bruder geschieht. Ihr wollt ihn fortschicken – wohl, aber wird solches möglich sein?«

»Er muß«, sprühte Rudolf, »wehe ihm, so er –«

»So war nimmer die Meinung«, unterbrach ihn der Mönch, »ich befürchte vielmehr, Ihr werdet solches nicht können, da er –«

»Nun?« fragte Rudolf hastig, als der Pater schwieg.

»Sein Benehmen heute am Nachmittag kam mir höchst merkwürdig vor«, fuhr dieser mit sehr ernstem Gesicht fort, »er schwieg zu allem, was Ihr oder ich sagte, sah uns an, als wären wir ihm fremd, und schüttelte immer wieder den Kopf.«

»Ich will ihn schon zur Besinnung bringen«, sprach der Markgraf grimmig, »anjetzo soll er mich als den ›Eisernen‹ kennenlernen. Ihr mögt recht haben – er ist von Sinnen, dieweil er sonst nimmer solchem verfluchten Jähzorn nachgegeben hätte.«

Der Pater schwieg einige Augenblicke. Was sollte er auch sagen! In diesen Stunden hatte er mehr denn je zuvor die ganze Leere seiner Seele empfunden, da er überall hätte trösten sollen und doch nicht die rechten Worte dazu fand.

Bei diesem Jammer, der in fünf Minuten über ganz Rötteln hereingebrochen war, bedurfte es ganz besonderen Trostes, da halfen keine menschlichen Worte. Und solchen Trost verstand er, der Gottgeweihte, nicht zu geben! War das nicht noch eine besondere Not, an der er krankte und die anderen mit darunter leiden mußten, ob sie es schon nicht ahnten?

Er seufzte schwer auf und trat zu Rudolf, der finster vor sich hinbrütete. »Wo ist Melchior geblieben?« fragte er, nur um etwas zu sagen.

Der Markgraf fuhr auf – – »Melchior! Daß ich auch daran nimmer dachte! Er ist fort, zu seinem Herrn hin – natürlich! Der wollte ja in zwei Tagen hier sein – nun wird er später kommen, alsdann aber mit einem Heere. Und ich? Soll ich zusehen, daß jetzt noch unsere besten Mannen dahingegegeben werden um der Mordtat eines

Markgrafen von Rötteln willen? Nein und noch einmal nein! So der Hunoltsteiner kommt, liefere ich den Mörder aus, – diesmal bin ich nimmer so nachgiebig wie das letztemal.«

»Überlaßt die Rache dem Allmächtigen, Rudolf!« warnte Othmar erschüttert, »auch Klosterzellen sind wirksame Orte, zur Einsicht zu kommen. Ihr hättet doch nimmer Ruhe, so Ihr den Bruder im unterirdischen Verließ des Hunoltstein langsam verschmachten wüßtet. Ich kenne Euch.«

Wieder war es lange still zwischen ihnen. Endlich sagte der Markgraf, und es schien, als würge ihn etwas in der Kehle: »Wäre nur erst der morgende Tag vorüber!«

Der Pater konnte nicht antworten. Auch in ihm war es heiß aufgestiegen, als er nun wieder der beiden gedachte, die oben in der Kapelle ruhten.

Hildgardis! Wie glücklich, heiter und strahlend hatte sie gestern abend noch gelacht, wie innig und schön hatten die Lieder des jungen Spielmanns geklungen! Wie sonnig hatte ihnen beiden mit ihrem süßen Geheimnis das Leben geleuchtet – – vorbei, das Lied war aus, mit schrillem Mißton geendet!

Und hinter allem sollte die Hexe stecken, wie Diethelm ihm zugeflüstert hatte? Sie war auch den Knappen begegnet und hatte ihnen höhnisch zugerufen: »Reitet nur schnell, damit ihr die Überraschung auch noch sehet, so ich eurem Herrn eben verhieß.« Sie hätte die beiden belauscht und verraten? O – der Pater ballte die Faust – so man ihrer nur habhaft werden könnte! Und Otto hätte darauf etwas gegeben, was gerade dieses Weib ihm sagte?

Unbegreiflich, völlig unfaßlich!

So sehr er auch allem nachsann – eins blieb stehen: Otto hatte seinem Jähzorn wieder einmal nachgegeben und dadurch ein Unheil angerichtet, das in seiner Größe und Schwere noch gar nicht zu übersehen war.

Er wandte sich zu dem Grafen. »Ich will in mein Gemach gehen und ein still Gebet tun. Versucht auch Ihr zu ruhen. Schon rötet sich der Osten, und der Tag braucht Kraft.«

Rudolf nickte und drückte seine Hand – »betet für mich.«

Und auch dieser Tag ging vorüber, an dem die beiden jugendschönen Menschenkinder, die so jäh und furchtbar aus dem Leben gerissen waren, in das gemeinsame Grab gesenkt wurden.

Markgraf Rudolf stand wie aus Erz gegossen an der Gruft auf dem kleinen Friedhof von Rötteln, Pater Othmar sprach mit zitternder Stimme, die immer wieder versagen wollte, den letzten Segen über ihnen.

Graf Otto glich zuerst einer Bildsäule, nun aber brach er mit lautem Aufschrei zusammen und wollte sich in die Gruft stürzen. Nur mit Mühe hielt man ihn zurück, doch jetzt war der Bann gebrochen, der auf ihm gelegen hatte. Er weinte und schluchzte wie ein Kind, wollte sich immer wieder den haltenden Händen entwinden, und es war furchtbar anzusehen, wie der unglückliche Mann litt.

Als alles vorüber war, gab Rudolf den beiden Knappen

Eppo und Diethelm einen Wink; mit sanfter Gewalt führten sie den Wankenden vom Grabe fort.

Es war Abend geworden, ein wonnevoller, herrlicher Sommerabend, aber keiner achtete auf die Schönheit ringsum. Auf der Burg herrschte eine fast unheimliche Stille, zu sehr stand noch ein jeder unter dem Eindruck des furchtbaren Unglücks. Zugleich wurde bei allen die Frage erwogen, was jetzt der Hunoltsteiner Graf tun würde. Es war ja unmöglich, daß er zu der schauervollen Tat schweigen würde.

Auch Rudolf dachte daran, als er auf den Söller stieg, um Ausschau ins Land zu halten. Eine peinigende Unruhe trieb ihn umher – am liebsten wäre er noch heute abend zu seiner Braut geritten, um zu erfahren, wie sie jetzt über die Verbindung mit ihm dachte.

Es war ja niemand vom Adel bei der Beerdigung dabei gewesen, Rudolf hatte zu keinem Boten geschickt, auch nicht nach Basel und Pfeffingen. Man sollte überall die Sache von ihm persönlich erfahren, obgleich er wußte, daß dadurch an der Meinung über seinen Bruder nichts geändert wurde.

Das war ihm schließlich auch nicht das Schwerste, so drückend es an sich war – ihm stand im Vordergrund die Sorge, was Katharina jetzt tun würde. Gleich morgen in der Frühe wollte er nach Pfeffingen reiten, um so schnell wie möglich zurück zu sein – Rötteln konnte in diesen ungewissen, schweren Tagen seinen Herrn nicht entbehren.

Nun stand er oben auf dem Söller und blickte hinaus

ins Land. In bläulichem Duft schimmerten die Schwarzwaldberge, in zauberhafter Reinheit die ganze Kette der Alpen drüben im Südosten.

Welch ein Friede lag in der Natur – nur der Mensch brachte den Unfrieden hinein!

Nun erklangen die Abendglocken, erst drunten in Haagen, dann in Tumringen, nun hier vom Dorf Rötteln, jetzt drüben von Brombach und Lörrach. Rudolf faltete die Hände, ein heißes Stoßgebet zu seinem Schutzpatron, dem heiligen Georg, stieg empor. Dann ging er hinab zu Pater Othmar.

Er schlief auch in dieser Nacht kaum, schon eine Stunde vor Tagesanbruch stand sein Roß gesattelt im Burgzwinger, und er sprengte davon, gefolgt von Eppo und Hannes.

Ohne sich aufzuhalten, ritten sie durch Basel und über den Rhein, mit ungestümer Sorge trieb es den Markgrafen vorwärts. Je näher er seinem Ziele kam, je heftiger schlug sein Herz.

Nun waren sie da. Das Tor ging auf, Rudolf sprang ab und wandte sich rasch dem Palas zu.

Da kam ihm seine Braut entgegengeeilt und warf sich weinend in seine Arme.

Der Turmwärter hatte ihn gesehen, als er nahe am Schlosse war, und ihn sofort gemeldet; so war man auf seine Ankunft vorbereitet gewesen.

»Katharina«, rief Rudolf mit fast harter Stimme, »wißt Ihr, was Ihr tut? Ich bin der Bruder eines Mörders, – Otto hat –«

»Still, mein Geliebter, wir wissen alles«, unterbrach sie ihn und schmiegte sich nur um so fester an ihn, »meinest du, dieweil dein Bruder in seinem Zorn also entsetzlich handeln konnte, würde ich mich von dir trennen? O Rudolf, nimmer kennst du die echte Frauenminne, so du also –«

Sie kam nicht weiter. Er hatte sie ungestüm an sich gerissen und schloß ihr den Mund mit innigem Kuß heißer Dankbarkeit und Liebe.

Als sie späterhin mit dem Grafen Walram von Tierstein und seiner Frau Agnes zusammensaßen und Rudolf alles erzählt hatte, auch was ihn noch besonders bewegte, schnäuzte sich der Graf sehr vernehmlich und brummte dann: »Sieht Euch ähnlich, eiserner Markgraf, mein armes Kind dieser verdammten Geschichte wegen ins Kloster zu schicken. Dort hätte sie nämlich geendet, wie ich meine Tochter kenne! Wird nichts draus – es wird geheiratet! Und solches, sobald es angeht. Wollen vorerst sehen, was der Hunoltsteiner macht und wie's mit Otto wird. Er dauert mich doch ein wenig.«

Rudolf nickte düster. »Ihr wußtet allbereits von der Geschichte?«

»Wir vernahmen sie schon gestern«, erwiderte Frau Agnes und trocknete ihre Augen, »sie ist gleich einem Lauffeuer überall von Basel aus herumgegangen. Gestern war Markt in der Stadt, und gab's in der ›Mucke‹ kein ander Gespräch denn darüber.«

»Ihr wollt ihn von Rötteln fortbringen?« fragte der Vater.

»Ich muß, wenn ich nicht in ständiger Angst leben will«, entgegnete Rudolf schwer, »weiß aber vorerst noch nicht, wie alles gehen wird.«

»Wart's ab, mein Rudolf«, sagte Katharina innig und drückte seine Hand, »die lieben Heiligen werden schon einen Weg ersehen.«

Der Markgraf drückte einen Kuß auf ihre Hand. »Solch Trost ist der beste! Hab' Dank dafür, mein Lieb.«

Doch dann brach er auf, es litt ihn jetzt nicht länger hier. »Ich muß heim, Rötteln darf nimmer ohne Herrn bleiben«, erklärte er, und Graf Tierstein nickte zustimmend.

»Laßt mich sofort wissen, was der Hunoltsteiner tun wird«, sagte er beim Abschied, »und so es nottut, komme ich mit allem Anhang Euch zu Hilfe.«

Beim Fortreiten blickte Rudolf sich um und winkte zum Söller hinauf so lange, wie er das weiße Tüchlein dort oben flattern sah. Dann nahm ihn der Wald auf. Sein Roß war schweißbedeckt, als er in der Burg ankam.

Die erste Frage an seinen Vogt war, ob Kunde von Graf Hunoltstein da wäre – es war nichts gekommen. Es kam auch am nächsten und übernächsten sowie den folgenden Tagen nichts. Als aber zwei Wochen nach dem Tode des jungen Grafen Otto und Hildgardis' vergangen waren, stand er plötzlich ohne Fehdeansage eines Morgens vor Rötteln, und an dem stattlichen Heere, das er mitführte, sah Rudolf sofort, daß es um Leben und Tod gehen würde.

Mit kalter Ruhe, der man nichts von seinem inneren Empfinden anmerkte, gab er seine Befehle – dann schloß er sich in sein Gemach ein.

Der da unten war derjenige, den er fast am meisten von allen schätzte und mit Stolz seinen Freund genannt hatte – jetzt war er sein Feind auf Tod und Leben – – damit mußte Rudolf von Rötteln allein fertig werden.

XII.

Vier Tage lagen nun schon die Feinde wie ein Ring von Eisen um die Burg. Rudolf kannte fast keine Ermüdung und war ziemlich Tag und Nacht in den Türmen, an den Toren, an den Schießscharten. Überall tauchte er auf, sah mit scharfem Blick nach dem Rechten – nirgends fand er zu tadeln, jeder war auf seinem Posten.

Mit bleichen, aber willensstarken Mienen sahen seine Leute auf ihn – sie wußten alle, der Kampf würde ohne Gnade bis zum Ende geführt werden. Der da draußen kannte kein Erbarmen.

Der Vogt war jetzt der einzige, mit dem Rudolf alles besprechen konnte. Pater Othmar war ja kein Kriegsmann, auch wenn er in den vergangenen Jahren schon allerlei gelernt hatte.

Rudolf hatte ihn gleich am ersten Tage der Belagerung gefragt: »Willst du nicht lieber durch den unterirdischen Gang entweichen und gen Basel ziehen?«

»Ich sollte dich in der Not verlassen, da du erst gerade

anjetzo des Freundes bedarfst?« war da der Mönch aufgefahren, »rede mir kein Wort davon, ich verlasse dich nimmer – und so es mein Leben kosten sollte.«

In Rudolfs Gesicht zuckte es, er preßte eine Sekunde lang die Lippen zusammen. Dann drückte er innig die Hand des Paters. »So bleibe! Ich danke dir, danke dir von Herzen, Othmar. Du hast wahrlich recht, ich bedarf des Freundes und deiner Gebete.«

Vor allem aber bedurfte Graf Otto des Paters. Er wurde nur ruhiger, wenn dieser bei ihm war.

Rudolf wäre außerstande gewesen, mit dem Bruder jetzt auch nur die geringste Kleinigkeit zu besprechen. Der achtete auf nichts, was vorging, alles war ihm gleichgültig geworden. Seine Gedanken drehten sich nur um jenen Morgen im Walde. Oft erging er sich in den wildesten und bittersten Selbstanklagen und wollte sich aus dem Fenster stürzen, dann wieder saß er still weinend da oder starrte dumpf brütend vor sich nieder.

Der Pater hatte ihn schon zweimal absolviert – es nützte nichts. Rudolf hatte, noch ehe der Hunoltsteiner gekommen war, sogar einmal den Bischof von Basel gebeten, nach Rötteln zu kommen und seinem Bruder zu helfen – es war vergeblich gewesen. Otto hatte selbst jetzt, als der Hunoltsteiner vor der Burg lag und Rudolf ihm dies erzählte, nichts darauf zu sagen gewußt, und so war der Markgraf froh, daß er die Sorge um ihn dem Freunde ganz überlassen konnte.

Er ahnte ja nicht, wie sehr der Pater neben dem Grafen litt – allerdings in ganz anderer Weise.

Alle seine Tröstungen mit den Verdiensten der Heiligen, alle seine Hinweise auf ihre Fürsprache bei dem hochgelobten Erlöser waren bei Otto ganz vergeblich. Er hörte kaum darauf hin oder hatte nur die eine Antwort: »Mir nützt das alles nichts mehr. Für mich gibt's bei dem Hochgelobten kein Erbarmen, und ob auch alle seine Heiligen für mich eintreten wollten.«

Bei solchen Worten zog oft ein fast krankhaftes Sehnen durch Othmars Brust nach jenem Menschensohn von Galiläa. O – wenn der heute leben würde! Er würde unter seinen Jüngern der treuesten einer sein!

Wenn dann eine leise Stimme in ihm sprach: »Er lebt ja, er ist hier und ist der gleiche wie damals«, – so schüttelte er traurig den Kopf, seine Seele verkroch sich und flüsterte: »Nein, unmöglich! Der Christus in unserer Kirche ist nicht der von damals in Judäa und Galiläa. Der war so arm, daß er nichts hatte, da er sein Haupt hinlegen konnte – doch der in der Kirche besitzt alle Reichtümer, so nur zu denken sind. Jener neigte sich zu den Ärmsten der Armen und verkehrte mit ihnen als Bruder – diesem darf man nur auf Umwegen und durch andere nahen – – nein, dieser hat von jenem wohl nur den Namen entlehnet, aber er selber ist es nicht.«

Othmar verrannte sich immer mehr in solche Gedanken, die um so drückender für ihn wurden, als er sie mit sich allein durchkämpfen mußte und keinen bewährten Freund zur Seite hatte, der ihn zurechtgewiesen hätte. Seine Erziehung im Kloster war eben nur auf dieses selbst eingestellt gewesen.

Er war gelehrt worden, wenn er die Ordensregeln und was damit zusammenhing, treu befolgte, so war er ein gehorsamer Sohn der Kirche und die ewige Seligkeit ihm gewiß. Das hatte ihm völlig genügt, und er wünschte nichts anderes, bis er sich auf der Burg beim Abschreiben in den ganzen Reichtum der Evangelien und Apostelbriefe vertiefte. Da erst war ihm zum Bewußtsein gekommen, daß der Urtext doch wohl ziemlich anders lautete als die Vulgata, die allein er und alle Brüder im Kloster lesen und studieren durften, und – ja, da war er mit dem Ende wieder am Anfang angekommen.

Er drehte sich glatt im Kreise, ohne einen Ausweg zu sehen. Das bildete allemal das Endergebnis seiner Grübeleien, und am besten war, sie ganz zu lassen. Wohl gelang ihm dies oft lange Zeit, aber dann kam alles wieder über ihn mit einer Gewalt, die stärker war als er.

Ganz besonders war es jetzt der Fall, nun er so gerne dem Grafen geholfen hätte. Da sah er erst recht seine ganze innere Armut ein, und es gab Stunden, wo er sich völlig verlassen und elend fühlte.

Von alledem ahnte Rudolf natürlich nichts. Othmar sprach nie mehr darüber zu ihm. Er hätte ja auch jetzt am allerwenigsten dafür Interesse gehabt. Ihm lag anderes viel schwerer auf dem Herzen.

Was hatten wohl die Feinde vor, daß noch immer kein Angriff erfolgte? Die Springolfe und Gewerfe waren aufgerichtet, er konnte es deutlich sehen – alles war bereit – auf was oder wen warteten sie noch?

Eine seltsame Unruhe hatte den Markgrafen an diesem Tage gepackt, er mußte sich Mühe geben, sie zu beherrschen und sie nicht die Mannen merken zu lassen.

Noch am Abend machte er einen Rundgang durch die

Burg und fand alles in vollkommener Ordnung, und auch der unterirdische Gang war im Stande, wie er vor acht Tagen selber festgestellt hatte. Er konnte sich in dieser Nacht wirklich einmal eine Stunde Ruhe gönnen, zumal der treue Vogt, Herr Bernhard, die Wache hatte. Der Markgraf sagte sich das immer wieder, auch Othmar bestärkte ihn darin, und so zog er sich denn, nachdem er noch eine halbe Stunde bei dem Freunde gesessen hatte, endlich in sein Schlafgemach zurück.

Er hatte den Blick ins Wiesental hinab, er konnte gut das Lager der Feinde übersehen. Still und ruhig lag es da, kaum daß man ein Lichtlein sah.

Rudolf überlegte zum soundsovielten Male, daß er erst einmal einen Angriff abwarten und an diesem feststellen wollte, wie stark die Belagerer waren, um dann zu sehen, wieviel Hilfe er benötigte. Durch den unterirdischen Gang konnte er leicht dem Grafen Walram von Tierstein einen Boten senden, der mit seiner ganzen Macht alsdann dem Feinde in den Rücken fallen würde. Also unmittelbare Gefahr für Rötteln war kaum vorhanden, – dennoch warf er sich unruhig hin und her und konnte zuerst keinen Schlaf finden.

Er hatte seine Rüstung abgelegt und einen leichten Tuchrock angezogen, so daß er völlig angekleidet war und jeden Augenblick aufspringen konnte. Endlich übermannte ihn doch die Müdigkeit, er schlummerte ein.

Auch der lange Eppo nickte bald ein wenig, der im Vorzimmer eigentlich wachen sollte. Aber der Markgraf hatte ihm erlaubt zu schlummern.

»Du brauchst es ebenso notwendig wie ich«, sagte er

zu ihm, »und hier oben ist wachen nimmer so notwendig als drunten im Zwinger.«

Eppo nahm sich vor, munter zu bleiben und beobachtete längere Zeit den leeren Hof, der dunkel und still dalag und auf den das Fenster seines Gemaches führte, aber dann gab er doch der bleiernen Müdigkeit nach. Vier Nächte nicht aus den Kleidern, das heißt aus der Rüstung kommen, war immerhin allerhand! Seine Arme lagen auf dem Tisch, der Kopf war daraufgesunken, er schlief tief und fest.

Es war Neumond und draußen rabenschwarze Nacht, nicht ein Sternlein schien.

Da hob sich plötzlich ganz sachte und vorsichtig die Steinplatte vor dem leeren Wohnhause dem Palas gegenüber. Mit leisem Knirschen wurde sie zur Seite geschoben – niemand hörte es. Denn auch des Paters und Graf Ottos Schlafgemächer lagen dem Wiesentale zu.

Als alles im Hofe stillblieb, schob sich vorsichtig eine Sturmhaube aus dem unterirdischen Gang heraus, und bald stand ein Mann in voller, schwerer Rüstung auf dem Hofe. Ein zweiter folgte, dann kam ein Weib zum Vorschein und hinter ihr gespensterhaft leise einer nach dem anderen – – –

Das erste Tagesgrauen fiel ins Gemach, als Eppo erschrocken in die Höhe fuhr. Ihm hatte soeben geträumt, der Feind griffe an – war sein Traum Wahrheit gewesen?

Mit einem Satz sprang er ans Fenster – er rieb sich die Augen, um zu sehen, ob ihn kein Spuk äffe, – – – mit weit aufgerissenen, entsetzten Blicken sah er, es war furchtbare Wahrheit!

Der ganze Hof stand bereits voll Gewappneter, und immer noch entstiegen welche dem Gange – – und drunten wußte es keiner! Er konnte auch keinen warnen, in den Zwinger führte nur der eine Weg hier über den Hof – –

Wie ein Blitz durchzuckten ihn diese Gedanken – und schon stand er an Rudolfs Lager – – »Der Feind im Hof – aus dem unterirdischen Gang –«

Der Markgraf fuhr empor und starrte ihn zuerst fassungslos an – nun war er mit einem Sprung drüben im Zimmer – er taumelte fast vom Fenster zurück – –

Da brüllte draußen die Stimme des Hunoltsteiners durch die Stille: »Drauf und dran –« ein wütendes Geschrei der Feinde antwortete – – das gab Rudolf die Fassung zurück.

Ein Ruck ging durch ihn hin, seine Gestalt straffte sich, er richtete sich hoch auf. Wohl war er totenblaß im Gesicht, aber kein Muskel zuckte, er schien wie aus Eisen und Erz zu sein.

Rasch winkte er Pater Othmar zu, der schreckensbleich herbeieilte – »Komm mit«, – – und rief Eppo zu: »Du bleibst hinter mir, und kommt's zum Äußersten, alsdann stoße meinem Bruder das Schwert ins Herz, damit er nicht dem Feind in die Hände falle –« dann stürmte er hinab.

Das Ganze hatte nicht drei Minuten gedauert, und wie eben Graf Ruprecht von Hunoltstein die Tür zum Rittersaal zertrümmern wollte, sprang diese von innen auf, der Markgraf stand ohne Rüstung, im dunklen Hausrock der vornehmen Herren, vor ihm, dicht neben ihm der Pater, während sich der lange Eppo im Hintergrund hielt.

Zugleich brachen mit rasendem Wutgeschrei die Röttler Mannen unter Führung des Vogtes, der bei dem Geschrei im oberen Hofe den Zusammenhang schnell begriffen hatte, durch den schmalen Zugang zum Hofe empor – ein furchtbares Gemetzel schien unvermeidlich.

Mit einem Blick übersah Rudolf die Lage – hier gab's nur noch für Otto und ihn einen ehrenvollen Tod, er konnte Röttelns Fall nicht überleben! Für seine unschuldigen Mannen aber wollte er vorher noch tun, was möglich war, sie zu retten.

»Zurück«, schrie er ihnen gebietend zu – – – da fiel sein Blick auf die Hexe, die unweit von ihnen mit geradezu teuflischem Lachen bei den Feinden stand – und im gleichen Augenblick war ihm alles wie in einem Bilde klar. Sie hatte Kenntnis von dem Gang gehabt – wodurch, ahnte er nicht – sie hatte wieder den Verrat geübt wie an Otto und Hildgardis – –

»Greift sie«, donnerte er sprühend vor Zorn mit solcher Stimme seinen Leuten zu, daß selbst die Feinde unwillkürlich einen Schritt zurückwichen und fast den Atem anhielten – »greift sie und haltet sie sicher. Sie ist es, Graf Hunoltstein, so deinen Sohn und Hildgardis dem Vater verriet – sie, die unsere reine Blume eine Spielmannsdirne hieß. Sie hat auch jetzt Verrat geübt.«

Mit starken Fäusten hatten Hannes und Diethelm, die vornean waren, sowie etliche andere das zeternde Weib gepackt, das um sich schlug, biß und kratzte, so daß sie Mühe hatten, es zu bändigen. Als die Hexe nun aber gefesselt dastand, sprühte ein solcher Regen von Flüchen, Schimpf- und Schmähreden auf den Markgrafen und zugleich Grafen Ruprecht hin, daß dieser kurzweg befahl: »Bindet ihr das Maul zu.«

Nun drehte er sich zu Rudolf. Die Augen der beiden Männer, die so lange in warmer Freundschaft zueinander gestanden hatten und gegenseitig so hoch voneinander hielten, trafen sich sekundenlang.

Ehe jedoch Graf Hunoltstein noch ein Wort sagen konnte, sprach der Markgraf mit kalter, fester Stimme und düsterem Blick: »Ihr seid auf verkehrtem Wege in die Burg gelangt, Graf Hunoltstein, und könnt anjetzo ein furchtbar Blutbad hier anrichten, so Ihr wollt. Solches ist kein ehrlicher Brauch bei Edelmännern und ist ein Unrecht. Doch ich kann's Euch nimmer verargen. Ist doch die furchtbare Sache, um die Ihr hier seid, ein tausendfach größer Unrecht. Wer mehr unter dem Geschehnis leidet – Ihr, der den Sohn verlor, oder wir, denen der Sonnenschein der Burg, der Frühling geraubt wurde, weiß ich nimmer – wird sich solches wohl gleich sein. Ihr seid zur Abrechnung gekommen – wohl, ich erwarte Euch. Bei ehrlichem Kampf hätten wir unser Leben drangegeben, um Rötteln zu halten – Ihr habt uns mit Hilfe der Hexe überlistet. Nun denn – wir sind Eure Gefangenen. Aber so ich um der ehemaligen Freundschaft noch eine Bitte aussprechen darf, so ist es die: Richtet kein Blutbad unter meinen Mannen an, gebt sie frei! Sie sind unschuldig und leiden mit Euch und mir.«

Er schwieg. Seine Worte waren allen so völlig unerwartet gekommen, daß eine Totenstille eintrat. Aller

Augen waren auf die beiden Männer gerichtet, die sich hier vor den Stufen zum Rittersaale gegenüberstanden.

Graf Ruprechts Blicke bohrten sich fast in die des Markgrafen. Man sah, wie er mit sich rang.

»Nun wohl«, sagte er endlich mit schwerer, harter Stimme, »es sei, wie Ihr sagt. Ihr und Euer Bruder seid meine Gefangenen, die anderen mögen frei sein.«

Da ging ein Aufschrei durch die Röttler Mannen, und ehe es sich einer versah, waren der Vogt, Diethelm und Hannes mit einer Anzahl anderer herzugestürzt, umringten den Markgrafen und schrien: »Der Weg zu Euch geht nur über unsere Leichen – wir wollen ohne Euch keine Freiheit. Wir verlassen Euch nimmermehr.«

Jetzt zuckte es doch in Rudolfs Gesicht, in seinen Augen schimmerte es verräterisch. Rasch fuhr er sich drüber hin.

»Ich danke euch, meine Getreuen«, – seine Stimme klang seltsam rauh – »doch nun gebt den Weg frei. Keiner von euch Unschuldigen soll leiden.«

»Nimmermehr –« brüllte nun Eppo hinter dem Markgrafen und hatte sein Schwert herausgerissen, »wir leben und sterben mit Euch, Herr Markgraf! Drauf, ihr anderen alle, und – –«

Rasendes Geschrei auf beiden Seiten antwortete –

»Im Namen des Allmächtigen, gebt Frieden«, übertönte da den Lärm des Paters Stimme so laut, wie man sie noch nie von ihm gehört hatte, und zum größten Staunen aller hatte er sich mit hocherhobenen Händen zwischen die Röttler und ihre Feinde geworfen, so daß unwillkürlich wieder etwas Ruhe eintrat, »gebt Frieden, ihr Mannen alle, und höret auf mich. Ich achte mit aller Gewißheit, Graf Ruprecht von Hunoltstein wird wissen, wie er einen solchen Gefangenen, so bisher sein Freund war, zu halten hat.

Euch aber laßt sagen« – er wandte sich an Graf Ruprecht –, »ein Teil der Schuld an der unseligen Tat Markgraf Ottos trifft auch Euren Sohn. Weshalb kam er in solcher Verkleidung, – und so er es tat, um Hildgardis unerkannt zu sehen und ihre Liebe zu gewinnen, hätte er nimmermehr seine Liebe gestehen und ein heimlich Verlöbnis mit ihr schließen dürfen, wie er solches getan hat. Jedoch auch sie ist nimmer schuldlos. Auch sie hätte warten müssen, da er sich ihr zu erkennen gegeben hatte, bis Ihr als Brautwerber kamt – wollen wir aber die Toten beschuldigen? Solches sei ferne! Sie haben ihren Richter. Meint Ihr nun aber, Rache nehmen zu müssen, so tut's – wir alle jedoch, die Mannen und ich, bleiben bei den beiden Markgrafen von Rötteln. Es möge mit ihnen geschehen, was Ihr wollt – wir teilen ihr Los.«

Mit wachsendem Staunen hatte Graf von Hunoltstein den Vorgang gesehen und Pater Othmars Worte gehört. Hier sah er eine seltene Mannes- und Freundestreue – – er mußte mit den Augen zwinkern, anscheinend saß was drin!

»Holt mir den Mörder«, befahl er nun hart, ohne auf Rudolfs oder des Paters Worte einzugehen.

Schon waren etliche seiner Leute im Palas und zwangen Eppo, ihnen den Weg zu weisen. In wenigen Augenblicken kamen sie mit Otto zurück, der nun, als er Graf Ruprecht erblickte, zur Besinnung zu kommen schien. Er wurde aschfahl im Gesicht und starrte ihn mit entgeistertem Blick an.

Jetzt aber, da er den Mörder seines einzigen Sohnes sah, packte den Hunoltsteiner wieder kalte Wut.

»Fesselt ihn«, schrie er, »oder nein – aufs Rad mit ihm, an den Galgen –«

Schon streckten sich mit lautem Geschrei viele Hände nach dem Unglücklichen aus, da warf sich Rudolf dazwischen.

Vergessen war, daß er selber im ersten Zorne ihn dem Rächer hatte ausliefern wollen, vergessen aller Groll auf ihn – – er sah nur noch in ihm den einzigen Bruder, der jetzt obendrein im Gemüt krank geworden war.

Er deckte ihn mit seinem Leibe und rief: »Erst tötet mich, alsdann ihn –« und zugleich wollte sich Eppo mit seinem Schwert von hinten an Graf Otto herandrängen.

Aber des Hunoltsteiners Leute merkten seine Absicht und stießen ihn zurück. Graf Ruprechts Löwenstimme befahl etwas seinen Leuten, ein unbeschreiblicher Tumult entstand – in den nächsten Minuten waren Rudolf und Othmar von Otto fortgerissen – der Graf stand inmitten seiner Feinde mit gefesselten Händen.

»Graf von Hunoltstein, er ist krank vor Gram und Reue geworden«, bat jetzt der Markgraf mit zitternder Stimme und trat vor Graf Ruprecht hin, »nehmt mich an seiner Statt, laßt ihn frei.«

Bittend streckte er ihm beide Hände hin – finster sah der Graf eine Sekunde zu ihm hinüber, und wieder zuckte es in seinem Gesicht.

Er wandte sich langsam um und winkte seine Mannen näher zu sich heran. Er sprach ganz leise etliche Worte zu ihnen – unwillige Rufe wurden laut. Da redete er eindringlicher, und je länger er sprach, desto mehr hellten sich die Mienen auf.

Jetzt drehte er sich zu dem Röttler Markgrafen zurück. »Ihr alle seid nunmehr meine Gefangenen, auch Ihr, Herr Graf«, sagte er kalt und stolz.

Dann gebot er seinen Leuten: »Nehmt ihnen allen die Waffen ab.« In kurzer Zeit war auch das geschehen.

»Vier bleiben zurück und achten auf das Weib, daß es nicht entwischt«, befahl er nun mit eigentümlichem Blick, »die anderen folgen alle. Das Urteil soll an dem Schuldigen sofort vollstreckt werden. Hinauf auf den Söller.«

Etliche der stärksten von seinen Mannen griffen Graf Otto und schleppten ihn voran, hoch aufgerichtet folgte Graf Ruprecht. Rudolf und der Pater wurden höflich, aber entschieden gezwungen, ihm zu folgen, – in dumpfem Schweigen mußten sie sich den anderen anschließen.

Es war Rudolf kein Zweifel mehr, was Graf Hunoltstein vorhatte, – jede Faser zitterte förmlich an ihm in Schrecken und Angst um Otto. Wahrlich – das sollte dem Grafen nicht unvergolten bleiben, das wollte er bitter rächen, falls er noch einmal die Macht dazu hatte.

Der Zug ging hinauf bis zu dem freien Platz vor dem Bergfried, dann winkte Graf Ruprecht. Seine Leute mußten mit den Röttler Mannen zurückbleiben, er selber ging mit Rudolf und Othmar den Männern nach, die den Grafen hinaufführten.

Nun waren sie oben.

Auf einen Wink Graf Ruprechts packten die Männer zu und hoben Otto über die Brüstung hinaus – aber – sie hielten ihn eisern fest und ließen nicht los.

So schwebte der Unglückliche sekundenlang über der grausigen Tiefe – – dem entsetzten Aufschrei der Röttler Mannen drunten, als sie ihn dort sahen, folgte lähmendes Schweigen – – – hörte man immer noch nicht den dumpfen Aufschlag des Körpers in der Tiefe unten?

Rudolf stand wie aus Eisen, obgleich es sich vor seine Augen wie Nebel legen wollte, der Pater war weiß wie Marmor – –

Doch nun – aller Augen weiteten sich, unwillkürlich griff Rudolf jetzt nach der Brüstung, um sich zu halten – – langsam nahmen die vier Männer den fast Bewußtlosen zurück und legten ihn, da er nicht mehr stehen konnte, vor Graf Ruprecht nieder.

Der blickte ihn lange an, dann sprach er: »Nunmehr hast du merken können, wie es deinem Diener Gotthold einst zumute war, da du ihn hier hinunterstoßen ließest. Durch jenen Mord wurde sein Weib zur Hexe und verfolgte dich alle diese Jahre hindurch mit ihrem Haß. Nunmehr reizte er dich anjetzo zu neuem Unheil, aber er traf zwei Unschuldige. Ein schneller Tod wäre eine zu gelinde Strafe für dich! Ich schenke dir die Freiheit um deines Bruders willen – dein Leben jedoch wird dir die härteste Strafe für deine Untat an deinem und meinem Kinde sein.«

Er wandte sich kurz und stieg hinunter. Rudolf folgte

ihm zitternd, – nur mit allergrößter Anstrengung und Aufbietung aller seiner Kraft vermochte er ein ruhiges Gesicht zu zeigen, als er unten war und aus dem Bergfried hinaustrat.

»Bringt ihn in sein Gemach«, befahl Graf Ruprecht und deutete auf Otto, »ihr anderen bleibt.«

Diethelm und Hannes trugen rasch den Grafen fort, der Pater folgte ihnen.

Nun wandte sich Graf Ruprecht zu dem Markgrafen. »Was ich tat, geschah um Euretwillen, Rudolf. Ich kam her voller Grimm und hatte im Sinne, Euren Bruder zu töten und die Burg zu zerstören.

Mannestreue, Freundestreue, Bruderliebe haben mich überwunden! Ferne sei von mir, anjetzo hier als Sieger aufzutreten. Solches könnte meinen edlen Namen nur beschmutzen. Im Gegenteil, ihr alle habt mich besiegt!

Ihr seid frei, Markgraf Rudolf, und ebenso alle Eure Mannen. So Ihr aber mir und den Meinen auf einen Tag Gastfreundschaft gewähren wollt, sollt Ihr herzlich bedankt sein.«

Er bot Rudolf die Hand, in die dieser einschlug, obgleich ihm noch nicht danach zumute war.

Da brach ein Jubel unter den Mannen hüben und drüben aus, daß es rings an den Felsen und Mauern widerhallte, und gefolgt von ihnen schritten die beiden ausgesöhnten Feinde hinab in den Zwinger. Hier hieß Rudolf die Tore öffnen. Ein Teil der Hunoltsteiner Leute zog hinaus, um drunten im Lager zu künden, was geschehen war, die anderen blieben in der Burg. Herr Bernhard ließ in Eile ein leckeres Mahl herrichten, die Weinkeller wurden geöffnet, und es herrschte eitel Freude überall.

Nur nicht bei Rudolf. Er konnte sich noch nicht völlig in die veränderte Lage finden, zu sehr zitterte die furchtbare Erregung noch in ihm nach. Sie löste sich auch erst ganz, als Graf Ruprecht ihn nach dem Mahle bat: »Kommt mit mir auf den Friedhof, mich verlangt danach, am Grabe meines Einzigen zu beten.«

Schweigend schritten sie aus der Burg und legten, fast ohne ein Wort zu reden, den Weg nach Dorf Rötteln zurück. In einiger Entfernung folgten ihnen Melchior mit Eppo und Diethelm.

Als sie auf dem Friedhof waren und an dem Hügel standen, der mit Blumen bedeckt war, kniete der Vater aufstöhnend nieder, barg das Gesicht in den Händen, und seine kraftvolle Gestalt bebte vor verhaltenem Weh.

Aber auch Rudolf konnte sich nicht der Tränen erwehren. Er schämte sich nicht, daß ihm langsam ein großer Tropfen nach dem anderen in den Bart rann, zu viel war in diesen Wochen, besonders aber heute, auf ihn eingestürmt.

Tief erschüttert sahen die drei Getreuen aus der Entfernung auf ihre Gebieter. Beide Männer von Eisen, trotzig und kühn, ohne Zittern und Bangen in Not, in Gefahr und Tod, – vielleicht aber gerade deshalb mit so tief und warm empfindenden Herzen, wie man sie selten fand.

Nun erhob sich Graf Ruprecht langsam. Mit tränennassem Gesicht strich er zärtlich zum Abschied über den stillen Hügel, dann blickte er auf.

Wortlos fanden sich die Hände der beiden Männer noch einmal, aber nun in innigem, verstehendem Druck. Sie fühlten beide, es war ein echtes Freundschaftsbündnis, das jetzt geschlossen worden war, und wußten, es würde nie mehr aufhören. Lange standen sie so Hand in Hand, dann schlugen sie langsam den Heimweg ein.

XIII.

Am Abend dieses ereignisreichen Tages verließ Graf Hunoltstein mit den Seinen Burg Rötteln. Rudolf begleitete ihn mit etlichen seiner Leute bis zum Lager hinab. Dort nahmen sie Abschied voneinander.

»Treu in jeder Not und Fahr«, klang es hüben und drüben – dann kehrte der Markgraf um.

Als er langsam in der lauen Sommernacht den Burgberg hinanritt, zügelte er sein Roß und faltete die Hände. Ein heißes Dankgebet stieg aus seinem Herzen zu dem Allmächtigen empor, mit feuchtem Auge schaute er hinauf zur Burg seiner Väter. Trutzig und fest ragte sie in die Höhe, aber noch fester und stärker war die Mannestreue, die sie bewachte. So war es immer, auch in den früheren Jahrhunderten, gewesen – so sollte es bleiben. Wie glücklich konnte er sein!

Doch dann verdüsterte sich wieder sein Gesicht, er dachte an Otto. Irgend etwas mußte mit ihm geschehen, – wenn er darin nur das Rechte wählen möchte! Es mußten doch entsetzliche Minuten für ihn gewesen sein, als er dort oben in der Luft hing, – noch ging ein Schauer über Rudolf hin, als er daran dachte. Diese Strafe war für ihn furchtbar. Hoffentlich würde er nun ein anderer werden. Er wollte doch gleich noch zu ihm gehen, hatte er doch auch den Pater seither nicht mehr gesehen. Zu dem Freunde zog ihn sein Herz noch in ganz besonderem. Wieviel hatte er auch diesem zu danken!

Mit solchen Gedanken kam er in die Burg – – – und eine halbe Stunde später jagte Diethelm mit verhängten Zügeln nach Basel, um noch in der Nacht einen Medikus zu holen. Otto hatte seit jener Viertelstunde auf dem Söller das Bewußtsein nicht wieder erlangt und raste schon seit Stunden in solchem Fieber, daß ihn kaum noch zwei Männer zu halten vermochten.

Das war eine neue, bange Sorge, die eingekehrt war. Traurig blickte Rudolf auf den schwerkranken Bruder. Er wollte durchaus mit Othmar zusammen bei ihm wachen, aber dieser ließ es nicht zu.

»Du könntest mir anjetzo doch nichts erzählen von dem, so du mit dem Grafen Hunoltstein noch beredet hast«, flüsterte er, »wir sind nicht allein. Geh schlafen, du brauchst solches dringend und mußt dich Rötteln erhalten.«

Er schob ihn mit sanfter Gewalt zur Tür hinaus, und Rudolf ging mit leisem Seufzer.

Aber er konnte doch nicht schlafen. Die neue Sorge hatte ihn zu sehr erregt. Die Stille der Nacht tat ihm wohl, er saß noch lange am Fenster und blickte hinein in die schlummernde Welt. Dort unten sah er wohl noch das

Lager wie gestern abend – und doch so ganz anders! Morgen würde es fort sein, Graf Hunoltstein wollte in der Frühe aufbrechen. Dann störte nichts mehr den Frieden des Tales und dann –

Ein tiefer Atemzug hob seine Brust, leise und inbrünstig murmelte er: »Mein Rötteln, dann kommt bald wieder der Sonnenschein in deine Mauern, wenn ich mir meine Katharina als mein heißgeliebtes Weib holen werde.«

Sinnend blickte er zu den Bergen drüben, nun blieben seine Augen an Brombach hängen. Und plötzlich stand das Ereignis der letzten Nacht wieder vor ihm. Wie hatte die Hexe von dem Gang Kenntnis erhalten?

Graf Ruprecht hatte ihm die Frage nicht zu beantworten vermocht, er erzählte ihm nur, daß sie gleich am ersten Tage der Belagerung zu ihm gekommen war und ihm gesagt hatte, er könne die Burg ohne Schwertstreich einnehmen, sie wolle ihm den Weg dazu zeigen. Er war dann mit etlichen Leuten schon in der zweiten Nacht in Brombach gewesen, und sie hatte ihm den Gang gewiesen, war ihm auch vorangegangen bis zu dem Ausgang auf dem Röttler Schloßhof hin.

Nun behielt er sie bei sich und machte mit seinen Rittern einen Plan. Auf seine Frage, woher ihr Haß gegen Rötteln stamme, erzählte sie ihm von ihrem Mann und schilderte ihm dann in rührenden Worten das Liebesglück seines Sohnes mit Hildgardis, die sie beobachtet hatte, – wie sie offen zugestand. Sie verschwieg ihm aber, daß sie es gewesen war, die Graf Otto auf die beiden gehetzt hatte.

»Sprecht das Urteil über das Weib«, schloß Graf Ruprecht seinen Bericht, »sie ist in Eurer Gewalt. Nur seid nimmer zu milde gegen sie – ich wüßte, was ich täte, so ich an Eurer Stelle wäre.«

Der Gang und die Hexe!

Betreffs des ersten war sich Rudolf gleich klar gewesen, daß sein Ausgang in Brombach verlegt werden müsse – wohin blieb noch zu überlegen. Jedenfalls wollte er das mit Herrn Bernhard durchsprechen und die drei Getreuen, Hannes, Eppo und Diethelm, sollten unter dessen Leitung die Arbeit in aller Stille tun.

Aber nun die Hexe. Was sollte er mit dieser anfangen!

Am einfachsten würde sein, sie im Walde an irgendeinem Baum aufzuhängen, sie hatte genügend dazu auf dem Kerbholz! Schon allein das letzte Stück genügte, ohne der früheren zu gedenken.

Dem widerstand aber gänzlich Rudolfs Gerechtigkeitsgefühl, war doch ein Röttler, noch dazu sein eigener Bruder die Ursache, daß sie zu dem geworden war, was sie war. Dieses struppige, hagere, magere Weib mit den tiefliegenden, lauernden Augen und dem bösen Blick darin, mit dem spitzen Kinn und der noch viel spitzeren Zunge ließ keine Spur mehr von jenem blitzsauberen Weibe ahnen, das die Gertraud gewesen war, als sie glücklich und zufrieden mit ihrem Manne drunten in Haagen gelebt hatte.

Nein, er konnte ihr nicht ohne weiteres das Urteil sprechen, es war ihm ganz unmöglich. Außerdem hatte sie auch als Kräuterweib viel Gutes getan, das wußte er ebenfalls. Einstweilen war sie ja nun unschädlich gemacht, er konnte in Ruhe überlegen, was mit ihr zu tun sei und es auch mit Othmar und Graf Tierstein eingehend besprechen.

Fürs erste lag sie im Kellergewölbe des Bergfrieds* gut aufgehoben. Dort zu entwischen war ganz ausgeschlossen. Zur Vorsicht sollte sie noch an die Mauerwand mit einer Kette angeschlossen werden, weiter war vorläufig nichts nötig. Später wollte er – – – aber da waren seine Gedanken zu Ende, nun forderte die Natur doch gewaltsam ihr Recht. Er warf sich in den Kleidern aufs Bett und schlief in der nächsten Minute bereits traumlos und fest wie schon seit langem nicht.

Drunten aber im Kellergewölbe kauerte Gertraud auf dem feuchten, kalten Boden und starrte ins Dunkel.

Da lag sie nun elend gefangen – gefangen auf Rötteln! Sie ballte die Fäuste in ohnmächtigem Grimm – ihr Todfeind war am Leben geblieben, und alle ihre Rachepläne wurden jählings zerstört.

Was würde nun mit ihr geschehen? Nun, eins wußte sie, auf Gnade hatte sie nicht zu hoffen. Die würde sie auch verschmähen, – von dem Röttler Grafen wollte sie keine Gnade haben!

Hei, wie sie ihm gönnte, seine Tochter ermordet zu haben! Nur wenn sie an den jungen Grafen und den Schmerz des Vaters um ihn dachte – den sie sehr deutlich gemerkt hatte, wenn sie mit ihm im Lager zusammen sprach – wollte sie leise Reue beschleichen. Aber voll Trotz und Ingrimm zischte sie dann: »Weshalb verbanden sie sich mit dem Röttler!«

---

* Eine Urkunde von 1654 erwähnt diesen Raum als »Hexengewölbe«. So heißt er noch heute.

Sie nahm sich vor, bei einem Verhör entweder gar nichts zu sagen oder – nun, sie wußte jetzt noch nicht, was sie sonst tun würde.

Sie hatte jedoch auch vorläufig keine Gelegenheit, ihre Vorsätze durchzuführen. Zur bestimmten Zeit bekam sie ihr einfaches Essen in den Kerker hineingereicht, aber keiner sprach zu ihr, und sie wurde zu keinem Verhör geholt.

Der Markgraf hatte seinem Vogt die Sorge um die Hexe übergeben und ihm ernst ans Herz gelegt, sie nicht verhungern zu lassen. Im übrigen kümmerte er sich nicht um sie, ja, er hatte zeitweilig sogar vergessen, daß sie noch da war.

Die Sorge um seinen Bruder nahm ihn in den nächsten Wochen völlig gefangen. Die fürchterliche Stunde auf dem Burghof und Söller hatte noch ein Letztes an ihm getan und ihn ganz zu Boden geworfen. Wochenlang schwebte er zwischen Tod und Leben, und sein Zustand verschlimmerte sich derart mehr und mehr, daß Rudolf und Othmar auf den letzten Atemzug warteten. Doch nach dieser Nacht, in der das Lebenslichtlein nur noch mühsam flackerte, schien es plötzlich wieder heller aufflammen zu wollen. Gegen alles Erwarten trug noch einmal die kräftige Natur Ottos den Sieg davon, und als der Medikus am Morgen kam und einen Toten zu finden erwartete, stellte er mit großem Stolz auf seine Kunst fest, daß die Krankheit gebrochen sei und man die Genesung erwarten dürfe.

Das war nun freilich richtig, aber die Besserung machte

doch nur sehr langsame Fortschritte. Es vergingen darüber wieder Wochen, und die Novemberstürme brausten schon durchs Land, als Otto zum ersten Male in die Halle heruntergeführt werden konnte.

Aber wie sah er bleich und eingefallen aus! Die stolze, kraftvolle Gestalt war hager geworden und zusammengesunken, die Kleider hingen ihm am Leibe. Ein tiefer Ernst lag auf seinen Zügen, er sprach nur das Nötigste, und auch das nur, wenn er angeredet wurde.

Gleich nach dem Mahle, das er nun wieder hier in der Halle eingenommen hatte, ließ er sich von Diethelm in sein Gemach zurückführen, und jetzt saßen sich Rudolf und der Pater allein gegenüber.

Sie schwiegen beide lange Zeit. Endlich sagte Othmar: »Er ist am Leibe genesen, aber seine Seele ist krank. Vielleicht tut es ihm doppelt gut, so er von Rötteln fortkommt.«

»Von Rötteln fort?« fragte Rudolf erstaunt, »ja, wo soll er denn hin?«

Ein leises Lächeln umspielte den Mund des Mönches. Das war ganz Markgraf Rudolf von Rötteln! Alles Schwere, Bittere, was Otto über ihn und die Burg gebracht hatte, war vergessen, sein Zorn verraucht, – er sah mit seinem gütigen Herzen nur noch den kranken Bruder vor sich, der seiner Hilfe bedurfte.

»Wohin, weiß ich nicht«, entgegnete er dann, »doch wolltest du ja dafür sorgen, daß er von hier fortkäme.«

Nun mußte auch Rudolf lächeln, dann aber schüttelte er sehr bestimmt den Kopf.

»So dachte ich allerdings einmal. Aber es ändert sich

oft manches in der Welt! Er ist mein Bruder, und er bleibt bei mir.«

Othmar drückte herzlich seine Hand. »Solches erwartete ich über kurz oder lang von dir zu hören, Rudolf! Ja, laß ihn hier. Wir wollen abwarten, wie es weiter gehen wird.«

Doch es blieb so, wie es war. Ottos Genesung machte weiterhin gute Fortschritte, sein Körper erstarkte mehr und mehr, aber die tiefe Schwermut, die über ihm lag, wich nicht. Ein Gedanke hatte sich bei ihm festgesetzt: »Für mich gibt es bei dem Allmächtigen keine Vergebung mehr, dem Mörder ist nur noch die Verdammnis sicher.« Da half kein Zureden, halfen keine Bußgebete, so viele er auch sprach, und Rudolf und Othmar waren bereits ganz ratlos geworden, was zu tun sei.

Eines Tages kam der Vogt auf einen Gedanken, als er mit dem Markgrafen zur Jagd geritten war und sie auf dem Heimwege wieder einmal über Otto verhandelten.

»Wenn der hochwürdige Herr Bischof aus Basel unserem Herrn Markgrafen etwas ganz Großes für die heilige Kirche zu tun auftragen würde, vielleicht würde ihm solches helfen«, meinte Herr Bernhard.

Rudolf zügelte sein Pferd und rief ganz betroffen: »Beim heiligen Georg, Ihr habt recht! Solchen Gedanken gaben Euch die lieben Heiligen ein. Gleich morgen reite ich gen Basel und zu dem Bischof, vielleicht weiß er hierinnen Rat.«

Auch Pater Othmar war von dem Gedanken ganz begeistert, und schon am nächsten Vormittag saß der Markgraf bei Bischof Johannes.

Der fromme Mann hörte ihm nachdenklich zu und sagte endlich: »Ich will der Angelegenheit nachdenken. Im Augenblick wüßte ich nichts, aber sobald mir etwas in den Sinn kommt, lasse ich es Euch wissen.«

Ein wenig entmutigt kehrte Rudolf heim, ohne in der »Mucke« abgestiegen zu sein, und Othmar mußte ihn lächelnd trösten: »Ei, ei, lässest du alsobald die Zügel hängen? Freilich, du bist ein rascher Mann, der kurz entschlossen zufaßt; der hochwürdige Herr will aber mit Ruhe überlegen, um das Beste herauszufinden.«

»Dafür ist er auch ein geistlicher Herr«, neckte Rudolf den Freund und fügte dann mit leisem Seufzer hinzu: »Wer weiß, wie lange wir anjetzo noch harren müssen.«

Es sollte aber doch nicht so lange gehen, als er gefürchtet hatte. Schon nach vierzehn Tagen ließ Herr Johann Senn von Münsingen seinen Besuch auf der Burg ansagen.

Es war ein kalter Tag Ende November, als sein Wagen durchs Tor fuhr und im Zwinger hielt. Graue Nebelwolken hingen in den Bergen und über dem Wiesental, der scharfe Nordwest trieb bald schwere, bald leichtere Regenschauer vor sich her.

Der hohe geistliche Herr segnete die Burgbewohner, die zu seinem Empfang im unteren Hofe bereitstanden, dann schritt er neben Rudolf zur Oberburg empor. Auf der Zugbrücke kamen ihm Graf Otto und der Pater entgegen. Er begrüßte sie mit warmer Freundlichkeit und schlug das Kreuzzeichen über sie, und bald saßen sie alle bei einem guten Mahle in der Halle beisammen.

Im Kamin prasselte und glühte ein helles Feuer, angenehme Wärme durchflutete den Raum, und das übrige tat der edle Markgräfler, um es behaglich und heimisch zu machen.

In angeregter Unterhaltung verging den Herren die Zeit, nur Otto sprach kein Wort. In düsterer Schwermut blickte er vor sich nieder, nahm auch von den Speisen kaum das Notwendigste.

Der Bischof beobachtete ihn verstohlen, und als die Diener den Tisch mit den Speisen hinausgetragen und auf einen zweiten, kleineren die Krüge mit Wein und die Pokale gestellt hatten, wandte sich der geistliche Herr plötzlich zu Otto und sagte unvermittelt: »Wie ich merke hat der böse Feind der Seele einen harten Angriff auf Euch gemacht und Euch mit Trübsinn geschlagen. Solches dauert mich herzlich, Graf Otto. Ich will Euch nochmals in der Kapelle absolvieren, da ich sehe, daß Ihr so ernste Reue verspüret.«

Otto lächelte trübe. »Ich danke Euch, Hochwürden! Doch ist dieses nimmer notwendig, da der Allmächtige mich verworfen hat.«

»Wie könnt Ihr so etwas sagen«, rief der Bischof fast erregt. »Nimmer tut er solches, so ein Mensch seine Fehler ernstlich bereut. Wie könnt Ihr also klein von dem Allerhöchsten denken!«

»O«, rief jetzt Otto schmerzvoll aus, »Ihr wißt nicht, wieviel Paternoster ich schon betete, Altarkerzen und Meßgewänder für die Kirche zu Sitzenkirch gestiftet habe – alles, alles war vergeblich. So es noch etwas gäbe, womit ich dem Höchsten meine tiefe Reue und Buße beweisen könnte, damit er mir vergeben würde, so sagt es mir, und ich will Euch ewig danken!«

Tiefster Ernst lag auf dem feinen, geistvollen Gesicht des frommen Mannes, als er nun erwiderte: »Ich will Euch eines sagen, so Euch gewißlich helfen wird. Tut eine Wallfahrt zum Heiligen Grabe in Palästina und zum Brunnen der heiligen Gottesmutter in Nazareth, rastet dabei auf dem Hinwege bei dem Heiligen Vater in Rom und seid gewiß, Ihr werdet Eurer Sünden ledig und der Vergebung froh werden.«

Tiefe Stille folgte einen Augenblick seinen Worten. Eine Wallfahrt nach Palästina – – – jeder von ihnen wußte, was das zu bedeuten hatte. Das war durchaus nicht so leicht getan wie ausgesprochen. Seit den Kreuzzügen und dem völligen Sieg der Sarazenen über das Heilige Land war eine Wallfahrt dorthin immer ein Entschluß, der das Leben gar leicht kosten konnte.

Erschrocken sah Rudolf den Bischof an, das wäre ihm nie in den Sinn gekommen! Wer weiß, ob er ihm überhaupt etwas gesagt hätte, wenn er diesen Rat ahnte.

Otto aber rief nach einigen Sekunden mit tiefem Atemzug: »Bischof Johannes, Euch hat mir der Allmächtige selber gesandt! Nun weiß ich, was ich zu tun habe. Ja, o ja, – hin nach Palästina! Dort, dort werde ich finden, was ich suche, dort wird der hochgelobte Erlöser auch mir vergeben.«

Rudolf wollte Einwendungen machen, aber Otto rief immer wieder: »Nein, nein, laß mich! Nur dort kann ich noch einmal gesunden, ich fühle solches.«

Mit einem Eifer, der etwas an seine frühere Lebhaftigkeit erinnerte, ließ er sich nun von dem geistlichen Herrn alles zu einer solchen Reise Notwendige sagen, und

Rudolf ließ ihn gewähren, als er sah, wie er sich an diesen Gedanken klammerte.

Pater Othmar schwieg ganz. Er war totenbleich geworden, als er diesen Rat des Bischofs hörte. Er wurde davon bis in die Seele hinein getroffen.

Palästina – das Land seiner Sehnsucht! Und dorthin sollte und wollte Otto ziehen – – – o, der Glückliche, Beneidenswerte! Jene Stätten sollte er besuchen, wo der heilige Fuß des Einen gegangen war? Und ob er schon jetzt längst, längst nicht mehr dort weilte – den Stätten haftete sicherlich noch etwas von der Weihe an, die sie durch ihn empfangen hatten.

»Habt Ihr gehört, Pater?« riß ihn plötzlich Graf Otto aus seinen Gedanken, »ich sollte einen Begleiter haben, sagte der hochwürdige Herr Bischof soeben, solches wäre geratener, denn allein zu reisen. Der aber könnt nur Ihr sein, kein anderer! Sagt nicht nein, ich flehe Euch an! Zieht mit mir, helft mir, den Seelenfrieden zu finden!«

Da sprang Rudolf erregt auf. »Der Pater soll mit dir? Unmöglich, ich kann seiner nimmermehr entraten! Ich brauche ihn, er –«

Aber ohne auf diese Einwendung zu achten, bot Othmar dem Grafen die Hand und rief mit leuchtenden Augen dazwischen: »Ja, Otto, ich ziehe mit Euch, und der Segen des Allmächtigen wird uns begleiten.«

Da schwieg Rudolf äußerst verstimmt.

Bis in die Nacht hinein saßen nun die Herren zusammen und besprachen eifrig den Plan. Nach und nach söhnte sich auch Rudolf mit dem Gedanken aus, den

Bruder ziehen lassen zu müssen, nur daß er auch den Freund entbehren sollte, schmerzte ihn tief.

Othmar sah es wohl, doch sagte er nichts.

Als sie sich endlich trennten, ging er jedoch dem Markgrafen nach und folgte ihm auf dem Fuß in sein Schlafgemach. Erstaunt drehte sich dieser um und wollte etwas sagen, doch Othmar kam ihm zuvor.

»Rudolf, vergib mir und suche mich zu verstehen, so ich dir – aber nur dir allein! – sage, auch ich hoffe dort den Frieden zu finden, den ich seit langen Jahren suche.«

Erschüttert sah Rudolf dem Freunde in die feuchten Augen und drückte ihn an sich. »Wenn's also ist – dann gehe unter dem Segen aller Heiligen mit Otto, und der Allmächtige schenke uns ein fröhlich Wiedersehen. Zuvor aber, ehe ihr geht, mußt du meine Ehe einsegnen, ich tu's nimmer ohne das.«

Am nächsten Tage wurde der Plan mit dem Bischof bis in alle Einzelheiten hinein besprochen und festgelegt, und nun begannen sofort die Vorbereitungen zu der Reise. Otto betrieb sie mit einer geradezu fieberhaften Ungeduld, es ging ihm nichts schnell genug. Und doch mußte er lernen, sich zu bezwingen, denn im Winter, der inzwischen einsetzte, war an solche Reise für ihn überhaupt nicht zu denken. Der Weg über den Gotthardpaß nach Italien war kein Kinderspiel, zumal seine Gesundheit noch nicht die festeste war. Man konnte erst daran denken, im Februar aufzubrechen, und inzwischen sollte noch die Vermählung Rudolfs mit Katharina sein.

Graf von Tierstein und seine Gemahlin verstanden,

daß Rudolf und auch Katharina die Feier in aller Stille wünschten – – »Aber dafür soll ein um so größeres Fest stattfinden, wenn wir den Stammhalter aus der Taufe heben«, flüsterte Graf Walram seinem Schwiegersohne zu, und der nickte glücklich lächelnd.

An einem strahlend klaren, kalten Tage Ende Januar fand die Einsegnung der Ehe in der kleinen Burgkapelle zu Rötteln statt.

Eine weiße Schneedecke hüllte die schöne Erde draußen ein, in wunderbarer Reinheit zeichneten sich die Berge bis hin zu den Gletscherstirnen der Alpen am Himmel ab. Und ein solch schneeiges Weiß hüllte die schlanke Gestalt der holden Braut ein; aus ihren blauen Augen aber strahlte das Glück. Der stolze, stattliche Mann neben ihr jedoch meinte in seinem Herzen, nun sei der Himmel auf die Erde und zu ihm herabgekommen!

Pater Othmar segnete den Bund ein, und in froher Bewegung zitterte seine Stimme leicht, als er die bindenden Worte sprach.

Ein auserlesenes Mahl für sämtliche Burgbewohner, die an der Feier auf Katharinas besonderen Wunsch teilnahmen, einte sie alsdann im großen Rittersaale, und es war ein ungetrübtes Fest ohne jeden Mißton.

Am nächsten Morgen standen die Reisewagen mit den Saum- und Reitpferden und allem Gepäck fertig zum Aufbruch im Zwinger, Otto und der Pater nahmen Abschied. Diethelm, der jetzt seinen Herrn mit rührender Treue umgab, sowie Hannes sollten die beiden begleiten, mit ihnen noch eine Anzahl bewaffneter Knechte. Wie weit aber diese mitreisen sollten, ob nur bis Rom oder noch weiter, mußten Zeit und Umstände entscheiden.

Es war eine feierlich-ernste, bewegte Stunde, und wenn der Markgraf nicht sein junges Weib zur Seite gehabt hätte – es wäre ihn bitter schwer angekommen.

Noch einmal segnete der Pater sämtliche Burgbewohner, die die Reisenden umstanden, dann ein letzter Gruß – die Pferde zogen an, die Wagen rollten fort.

XIV.

Zwei Jahre waren in gleichmäßigem Wechsel von Tag und Nacht, Sommer und Winter dahingezogen. Über den Fluren und Bergen Galiläas neigte sich die Sonne dem Untergange zu. In goldenem Rot strahlte der Abendhimmel über dem See Genezareth und übergoß die lieblichen Ufer mit leuchtendem Glanze, in scharfen Umrissen zeichneten sich die Berge und Hügel, die ihn umsäumen, am klaren Himmel ab.

Auf einem Felsblock unweit der Stätte, wo einst Bethsaida gestanden haben sollte und sich nun ein armseliges Dörflein erhob, saß ein alter Eremit und schaute mit betend gefalteten Händen in die abendliche Schönheit hinein. Ein langer, weißer Bart hing ihm bis auf den Strick herab, der als Gürtel seines härenen Gewandes diente, silberglänzende Locken umrahmten ein gütiges, altes Gesicht, aus dem ein paar helle Augen mit unendlicher Liebe strahlten.

Um ihn herum dufteten Oleanderbüsche und Orangenbäume, Schlinggewächse mit herrlichen rotlila Blüten rankten sich an ihnen empor, schlanke Palmen erhoben sich in edlem Wuchse. Einige hundert Schritte von seinem Sitze entfernt stand unter hohen Eukalyptusbäumen die kleine Klause, die ihm als Wohnung diente und wohin die Fischer aus den armseligen Dörfern, die am See verstreut liegen, kamen – etwa einmal an Sonn- und Feiertagen oder wenn sie sonst in Not waren und seine Hilfe brauchten.

Bruder Philippus wies keinen ab, ob er auch ein Andersgläubiger war, das wußten sie alle. Er war sehr bewandert in Krankenpflege, kannte auch alle Heilkräuter der ganzen Gegend und hatte schon vielen geholfen.

Es konnte jedoch auch geschehen, daß er oft lange Zeit keinen Menschen sah, denn sonst verirrte sich in diese Gegend selten einmal jemand.

Ihn verlangte auch nicht danach. Er lebte hier mit seinem Gott allein in seiner Klause und sehnte sich nach nichts Weiterem in der Welt. Aber er dankte doch seinem Meister jedesmal von Herzen, wenn er einem Mitmenschen einen Dienst erweisen konnte. Dazu war er immer bereit, es mochte bei Tag oder Nacht sein, und das wußten auch die Leute hier.

Zu wieviel Sterbenden hatte man ihn schon geholt, wie mancher Schuldbeladene war zu ihm gekommen und hatte sein Gewissen bei ihm erleichtert, und ohne Trost war keiner fortgegangen. Da war es Bruder Philippus auch eine Herzensfreude gewesen, den vier Fremden dienen zu dürfen, die zu seinem Staunen vor fünf Tagen am Spätnachmittag hier vorübergezogen waren.

Er sah sofort, daß der eine von ihnen gar nicht mehr weiter konnte, der zweite hatte sein Maultier fest an das seine herangedrängt und hielt den Reiter halb im Arme, damit er nicht herunterfallen sollte. Als Bruder Philippus das gewahr wurde, war er ihnen nachgegangen und hatte sie gebeten, bei ihm zu übernachten.

Wie dankbar und froh waren sie, hier in dieser Einöde jemanden zu finden, der ihnen helfen und beistehen konnte. Von Herzen gerne kehrten sie mit ihm um, und nun lag der Fremde, ein schlanker, junger Mann, auf hartem, einfachem Lager, und Bruder Philippus hatte ihm einen Kräutersaft zu trinken gegeben, der gut gegen das Fieber war.

Auch die anderen waren sehr ermüdet und erschöpft, man sah ihnen an, daß sie viele Entbehrungen und Strapazen hinter sich hatten.

Es war nicht ganz leicht gewesen, alle vier in seiner Klause unterzubringen, denn sie hatte nur zwei Räume. Doch Bruder Philippus hielt es damit, daß ein guter Wille alles kann. So übernahm er denn auch sofort die Pflege des Kranken und bettete ihn auf sein eigenes Lager in den kleineren Raum der Klause, während die drei anderen sich in dem größeren einrichten mußten.

Das ging soweit ganz gut, da sie allerlei Notwendiges mit sich hatten, und das übrige, was zu essen nottat, lieferte ihnen der See. Aber Bruder Philippus war doch nicht ganz zufrieden. Wohl war das Fieber seines Schützlings bereits fast ganz gewichen, er war nur noch recht schwach und bedurfte einiger Zeit der Ruhe, ehe er weiterziehen konnte. Über ihn machte sich Bruder Philippus auch keine Gedanken, desto mehr jedoch über zwei der anderen.

Der eine von ihnen war ein Mönch, der andere ein hoher Herr, der eine Wallfahrt zum Heiligen Grabe unternommen hatte – mehr hatte ihm Pater Othmar, wie sich der erstere nannte, nicht erzählt.

Bruder Philippus aber sah mit scharfem Blick, daß sie beide von herber Enttäuschung beschwert waren – wenn nicht noch anderes dahinter steckte. Gewöhnlich unternahmen diese hohen Herren eine solche Reise vom Abendlande her nicht um nichts und wieder nichts! Das Reisen in Palästina war keine Kleinigkeit, die Sarazenen hatten ein scharfes Auge auf jeden Fremden; Räubereien, Ausplünderungen waren an der Tagesordnung, und jeder konnte noch obendrein froh sein, wenn er mit dem Leben davonkam.

Er fragte jedoch den Pater nach nichts, sondern wartete und betete, versäumte auch nicht, je und dann ein Wort aus einem der Evangelien zu lesen. Pater Othmar horchte zuerst etwas erstaunt auf, und zuweilen ruhte sein Blick beobachtend auf ihm – er hatte es wohl gemerkt.

Bruder Philippus schaute wie träumend über die glatte Fläche des Sees. Die Sonne war jetzt gesunken, und die Dämmerung bereitete ihren Schleier flüchtig über die Welt. Sie war nur von kurzer Dauer, bald würde die Nacht anbrechen – eine jener herrlichen Nächte mit ihrem Sternenschimmer, wie sie auch der Eine, Reine, Heilige erlebte, dessen Fuß hier einst soviel gewandelt war.

Wie jauchzte seine Seele auch heute wieder anbetend

diesem Einen zu, von dessen holdseligen Lippen dort auf jenem entfernten Berge es einst tönte: »Selig sind, die da geistlich arm sind, denn das Himmelreich ist ihr« – »Selig sind, die da Leid tragen, denn sie sollen getröstet werden.« – besonders diesen beiden Worten mußte Bruder Philippus nachsinnen und wieder dabei der Fremden gedenken, und leise sprach er fast betend: »Ach, wenn doch auch sie in meiner Klause zur Stille kämen und den rechten Trost empfangen würden!«

Nun erhob er sich langsam und schlug den Heimweg ein. Gewiß war es längst Zeit zum Nachtessen.

Es war bereits fertig, man hatte schon auf ihn gewartet. Schweigend wurde es verzehrt. Zum ersten Male nach seiner Erkrankung nahm auch Diethelm daran teil, aber obgleich sein Herr ihm freundlich zugenickt hatte, lag es doch wie ein schwerer Druck über ihm und allen.

Nach dem Essen suchte Bruder Philippus unter seinen Schriften eine hervor, öffnete sie und las mit feierlicher Andacht: »Kommet her zu mir alle, die ihr mühselig und belastet seid: ich will euch Ruhe schaffen. Nehmt mein Joch auf euch und lernet von mir, denn ich bin sanftmütig und von Herzen demütig: so werdet ihr Ruhe finden für eure Seelen, denn mein Joch ist sanft, und meine Last ist leicht.«

Schon bei den ersten Worten bemerkte er, daß der »Herr«, wie er gewöhnlich genannt wurde, zusammenzuckte und aufhorchte. Er beachtete es absichtlich nicht und schloß die Andacht mit einem kurzen Gebet. Dann wünschte er ihnen eine gute Nacht und ging noch einmal hinaus.

Dicht bei der Klause stand unter einem Palmbaum eine kleine, roh gezimmerte Bank. Dort pflegte er oft in stiller Andacht halbe Nächte lang zu beten, seines Meisters dabei gedenkend, der einstmals auch hinauf auf einen dieser Berge, die das Ufer umsäumen, gestiegen war, um in der Stille der Nacht Umgang mit seinem himmlischen Vater zu pflegen.

Er hatte jedoch erst kurze Zeit hier gesessen, als er eine dunkle Gestalt auf sich zukommen sah.

»Verstattet mir, ehrwürdiger Vater, daß ich mich zu Euch setze.«

»Kommt, Herr«, entgegnete der Greis freundlich, »genießet gleich mir die hehre Schönheit der Nacht an diesen geweihten Stätten.«

Er deutete zum dunklen Himmel empor, von dem die Sterne in wunderbarer Klarheit herniederleuchteten. Feierliche, erhabene Stille lag über der Welt.

Nach einigen Augenblicken fuhr er leise fort: »Ist es nicht herrlich, hier zu weilen? Immer muß ich an solchen Abenden besonders unseres hochgelobten Erlösers gedenken, wie er den Sturm auf diesem See in Stille wandelte. Und also will er noch heute bei seinen Kindern tun. Lob sei seinem heiligen Namen!«

»Vater Philippus« – Otto atmete schwer – »ich kam Euch zu fragen, wer solch wunderbar Wort gesprochen hat, als Ihr vorhin laset?«

»Solches hat derselbe gesprochen, der dem Sturm und Wetter hier gebot«, erwiderte der Greis ehrfurchtsvoll.

»Und zu wem sprach er dieses?«

Bruder Philippus hörte mit feinem Ohr eine geheime Angst aus der Frage klingen – –

»Zu jedem, so ein schuldbeladen Herz und Gewissen hat«, erwiderte er mild, »zu jedem, dessen Seele krank und todesmatt durch die Sünde geworden ist. Wer irgendwie Last fühlt – ganz gleich, welcher Art –, darf kommen, er weiset keinen von sich – Ehre sei ihm!«

»Mich hat er aber abgewiesen, für mich gibt's keine Gnade mehr«, rief Otto jetzt voll tiefsten Schmerzes, »meine Schuld ist zu groß, denn daß –«

»Euch wies er ab?« unterbrach ihn Bruder Philippus wie erstaunt, »unmöglich, ganz unmöglich! Solches würde all seinen Worten widersprechen. Ich vermeine jedoch, Ihr seid noch niemals in der richtigen Art zu ihm gekommen, derhalben Ihr bis anhero noch keine Gnade fandet.«

»Ich bin zu schlecht, als daß mir solche Worte von den Beladenen gelten können«, murmelte Otto fast verzweifelt vor sich hin, »ich habe zu viel Blutschuld auf mir. Mein ganzes Leben ist ein verlorenes. So Ihr alles wüßtet – Ihr würdet Euch mit Abscheu von mir wenden.«

»Solches glaube ich nimmer«, entgegnete Philippus sehr milde und gütig, »redet nur und erleichtert Euer Herz. Einst sprach derselbe Meister an diesen Ufern hier das Wort: ›Die Gesunden haben keinen Arzt nötig, sondern die Kranken; ich bin nicht gekommen, um Gerechte zu berufen, sondern Sünder!‹«

»Sünder – o, gibt's denn auch nur einen, so größer ist als ich?« sagte Otto müde und hoffnungslos. »Ich glaub's nimmer! Höret denn – und verdammt, verurteilt mich.«

Und in harten, schonungslosen Worten kam das Bekenntnis seiner ganzen Schuld über seine Lippen.

Nichts verschwieg er ihm und schloß endlich verzweifelt: »Ich tat Buße, wie ich nur konnte, kasteiete mich und wurde absolviert – es half nichts. Ich stiftete Altarkerzen und Meßgewänder, wallfahrtete endlich gen Rom zum Heiligen Vater – alles umsonst! Ich wallfahrtete weiter zum Heiligen Grabe – o, ehrwürdiger Vater, ich kann Euch nimmer sagen, was ich alles tat, um Vergebung zu erlangen – vergeblich!

Nun will ich heimkehren und in ein Kloster gehen, die Welt ist mir verhaßt worden. Meine letzte Hoffnung war diese Wallfahrt – sie ist elend gescheitert! Ach, daß ich statt meiner treuen Diener, die noch mit mir reiseten, getötet worden wäre, als uns auf dem Wege von Jerusalem nach Nazareth die Ungläubigen überfielen – ach, daß ich wenigstens hier auf heiligem Boden hätte sterben können!

Alles umsonst, was ich tat – alles, alles!«

Es klang wie ein Verzweiflungsschrei, und tief ergriffen faßte der Greis die Hand des Grafen.

»Ja, mein Bruder, alles war umsonst, was du tatest, und alles wird in Zukunft umsonst sein, was du tun wirst. Dir nützet auch kein Kloster. Alle deine guten Werke und Anstrengungen bringen dich nimmer mit dem allmächtigen Gott, der unser aller Richter ist, in Ordnung. Du gleichst mit deiner Mühe, Frieden zu erlangen, jenen Menschen, von denen uns die Heilige Schrift gleich zu Beginn erzählt – sie wollten einen Turm bauen, so bis in den Himmel reicht. Nein, mein Bruder, wir können nimmer die Verbindung mit dem Allmächtigen herstellen – er allein kann solches tun!

Er hat es aber auch getan in dem hochgelobten Erlöser. Er sandte ihn, seinen heiligen Sohn, hernieder in die sündentote Welt mit Vollmacht, Sünden zu vergeben, und der verlangt nichts weiter denn ein reuevolles Herz, so an ihn, als den ewigen Sohn Gottes, glaubt.«

»Vater Philippus, zu groß ist, was Ihr sagt«, rief Otto schmerzlich erregt, »auch ich kenne seinen heiligen Namen, aber ich weiß, daß keiner anders denn durch die lieben Heiligen zu ihm nahen darf und nicht ohne gute Werke und Buße.«

»Hm – ja! Ich will dir eine Geschichte erzählen, so drüben am jenseitigen Ufer geschehen ist«, erwiderte Bruder Philippus sanft. »Dort drüben stand Kapernaum, wo der heilige Sohn des Allerhöchsten wohnte. Einst weilte er in seinem Hause, und viel Volks war um ihn versammelt. Da brachten die Leute einen Gelähmten zu ihm, und dieweil sie vor der Menge des Volkes mit ihrem kranken Freund nimmer zu ihm kommen konnten, deckten sie das niedrige Dach ab und ließen die Bahre, darauf der Mann lag, an Stricken hinab und vor Jesus hin. Nun mußten die anderen Platz machen, ob sie wollten oder nicht.

Jesus aber sagte zu dem Gelähmten: ›Dir sind deine Sünden vergeben.‹ Weshalb tat er solches? Doch nur, dieweil er sah, dem Mann war es mehr darum zu tun denn um seine Heilung.

Als sich nun aber etliche von solchen, so dem Meister

feind waren, in ihren Herzen ärgerten und meinten, er rede damit eine Gotteslästerung, fragte Jesus sie: ›Warum denkt ihr solches? Was ist leichter zu sagen: Dir sind deine Sünden vergeben, oder: Stehe auf und wandle?‹ Und nun merke, mein Sohn, was er alsdann hinzufügte – ›Damit ihr aber wisset, daß der Menschensohn Vollmacht hat, Sünden auf Erden zu vergeben‹, sagte er zu dem Gelähmten: ›Stehe auf, nimm dein Bett und gehe heim.‹

Er hat Vollmacht, auf Erden Sünden zu vergeben! Wartete er darauf, daß jene Leute mit dem Gelähmten sich erst an seine Jünger wandten und diese baten, ihnen zu helfen? Nein!

Verlangte er erst von dem Kranken eine Anzahl guter Werke? Auch nicht! Der arme Mann hätte sie nimmer zu leisten vermocht.

O, mein Sohn, Fürsprache der lieben Heiligen ist gut – besser ist jedoch, so du geradewegs zu dem Erlöser gehst! Er hat Vollmacht, die Sünden zu vergeben – er allein, kein anderer. Er vergoß am Kreuz sein heiliges Blut für die Sünden der ganzen Welt« – Bruder Philippus sprach voll heiliger Ehrfurcht – »auch für dich, Otto von Rötteln.

Sein Knecht, der heilige Apostel Paulus, schreibt den Ephesern: ›In ihm haben wir die Erlösung durch sein Blut, nämlich die Vergebung der Sünden‹ – und der heilige Apostel Johannes schreibt: ›Wenn wir unsere Sünden bekennen, so ist er treu und gerecht, daß er uns die Sünden vergibt und uns von aller‹ – merke, mein Sohn! – ›von aller Ungerechtigkeit reinigt.‹ Glaube nur an den heiligen Sohn Gottes und sein teures Blut, so wird deine Seele genesen.«

Otto antwortete nicht gleich. Es war lange still zwischen ihnen. Bruder Philippus hörte nur, wie er schwer atmete und dazwischen schluchzte wie ein Kind.

Nun aber stieß er abgerissen hervor: »Aber ich – mordete mutwillig – – ich – bin – ein Kindesmörder –«

»Der Schächer zu Jesu Rechten war auch ein Räuber und Mörder. Dennoch – da er sich glaubend zu Jesus wandte, erhielt er die Verheißung der Seligkeit«, entgegnete Bruder Philippus mit unerschütterlicher Festigkeit.

Da glitt Otto vor ihm nieder, barg das Gesicht in seiner Kutte, und er fühlte, wie der Mann am ganzen Körper bebte und zitterte.

Der Greis aber legte ihm nun beide Hände aufs Haupt und sprach mit heiliger Überzeugung und Ehrfurcht: »Und Jesus sprach: ›Mein Sohn, deine Sünden sind dir vergeben!‹«

Wohl eine halbe Stunde und mehr verging, keiner der beiden sprach ein Wort. Heilige Stille herrschte – unsichtbar war der Eine zu ihnen getreten, der keinen jemals von sich gestoßen hat und dessen Liebe auch bis in die tiefste Tiefe hinabreicht.

Bruder Philippus fühlte seine Gegenwart mit heiligem Schauern und Anbetung, wie er sie schon oft empfunden hatte – Otto aber lag vor ihm im Staube und erfuhr in diesen Augenblicken die Wahrheit seiner Verheißung: »Ihr werdet Ruhe finden für eure Seelen.«

Endlich hob er das nasse Gesicht empor: »Vater Philippus, ich glaube, daß der Allmächtige, Allbarmherzige mir um meines hochgelobten Erlösers willen vergeben hat!«

»Er tat es, Otto von Rötteln. Ehre und Anbetung sei ihm bis in die Ewigkeiten hinein! Deine Last liegt anjetzo unter dem Kreuze, dort laß sie liegen. Er bringt sie fort – ja, er hat sie allbereits fortgetragen.«

»Ich werde ihrer aber nimmer vergessen können! Sie ist so furchtbar und schwer«, seufzte Otto.

»Solches ist nur gut für dich. Auch der heilige Apostel Paulus vergaß nimmermehr seiner vorigen Sünden«, erwiderte der Greis ruhig, »spricht er doch noch gar manches Mal von ihnen. Aber sie waren für ihn nur Vergangenheit, die Barmherzigkeit Gottes jedoch blieb ihm allezeit lichtvolle Gegenwart. Und er rühmte diese um so mehr, je größer die Erkenntnis dessen wurde, was er früher gesündigt hatte.«

Wieder schwiegen beide lange, dann stand der Greis auf.

»Mitternacht ist vorüber«, sagte er und blickte prüfend zu den Sternen empor, »komm anjetzo ins Haus. Sonst dürfte auch dich leichtlich ein Fieber anfallen.«

»Es wär' kein Schade«, murmelte Otto leise.

Der andere hatte es doch gehört, legte ihm die Hand auf die Schulter und sagte sehr ernst: »Unser Leben ist ein Gnadengeschenk Gottes. Er gab es dir heute in doppeltem Sinne aufs neue, damit du es anjetzo zu seiner Ehre führen mögest. Du hast noch Aufgaben vor dir, Otto von Rötteln.«

»O ehrwürdiger Vater – ich wüßte nimmer, welche«, rief der Graf traurig.

»Allererst die, mit deinem Leben zu beweisen, daß du ein anderer geworden bist«, erwiderte der Greis. »verkünde, wie große Wohltat dir Gott getan hat, – gebot Jesus manchem der Geheilten, er gebeut solches auch dir. Ehre ihn durch dein Leben und warte alsdann, ob er nicht noch anderes für dich zu tun hat.«

Otto schwieg, und still gingen die beiden heim.

XV.

In den nächsten Tagen merkten die anderen sehr bald, daß mit ihrem Herrn eine Veränderung vorgegangen war. Seine Blicke waren nicht mehr so voll düsterer Trauer wie sonst allezeit, er wurde ruhiger.

Sehr viel war er mit Bruder Philippus zusammen. Er begleitete diesen auf seinen Gängen zu etlichen Kranken, zu denen er gerade in diesen Tagen gerufen wurde, und jedesmal nach solchem Wege schien Otto stiller und gefaßter zu sein. Wenn auch der tiefe Schmerzenszug aus seinem Gesicht nicht schwand, so blieben doch die wilden Verzweiflungsausbrüche fort, die immer seine Gefährten in Angst und Schrecken versetzt hatten. Mußten sie doch dann jedesmal fürchten, er würde seinem Leben ein gewaltsames Ende bereiten.

Pater Othmar hatte diese Veränderung bei Otto sofort wahrgenommen, ihm entging ja kein Zug in seinem Gesicht. Er hatte vom ersten Augenblick der sehr beschwerlichen und gefährlichen Reise an über ihn gewacht, wie nur ein Vater es über seinen Sohn tun konnte, fühlte er sich doch nach jeder Seite hin für ihn verantwortlich.

Nach und nach gewann er den unglücklichen Mann herzlich lieb, ja schließlich verband sie beide warme Freundschaft, obgleich Otto genau wußte, daß sein Bruder Rudolf dem Pater immer der Nächste bleiben würde.

Er neidete es diesem aber durchaus nicht, – er sah alle Freundlichkeit, die ihm andere, selbst seine Diener erwiesen, als etwas vollkommen Unverdientes an. So war es vom ersten Tage an gewesen, als sie von der Burg fortzogen, so war es bis heute geblieben.

Es war auch ganz selbstverständlich, daß er alles mit Othmar besprach. Deshalb wartete der Pater auch jetzt darauf, daß Otto ihm erzählen würde, wodurch er plötzlich die innere Ruhe erlangt zu haben schien, derentwegen er die ganze Reise unternommen – sie aber bisher nicht erreicht hatte.

Otto machte denn auch gleich im Laufe des Tages zu ihm eine Bemerkung darüber, aber sie war so kurz, daß Othmar nur wenig daraus entnehmen konnte. Er sagte nur – freilich in tiefer Bewegung –: »Unser Weg hierher war eine besondere Führung des Allerhöchsten, und Vater Philippus ward für mich zum Engel, so er mir sandte. Er hat mir den rechten Weg gewiesen – ich habe Vergebung meiner Schuld durch das teure Sühnopfer meines hochgelobten Erlösers gefunden.«

Othmar drückte ihm die Hand und schwieg zartfühlend. Wie gerne hätte er mehr gehört, aber er fühlte, er durfte nicht fragen. Hier war etwas Heiliges geschehen, was nur diese Menschenseele und ihren Gott allein anging.

Wie dankbar und froh war er einerseits für Otto, daß nun doch der Zweck der Reise erreicht worden war, andererseits aber faßte ihn eine so tiefe Niedergeschlagenheit, wie er sie noch nie gefühlt hatte, und fast mischte sich etwas Neid auf den Freund hinein.

Mit welchen Hoffnungen und Erwartungen hatte gerade er die Reise angetreten – wie sehr war er bis jetzt enttäuscht worden! Schon in Rom, wo er so viel Glanz und Pracht, so viel Gottesdienste und Andachten, – und so wenig wahre, schlichte Nachfolge Jesu gefunden hatte, wie sie dieser von seinen Jüngern, wie sie die heiligen Apostel in ihren Briefen verlangten.

Die größte Enttäuschung aber erlebte er in Palästina selber. Das Land war so ganz anders, als er es sich vorgestellt hatte. Dazu kam die Herrschaft der Ungläubigen. Die heiligen Stätten erschienen ihm wie entweiht – ja, waren dies überhaupt die heiligen Stätten? War dies das Land, in dem jener Menschensohn gelebt, gelehrt, gelitten hatte? Wo fand er noch eine Spur von ihm – wo war er überhaupt zu finden?

Alles, alles war anders, als er es sich gedacht und vorgestellt hatte.

Er war jetzt erst recht davon überzeugt, daß dieser Jesus der Stifter und Gründer der Religion, die sie im Abendlande hatten und der auch einst hier lebte, ein anderer war als jener, den er meinte in den heiligen Schriften gefunden zu haben. Der war wohl doch nur eine Idealgestalt – und das Land, in dem er lebte, ein Märchenland.

Zuweilen faßte er sich an den Kopf – ihm war ganz

wirr zumute. Eine unerreichbare Sehnsucht nach diesem Wunderlande faßte ihn mehr denn je, und er wurde von Tag zu Tag niedergeschlagener, hoffnungsloser.

So waren sie hierhergekommen. Nun standen sie bald am Ende ihres Aufenthaltes im Heiligen Lande. Sie hatten Palästina vom Süden bis zum Norden unter unsäglichen Mühen durchzogen, verloren ihre treuen Knechte bei jenem Überfall und zugleich den weitaus größten Teil ihrer Habe, jetzt würden sie nächstens die Rückreise antreten. Sobald Diethelm ganz genesen war, wollten sie nach Akko ziehen, um dort ein Schiff zu erreichen, das nach Griechenland oder gleich nach Italien fuhr.

Dann war alles vorüber, und er kam viel ärmer nach Hause, als er ausgezogen war!

Doch letzten Endes war ja nicht er die Hauptsache dieser Reise, sondern Otto, und dem wenigstens hatte sie gebracht, was er ersehnte. Es war doch gut, daß sie auf seinen Wunsch den See Tiberias umzogen, – ja es war für ihn wohl tatsächlich eine Führung der lieben Heiligen gewesen, denn sonst wären sie nie zu dem Klausner gekommen.

Wer war der Mann eigentlich? Woher stammte er? Wie kam er in diese menschenleere Gegend? Wie lange schon war er hier? Vor allem aber: wie kam er zu denselben Abschriften der Evangelien, die er selber daheim in der Burg liegen hatte? Wodurch war diesem Manne die stille, fast heilige Heiterkeit seiner Seele geworden, die ihm gleich am ersten Tage aufgefallen war? Er hatte ihn heimlich beobachtet – – der Mann war ihm ein Rätsel.

Doch schließlich war ja auch das alles einerlei und ging

ihn nichts an. Ihm blühte solcher Friede doch nicht!

Unter solchen Gedanken hatte Othmar an diesem Abend den Weg zum See hinab eingeschlagen. Im Vorbeigehen rief er Otto und Bruder Philippus den Gutenachtgruß zu. Sie saßen wieder auf dem Bänklein unter der Palme, in ernste Gespräche vertieft – – fast empfand der Pater dabei ein Gefühl der Zurücksetzung!

Nun stand er allein am Ufer, vor ihm die weite, dunkle Fläche des Sees, über ihm das Leuchten und Strahlen des Sternenhimmels, um ihn tiefe Stille.

Er stand und schaute, und ein heißer, fast ungestümer Schmerz überfiel ihn plötzlich, – ein Schmerz wie um etwas Gestorbenes, unwiederbringlich Verlorenes.

War's aber nicht in der Tat so? War ihm nicht alles – alles gestorben?

Er sank auf die Knie, schlug die Hände vors Gesicht und stöhnte laut. Lange Zeit kauerte er so zusammengesunken am Boden – wie lange, wußte er nicht.

»Mein Bruder, was fehlt dir?« drang plötzlich eine liebreich besorgte Stimme an sein Ohr, und eine Hand legte sich leicht auf seine Schulter.

Er fuhr auf – der Schein des Mondes, der zur Hälfte eben über den Bergen aufgestiegen war, ließ sein verstörtes Gesicht erkennen.

»Ich sorge mich um deinetwegen«, fuhr Bruder Philippus gütig fort, »wir waren bereits lange im Hause, doch du bliebst aus. Sprich, kann ich dir helfen? Was fehlt dir?«

»Nichts«, entgegnete Othmar fast schroff und wandte den Kopf zur Seite.

Der Greis erwiderte nichts, er nahm nur sanft seine Hand und zog ihn neben sich auf einen großen Stein nieder.

Othmar schämte sich. Er war sich bewußt, unfreundlich und – was noch schlimmer war als das – unwahr gewesen zu sein.

»Vergib mir, ehrwürdiger Vater«, bat er leise.

Auch jetzt sagte Philippus nichts. Er schien dem schwermütigen Gesang etlicher Fischer zu lauschen, die anscheinend vom jenseitigen Ufer zum Fischfang hinausfuhren. Es war eine ganz wundervolle Nacht. Am Himmel schifften lichte Wolken dahin, die den Mond oft verhüllten, wie ein geheimnisvoller Schimmer lag es über dem herrlichen See und den dunklen Ufern.

»Solch eine Nacht muß es gewesen sein, als der Menschensohn über das Wasser hin wandelte und zu seinen Jüngern kam«, brach endlich der Greis das Schweigen. »Erst stand ihnen der Wind und das Meer entgegen, nachdem er aber ins Boot gestiegen war, legte sich der Wind. Welch ein Friede war da wohl in der Natur und in den Herzen der Seinen.«

Othmar empfand plötzlich, wie einem Kranken mit tödlicher Wunde zumute sein muß, wenn der Arzt mit dem Messer hineinfährt. Es klang wie ein Stöhnen, als er sagte: »Ja – damals! Aber wo ist er heute mit diesem Frieden!«

»Er ist hier«, sprach Philippus mit ehrfurchtsvoller Betonung.

Othmar fuhr auf. – »Hier? Wo?«

Und gütig erklang die Antwort: »Bei uns – bei dir und mir.«

»Unmöglich – ganz unmöglich!«

»Weshalb unmöglich, mein Bruder?«

Othmar schwieg eine Minute. Nun fragte er ruhiger: »Wie lange wohnest du allbereits hier, Vater Philippus?«

Der Greis merkte mit feinem Gefühl, daß der Pater dem Gespräch eine andere Wendung zu geben versuchte. Er ging wohl darauf ein, aber seine Seele blickte dabei ihren Meister an und bat: »Laß ihn jetzt nicht los!«

»Wie lange? Solches kann ich dir nimmer genau sagen, mein Bruder. Als ich herkam, war mein Haar braun und mein Körper schlank und biegsam, obgleich ihn die Kutte umschloß – wie dich! Anjetzo ist mein Haar weiß und mein Rücken gebeugt.

Wohl vierzigmal sah ich hier Sommer und Winter wechseln, machte mir auch Merkzeichen im Frühling an einem Baum; als die Vierzig voll waren, kam ein Sturm und brach den Baum. Da hörte ich auf zu zählen. Seither sind allerdings wieder etliche Sommer verstrichen.«

»Du trugst die Kutte gleich mir?« fragte Othmar fast überrascht, »o sage, wie alt warst du, da du herkamst, von wo kamst du und welches war die Ursach', derhalben du vom Kloster fortzogst? Doch vergib«, unterbrach er sich selber beschämt, »ich frage zuviel! Glaube mir aber, solches entspringt nimmer der Neugier.«

Der Greis lächelte. »Dessen bin ich gewiß. Und etliches will ich dir gerne beantworten.

Ich zählte mehr als dreißig Lenze, da ich herkam – ein wegmüder, trostloser Mann. Woher solches und von wo ich kam, danach frage nicht! Die Vergangenheit ist begraben durch die Barmherzigkeit meines hochgelobten Erlösers; Begrabenes aber soll man nimmer wieder aufdecken. Hier in der Stille nun fand ich ihn, den Menschensohn« – seine Stimme wurde feierlich – »den Erlöser, den Friedebringer.«

»Du fandest ihn? Wo? Wie?«

Fast atemlos stieß Othmar die Worte heraus und wandte das Gesicht Bruder Philippus zu. Der ehrwürdige Mann konnte den Ausdruck der Augen wohl nicht recht erkennen, aber aus der bebenden Stimme des Fragenden entnahm er genug.

»Ich fand ihn in seinem heiligen Worte, den Evangelien der heiligen Apostel Matthäus, Markus und der anderen«, erwiderte er ernst, »ich fand ihn hier an diesem See, der Zeuge seiner größten Taten war, hier an den Ufern und auf den Bergen, wo er am meisten lehrte!

Hier war es ja, wo er zu den Seinen sprach: ›Ihr seid das Salz der Erde, ihr seid das Licht der Welt‹, – hier, wo er sie tröstete: ›Ihr seid besser denn viele Sperlinge, auch die Haare auf eurem Haupte sind alle gezählt.‹ Hier rief er: ›Kommet her zu mir alle, die ihr mühselig und beladen seid‹ – und von jenem Berge dort, den du anjetzo in der Dunkelheit nicht zu sehen vermagst, ertönte sein holdes: ›Selig sind die geistlich Armen – selig sind, die da hungert und dürstet nach der Gerechtigkeit, denn sie sollen satt werden‹ – hier – –«

»Hör auf«, murmelte Othmar gequält dazwischen, »auch mir sind alle diese Worte nimmer fremd. Schrieb ich sie doch selber in meinem Burgleben auf dickes Pergament ab. Aber dieser Menschensohn hier in Galiläa war ein anderer, als man ihn uns im Kloster lehrte – er ist wohl nur eine Idealgestalt – –«

Und eigentlich ganz gegen seinen Willen kam zuerst in abgerissenen Sätzen, dann mehr zusammenhängend die Not seiner Seele über seine Lippen. Als er aber erst anfing zu reden, war es, als könne er nicht mehr aufhören, bis er alles gesagt hatte, was ihn in den langen Jahren beschäftigt und bedrückt hatte, was aber besonders in den letzten zwei ihm geradezu eine Qual geworden war.

»Hilf mir, ihn zu finden, so du solches vermagst«, schloß er endlich mit müder, zitternder Stimme, »zeige mir den Weg zu ihm – o mich hungert und dürstet – wie werde ich gesättigt?«

Philippus hatte ihn mit keinem Worte unterbrochen. Er wußte, wie gut solch Aussprechen tut und daß es auch eine Notwendigkeit war, sollte er den Seelenkranken neben sich recht verstehen.

Nun legte er seine Hand auf die des erregten Mannes und begann in mildem Ernste: »Mein Bruder, es ergeht dir wie einem jungen Vöglein, so zum ersten Male von seinem Neste auf den nächsten Baum fliegt und staunenden Auges die weite, herrliche Welt im Sonnenglanz vor sich sieht. Ein heißes Sehnen erfüllt die kleine Brust, hineinzufliegen in all den Sonnenschein – aber es gedenkt nicht seiner Flügel und daß sie zum Fliegen da sind. Es sehnt sich fast zu Tode und bleibt doch fest auf seinem Ast sitzen!

Wie einem Schiffer ergehet es dir, der Schiffbruch gelitten und vom Sturm mit seinem Kahn in eine fremde Gegend verschlagen worden ist. Er hat kein Wasser, brennender Durst quält ihn, er ist am Sterben. Da sieht er in der Ferne ein Boot. Mit der letzten Kraft ruft er um Hilfe und schreit nach einem frischen Trunk, – die Antwort aber lautet: Schöpfe nur und trinke, du schwimmst mit deinem Kahn in süßem Wasser, denn du bist in der Mündung eines breiten Stromes!

Auch du, mein Bruder, sehnest dich nach der freien Gnade Gottes in Christo – und sie ist längst bereit für dich; du lechzest nach frischem Wasser, und schwimmst mitten drin! Denn unser Erbarmer spricht: ›Ich wohne in der Höhe im Heiligtum, und bei dem, der zerschlagenen und gebeugten Geistes ist, um neu zu beleben den Geist der Gebeugten und zu erquicken das Herz der Zerschlagenen.‹ Unser hochgelobter Erlöser aber sagt selber: ›Wer von dem Wasser trinkt, das ich ihm gebe, der wird in Ewigkeit nicht wieder durstig werden, sondern das Wasser, das ich ihm gebe, wird in ihm zu einem Wasserquell werden, der zu ewigem Leben sprudelt.‹

Du bist bei deinen jahrelangen Kämpfen und Grübeleien, die du mit dir allein ausgefochten hast, auf Seitenwege geraten, mein Bruder, und immer *neben* dem geraden Hauptwege hingegangen. Der aber lautet so einfach und schlicht: Werde gleich einem Kinde, komm zu ihm, dem Heiligen, mit deiner Not und Last, und du findest alles im Überfluß, so du bedarfst!

Der Menschensohn, den du hier in Palästina leben und

lehren, leiden, sterben und auferstehen siehst, ist der gleiche, der dir längstens, seit deiner Jugend, im Kloster begegnete und dir liebend zurief: ›Komm, folge mir nach!‹«

»Ihm darf man aber nur durch Mittelspersonen nahen«, warf Othmar dazwischen und hob den Kopf, den er so lange tief gesenkt hielt, »und wie viele derselben haben wir!«

»Ich weiß, mein Bruder. Aber so der König dich einladet, zu ihm ohne Vermittlung anderer zu kommen, alsdann tue es und achte es eitel Gnade, daß du solches darfst. Es ist eine große Bevorzugung, die wir uns in aller Demut zu eigen machen und uns ihrer rühmen dürfen, dieweil er selber sagt: ›Wer zu mir kommt, den werde ich nicht hinausstoßen.‹«

»Und der Christus, der zu Rom verehrt wird?«

»Ist unser Herr Christus, der hier am See lehrete.«

»Unmöglich, mein Vater«, fuhr Othmar nun auf, »der hier hatte nicht, da er sein Haupt hinlegte, jener aber gebeut über mehr denn königliche Reichtümer, über Glanz und Pracht.«

»Verirre dich nicht, mein Bruder«, mahnte der Greis väterlich. »Er kam in Armut und Niedrigkeit als der Menschensohn auf die Erde und hatte da allerdings nicht, da er sein Haupt hinlegte. Er fuhr aber auf zu seinem himmlischen Vater als der König aller Könige und hinterließ seinen Jüngern das königliche Wort: ›Mir ist gegeben alle Gewalt im Himmel und auf Erden.‹

So man ihn bei euch im Abendlande nunmehr mit viel Glanz und Pracht ehret, ist's nimmer ein Unrecht – im

Gegenteil! Ihm gebühret alles, so die Erde bietet, denn ihm gehört alles an Silber und Gold. Auch dem König Salomo war es keine Sünde, daß er den Tempel des Allerhöchsten so herrlich baute und schmückte, wie er solches tat. In der Ewigkeit aber werden wir an seinem Throne eine Herrlichkeit schauen, als sie nimmer ein Ohr gehöret, ein Auge gesehen hat, als sie überhaupt nie in eines Menschen Herz gedrungen ist.

Mein Bruder, grüble nicht über Nebensachen, – du kommst ansonsten in Gefahr, der großen Hauptsache verlustig zu gehen. Diese aber ist der Mittler und Fürsprecher bei dem Vater, der Menschensohn Christus Jesus, der gerecht macht alle, so durch den Glauben an ihn zu Gott kommen.«

Bruder Philippus schwieg, und auch Othmar sagte nichts.

Nach einer Weile erhob er sich. »Laßt uns heimgehen, ehrwürdiger Vater. Ich möchte allein sein.«

Schweigend legten sie den kurzen Weg zurück.

An der Tür jedoch nahm Bruder Philippus beide Hände des Paters und sagte mit großer Innigkeit: »Die Worte, die er zu uns redet, sind Geist und Leben. Wer ihm nachfolgt, wird nicht in der Finsternis wandeln, sondern das Licht des Lebens haben.«

Nun saß Othmar in dem Gemach, das er mit Otto und Hannes teilte, auf dem Rand seines schlichten Lagers. Die beiden schliefen fest, dennoch litt es ihn nicht lange drinnen. Leise verließ er das Häuslein und schlug abermals den Weg zum Seeufer ein.

Der Mond war hinter Wolken verschwunden. Es war

ganz dunkel geworden. Das war ihm gerade recht. Hätte der Sturm gerast, es wäre ihm noch lieber gewesen! War doch auch in ihm alles in einem Aufruhr, wie er sich selber noch nie gekannt hatte.

Durch seinen Kopf jagten wilde und wirre Gedanken; es war ihm unmöglich, auch nur einen klar zu fassen. Er war auf die Knie gesunken, rang die Hände, und endlich fiel es tropfenweise von seinen Lippen: »Herr – hilf – mir, – ich – verderbe!«

Da flammte plötzlich in all dem Wirrwarr seiner Seele das Wort auf, das Bruder Philippus gesagt hatte: Du lechzest nach frischem Wasser und schwimmst doch mitten darin – unwillkürlich breitete er die Arme aus und rief inbrünstig halblaut: »Herr, gib mir zu trinken!«

Und wie eine himmlische Antwort tönte es in ihm: »Wen da dürstet, der komme und nehme das Wasser des Lebens umsonst – – –«

Othmar faltete die Hände und drückte sie gegen die Brust, sein Haupt neigte sich tief – – – er empfand mit zwingender Gewißheit, der Menschensohn, nach dem er sich all die langen Jahre gesehnt hatte, er war ihm nahe, war ihm immer nahe gewesen! Nur er hatte den Blick gewaltsam geschlossen. Nun aber sah er ihn mit seiner verlangenden, verschmachtenden Seele, lag zu seinen Füßen ohne zu denken oder zu reden, – er wußte nur: Er ist hier – bei mir – – –

Als Othmar endlich um sich blickte, begann sich der Himmel im Osten zu röten. Die Sonne nahte. Die Spitze des Berges, von dem einst der Menschensohn sein »Selig sind« in die Herzen hineinrief, erstrahlte im Glanze des Morgenlichtes. Und wie in der Natur, so war auch für Othmar die lange Nacht vorüber, und seine Seele jauchzte wie einst Andreas, als er an diesem Ufer seinen Bruder Simon Petrus fand: »Ich habe den Messias gefunden!«

Eins nach dem anderen, das ihn so gequält und bedrückt hatte, war gleich Fesseln in diesen langen Nachtstunden von ihm abgefallen vor den klaren Worten des Menschensohnes, die er wohl ungezählte Male gelesen und sie doch niemals recht begriffen und verstanden hatte. Und doch, wie einfach und schlicht waren sie – ein Kind konnte sie fassen. Aber das war es ja eben, – nur dem Glauben wird offenbar, klar und verständlich, was der Verstand niemals begreifen kann.

Othmar blickte sich um, als sähe er die Gegend zum erstenmal. Ein stilles Leuchten lag auf seinem Gesicht. Ihm war das Leben neu geschenkt worden, ein Leben, das fortan in klarer, fester Verbindung mit dem Einen, dem heiligen Menschensohn geführt werden würde.

Nun war die Sonne da in ihrer goldenen Pracht. Eine fast überwältigende Lichtfülle strahlte über die grünen, saftigen Fluren, die sanften Hügel und Berge und den herrlichen, tiefblauen See.

In langen Zügen atmete Othmar die frische Morgenluft ein, dann schritt er langsam zur Klause zurück. In der Tür derselben stand Bruder Philippus und spähte nach ihm aus.

Der Pater streckte ihm beide Hände hin – – – »Mein Vater, die Sonne ist aufgegangen!«

Ein frohes Lächeln überzog das ehrwürdige Gesicht – er verstand!

»Lobe den Herrn, meine Seele«, antwortete er froh und dankbar.

XVI.

Diethelm war längst genesen, aber noch immer weilten die Reisenden am See Tiberias.

Es waren unvergleichliche Wochen, die sie hier durchlebten. Stundenlang saßen sie täglich am Seeufer, lasen unter der Anleitung des Bruders Philippus die heiligen Schriften und forschten, wo die einzelnen der größten Taten des »Menschensohnes«, wie der Pater am liebsten sagte, sich zugetragen hatten.

Sie weilten im Geiste in Kapernaum und erlebten mit, wie Jesus den Gelähmten heilte und ihm mit Vollmacht die Sünden vergab – wie er des Jairus Töchterlein erweckte und drüben auf sanft ansteigenden Hügeln die Fünftausend speiste. Sie vertieften sich in die wunderbaren Reden und Lehren, die dort vom Berge oder hier am See erklungen waren, sie erlebten die Stillung des Sturmes auf dem See, und es konnte geschehen, daß Otto plötzlich aus tiefstem Herzen heraus sagte: »So tut er heute noch – Ehre sei ihm.«

Es kamen aber auch Stunden – und sie waren zumal anfangs recht häufig –, daß er in bitterstem Schmerz über seine vergangenen Missetaten jammerte, klagte und weinte. Bruder Philippus jedoch verstand mit seltener Geduld und Treue, ihm immer wieder zurechtzuhelfen und ihn auf den rechten Weg zu bringen.

»Unser Herr Christus findet seine einzige, tiefste Befriedigung darin, Verlorenen zu helfen«, pflegte er zu sagen. »So du, mein Sohn, dich als ein verlorenes, dem Untergang geweihtes Geschöpf erkennst, bist du ihm gerade recht. Der Meister stillt den Durst nach Leben und Frieden, dieweil er auch heute noch immerdar rettet, so durch ihn zum himmlischen Vater kommen.«

Solche Worte verfehlten nie ihre Wirkung auf Otto, sein Glaube erstarkte dadurch mehr und mehr.

Ganz anders durchlebte der Pater diese Wochen. Er lebte tatsächlich wie in einem Wunderlande, aber dieses Wunderland war köstliche, herrliche Wirklichkeit geworden. Sein Verständnis für die Tiefen der gewaltigen, Herz und Sinn bezwingenden Reden und Taten des Menschensohnes wurde immer klarer und größer; er konnte die Fülle, die ihm entgegenleuchtete, nicht fassen und stand nur in staunender Anbetung davor. Seine Seele wandelte Höhenwege – die Tiefen lagen weit unter ihm.

Als sie einmal die Abschiedsreden Jesu lasen, die ebenfalls für sie alle eine ganz andere Bedeutung bekamen, nachdem sie selber das Kidrontal durchwandert hatten, und dabei an die Worte kamen: »Ich bin der Weg, die Wahrheit und das Leben, niemand kommt zum Vater denn durch mich«, sagte Othmar lebhaft, aber fast ungehalten: »Warum nur so viele Heilige in unserer Kirche! Ich mag sie nicht mehr.«

Mit schneller Bewegung jedoch legte der Greis die Hand auf seinen Arm und sagte eindringlich: »Schilt mir die Heiligen nicht! Auch die heiligen Apostel gehören zu ihnen. Wir dürfen sie kühnlich selig preisen ob ihres frommen Wandels und Lebens vor dem Allmächtigen. Fürsprache können und werden sie freilich nimmer für uns tun, dieweil sie selber nichts weiter als arme Sünder waren und sein wollten, die selber einen Fürsprecher bei dem himmlischen Vater benötigten. Dennoch sollen wir es so halten, als uns der heilige Schreiber des Briefes an die Hebräer ermahnt: ›Welcher Ende schauet an und folget ihrem Glauben nach.‹ Daher es für uns gut und nütze ist, das Leben der lieben Heiligen immer wieder zu betrachten und ihrem Vorbild nachzueifern.«

So waren es Wochen des Lehrens und Lernens, und Otto sowohl als der Pater wurden nicht müde, zu lauschen und aufzunehmen. Auch Diethelm und Hannes waren sehr oft dabei. Es war ihnen wie eine Wunderwelt, in die sie jetzt unmittelbar hineinschauten, und in ihren schlichten, einfältigen Gemütern bewirkte alles, was sie hörten, staunende Bewunderung und ehrfürchtige Anbetung, auch wenn sie es nicht verstanden.

Endlich aber kam doch der Tag, an dem es Abschied zu nehmen galt.

Diethelm und Hannes waren mit den Mauleseln, die ihr weniges Gepäck trugen, schon vorausgezogen, langsam folgten Otto und der Pater. Sie führten ihre Tiere am Zaume, und Bruder Philippus begleitete sie noch ein wenig.

Der Abschied wurde ihnen sehr schwer, aber der Greis tröstete sie: »Wir sehen uns bald wieder. Anjetzo wanderten wir nur ein klein Stücklein Wegs miteinander, um dann wieder getrennt unsere Straßen zu ziehen. Späterhin aber bleiben wir auf ewig vereint an jenem Meere von Kristall, davon der heilige Seher in der Offenbarung zu erzählen weiß, und das noch tausendmal schöner ist als hier unser See. Ich werde gar bald dort sein – wie freut sich dessen mein Herz! Ihr aber behaltet jenes Wort in euren Seelen, so unser Herr und Meister uns sagen ließ: ›Halte, was du hast, daß niemand deine Krone nehme.‹«

Feierlich hob er die Hände zum Segnen über sie, dann saßen sie auf.

Noch einen letzten Händedruck – und bald waren sie bei einer Wegbiegung den Blicken des nachschauenden Greises entschwunden.

Still trat er den Rückweg an. Das große, feierliche Schweigen an jenen Ufern umfing ihn, durch nichts unterbrochen. Sie würden ihm zuerst recht fehlen, das wußte er, – aber der Eine, der Menschensohn, war ihm geblieben. Ihm jauchzte sein Herz zu, der ihn gewürdigt hatte, wieder einmal irrenden Menschenseelen den rechten Weg zu weisen.

Die Reisenden erreichten ohne Unfall Akko und fanden dort sehr bald ein Schiff, das geraden Kurs auf Rom zu hatte.

Es war ein sonniger Morgen, als die Anker gelichtet wurden, der Wind sich in die Segel setzte und das Schiff langsam den Hafen verließ.

Otto und der Pater standen nebeneinander und schauten, wie die Küste ganz allmählich versank. Sie sprachen kein Wort, aber sie wußten, daß ihre Gedanken noch einmal grüßend zum Abschied in der stillen Klause an dem herrlichen blauen See Tiberias weilten.

Nun war auch der letzte Streifen Landes versunken, die weite Meeresfläche umgab sie.

»Siehe, ich bin bei euch alle Tage bis an der Welt Ende«, sagte da der Pater mit tiefer Empfindung.

»Ehre sei ihm«, fügte Otto ebenso hinzu.

*

Auf der schönen Burg im Wiesentale herrschte frohe Erregung. Jeder, bis zum Stalljungen herunter, hatte alle Hände voll zu tun, die notwendige Arbeit zu schaffen; kaum wußte man, was zuerst zu machen war!

Herr Bernhard und Frau Sybille wußten gar nicht, wo ihnen der Kopf stand, soviel hatten sie zu überlegen und zu bedenken. War die Burg auch groß, so war die Zahl der Gäste beinahe noch größer, die untergebracht werden sollten.

Jeder Raum, und war er noch so klein, war besetzt worden, auch das kleine Wohnhaus über dem unterirdischen Gang. Etliche der edlen Gäste aus dem Helvetischen, vom Schwarzwald und von Baden her waren gestern schon eingezogen, andere wurden noch heute oder morgen früh erwartet – ungerechnet alle die Herren vom hohen Adel aus Basel und der näheren Umgebung mit ihren Angehörigen.

Herr Bernhard von Reinach mußte hier unten im Zwinger die edlen Gäste begrüßen, in der Oberburg empfing sie der Markgraf, auf dessen männlichem Gesicht eitel Sonnenschein lag.

Er strahlte so, wie man ihn schon seit langer Zeit nicht gesehen hatte, seine blauen Augen leuchteten geradezu vor Freude.

Kein Wunder – wurde doch morgen sein Erstgeborener getauft, sein Sohn und Erbe!

Immer wieder verschwand er heimlich auf einige Augenblicke und eilte in das stille Gemach, in dem Katharina saß, den Knaben neben sich in der buntbemalten Holzwiege. Dann umschlang er sie zärtlich, sie lehnte sich mit seligem Lächeln an seine Brust, und beide beugten sich voller Glück über die kleine Menschenknospe, die hier dem reichen Leben entgegenschlief.

Morgen nun sollte das Kindlein durch die heilige Taufe ein kleiner Christenmensch werden, und der Bischof von Basel, Herr Johann Senn von Münsingen, wollte selber die feierliche Handlung vollziehen. Er wurde morgen früh erwartet.

Markgraf Rudolf aber führte jetzt aus, was er und sein Schwiegervater bei der Hochzeit heimlich verabredet hatten – die Tauffeierlichkeit sollte die Hochzeitsfeier nachholen.

Was die Burg Rötteln an Schätzen in goldenen und silbernen Schaustücken, an kostbarem Geräte, herrlichen Decken, Teppichen, Polstern und anderem barg, war hervorgeholt worden, um die Gemächer, besonders den Festsaal, zu schmücken. Es war ein Glanz, wie man ihn selten sah, und der Tiersteiner Graf schmunzelte übers ganze Gesicht, daß seine Tochter und jetzt sein Enkel in solch weichem, warmem Neste saßen!

Im Rittersaale standen die langen Tafeln, die zum Teil auch schon festlich für die große Schmauserei hergerichtet waren; die Feierkleider der edlen Herren und ihrer Frauen, die schon hier waren, lagen überall in den Gemächern bereit oder wurden von den Knappen und Gürtelmägden noch hergerichtet.

Die Burg glich einem Ameisenhaufen, und die warme Sonne – es war Ausgang August – strahlte über lauter frohe Gesichter.

Etliche der jungen Ritter hatten mit einigen Edelfräulein einen weiten Ritt in den Wald gemacht. Sie konnten es unbeschadet tun, es tauchte keine Spukgestalt mehr – wie so oft in den früheren Jahren – plötzlich im Gebüsch auf.

Diese hatte bis vor kurzem noch unten in sicherem Gewahrsam der Burg gesessen. Jeweilen war sie von dem Pfarrherrn aus dem Dorf Rötteln besucht worden, aber er sprach nie ein Wort von dem, was sie geredet hatten.

Der würdige Herr las übrigens auf der Burg öfters einmal die Messe. Rudolf hatte sich nicht entschließen können, Othmars Stelle durch einen anderen Kaplan zu besetzen. Er hoffte immer noch auf die Rückkehr der Reisenden, obgleich nun schon über zweieinhalb Jahre vergangen waren und die Aussicht darauf immer geringer wurde.

In dieser ganzen Zeit war keine Botschaft von ihnen gekommen, wie wäre das auch möglich gewesen!

Der Gedanke an Othmar und den Bruder war der einzige Schatten, der auf Rudolfs Glück fiel. Er bangte oft sehr um beide und empfand besonders an diesen Festtagen schmerzlich ihre Abwesenheit, sooft er ihrer gedachte.

Doch er fand wenig Zeit, sich mit solchen Gedanken abzugeben. Die Gegenwart war ja so sonnig und hell!

Voll Sonnenglanz und wunderbarer Schönheit zog der neue Tag herauf.

In der elften Stunde sammelten sich all die edlen Gäste in der Burgkapelle, die sich heute tatsächlich als viel zu klein erwies. Fast die Hälfte aller Teilnehmer, zu denen auch sämtliche Burgbewohner gehörten, standen vor der weitgeöffneten Tür im Vorzimmer der Kapelle.

Der Bischof hielt ein feierliches Hochamt, dann taufte er den kleinen Erdenbürger auf den Namen Rudolf und segnete die Mutter und ihn ein.

Nun ordnete sich der glänzende Zug und schritt hinüber zum Rittersaal – der fröhliche Teil des Festes begann.

Solch eine glänzende Gesellschaft und soviel Pracht an Kostbarkeiten, an Edelsteinen, Gold und köstlichen Kleidern war schon lange nicht auf Rötteln gesehen worden!

Die Tafel brach fast unter der Last der seltenen und feinsten Gerichte. Da fehlten nicht der köstliche Salm und die Lachsforelle, der Fasan, das Rebhuhn, der Regenpfeifer und andere kleine Vögel, die mit Pfeffer- und Nelkensoßen gegessen wurden, ebenso wie die wilden Enten. Die herrlichsten Braten an Hirsch, Reh und Wildschwein aber hatte der Wald geliefert.

Auch am Nachtisch war nichts gespart worden; da gab es das feinste Obst und die leckersten Küchlein, und dazu funkelte der edle Markgräfler und anderer auserlesene Wein, besonders der rote, der von Grenzach kam, in den silbernen und goldenen Trinkgefäßen.

Das Festmahl dehnte sich bis in den Nachmittag aus und wurde erst in der fünften Stunde beendet. Nach demselben ergingen sich die edlen Gäste noch etwas im Hofe und dem Burggärtlein, dann brachen sie nach und nach auf. Die in der Nähe wohnten, wollten noch vor dem Abend zu Hause sein, die meisten der übrigen aber hatten sich zu Basel Herberge bestellt. Nur Graf Tierstein und Frau Agnes blieben noch einige Tage zum Besuch ihrer Kinder auf Rötteln.

Mit vielen Dankesworten zogen die Gäste davon, von dem glücklichen Vater und dem Grafen Walram bis ans Tor begleitet, dann wurde es still in der Burg.

Mit erleichtertem Aufatmen kam Rudolf zu seiner Gemahlin, und auch seine Schwiegereltern zogen sich zur Ruhe zurück, indes die Knappen und Mägde unter Aufsicht des Vogtes und Frau Sybille wieder Ordnung schafften.

Während das Fest noch in vollem Gange war, näherte sich ein kleiner Reiterzug auf der Straße von Luzern her der Stadt Basel. Die vier Männer ritten ziemlich schweigsam dahin, auf ihren Gesichtern aber lag der Ausdruck froher Erwartung.

Schon hatten sie Olten hinter sich, nun wurde die Gegend ihnen immer vertrauter. Dort grüßte bereits die Homburg herüber, jetzt ritten sie durch das freundliche Städtchen Liestal hindurch.

Auf ihren gebräunten Gesichtern lag freudige Erregung, ihre Augen glänzten.

Nun kam Pratteln – Schloß Schauenburg – Muttenz mit dem Wartenberg – – da hielt der Mönch sein Roß an, deutete mit der Hand vorwärts und sagte mit zitternder Stimme: »Otto – dort liegt Rötteln.«

»Rötteln –« jauchzte Diethelm auf, und Hannes stieß einen Freudenschrei aus.

Nur Otto sprach kein Wort. Er war sehr ernst, dennoch leuchtete aus seinen Blicken die Freude.

Sie wollten gerne Basel meiden und versuchten am Rhein, Grenzach gegenüber, einen Fährmann zu finden, der sie übersetzte. Es glückte auch sehr bald, und nun ging's, je näher der Heimat, desto schneller vorwärts.

Sie nahmen die Straße am Rhein entlang, bogen um das Hörnli und ritten auf Riehen zu – das Wiesental lag vor ihnen mit seinen Dörfern und der stolzen Burg auf waldiger Höhe!

Schon in Riehen folgten ihnen erstaunte Blicke, in Lörrach erkannte sie bereits der und jener und grüßte froh überrascht. Sie hielten sich aber nirgends auf – vorwärts nur, vorwärts – nach Hause!

Nun aber schwenkten sie von der Straße links ab und hielten auf Dorf Rötteln zu.

Am kleinen Friedhof sprangen sie von den Rossen – es zog Otto zuallererst zum stillen Hügel seines geliebten Kindes. Lange kniete er dort mit Othmar im Gebet, und seine Wangen waren naß, als er sich erhob.

Die beiden anderen hatten draußen mit den Pferden gewartet, nun saßen sie wieder auf, und es ging den Burgberg hinan.

Im gleichen Augenblick stürzte der Turmwächter in der Burg, der den kleinen Zug schon von Riehen her scharf beobachtet hatte, in langen Sprüngen die Treppe hinab und in den Zwinger – in aller Eile und froher Überraschung hatte er völlig vergessen, ins Wächterhorn zu stoßen!

»Sie kommen«, brüllte er jubelnd aus Leibeskräften, so daß alle Burgbewohner zusammenstürzten – »sie kommen – gleich sind sie am Tore –«

»Wer?« schrie der Vogt ihn an. –

»Markgraf Otto und der Pater –«

Eine unbeschreibliche Aufregung entstand, alles rannte jubelnd durcheinander, und der lange Eppo sauste in mächtigen Sätzen nach der Oberburg, wo eben Rudolf auf den Burghof trat.

»Sie kommen – gleich sind sie da«, schrie er strahlend, »unser Markgraf und der Pater« – damit sprang er schon wieder zurück und hinab, um nur ja bei ihrem Eintritt dabei zu sein.

Rudolf stand zuerst eine Sekunde wie erstarrt – er

konnte kaum fassen, was er gehört hatte. Aber dann sprang er wie ein Jüngling seinem Knappen nach und kam eben in den Zwinger, als durch das weitgeöffnete Tor die Reisenden einritten, begrüßt von dem Jubelgeschrei sämtlicher Burgbewohner.

Im nächsten Augenblick waren sie abgesprungen – – mit Freudentränen lagen sich die beiden Brüder und der Pater in den Armen, indes Diethelm und Hannes von den anderen jauchzend umringt wurden.

XVII.

Es war Abend geworden. Lind und weich nahte die Nacht, den sonnigen Freudentag zu schließen, den heute Burg Rötteln erlebt hatte.

Die ganze Familie saß auf dem oberen Burghof unter der Linde neben dem Brunnen, auch Frau Katharina fehlte nicht. Die Sorge um ihr Söhnlein hatte die treue Kunigunde vom ersten Lebenstage an übernommen, da sie bis jetzt in ihrer glücklichen Ehe mit dem langen Eppo noch keine eigenen Kinder hatte. So konnte die Burgherrin ganz ruhig sein und sich ungestört dem Genuß der frohen Stunden hingeben.

Ein klarer Sternenhimmel wölbte sich über der stillen Welt, und das silberne Licht des Vollmondes, der soeben hinter den Bergen hervorstieg, verbreitete einen magischen Schimmer.

Das Festmahl, das der Vogt noch einmal hatte auftragen lassen, war beendet, und nun sprach man – – ja, eigentlich ganz belanglose Dinge, wie das sehr oft so geht, wenn die Herzen zum Überfließen voll sind. In der Hauptsache lenkte Otto das Gespräch aber immer wieder auf den kleinen Rudolf, bei dem er mit Freuden noch nachträglich eine Patenstelle angenommen hatte –, und der glückliche Vater wurde nicht müde, von dem kleinen Erdenbürger zu erzählen.

Endlich mahnte Frau Katharina zur Nachtruhe, denn der Wächter kündete bereits die zehnte Abendstunde. Mit bewegtem Herzen trennte man sich, – aber obwohl Otto und der Pater ziemlich ermüdet waren, folgten sie doch noch dem Markgrafen in sein Wohngemach, um wenigstens eine halbe Stunde mit dem Bruder und Freund allein sein zu können.

Nun ging ihnen das Herz auf!

Rudolf wurde nicht müde, von den wunderbaren Erlebnissen der beiden am See Tiberias bei Bruder Philippus zu hören, und Otto konnte nicht genug von den Begebenheiten in der Heimat erfahren.

Endlich fragte er zögernd: »Hast du Graf Hunoltstein wiedergesehen?«

»Nein«, erzählte Rudolf und wurde sehr ernst, »er ruht seit einem Jahr in der Ahnengruft. Ein hitzig Fieber, so er sich bei einer Jagd geholt haben sollte, nahm ihn in wenig Tagen hinweg. Ich gab ihm das letzte Geleit mit sehr vielen anderen, – er wurde als der Letzte seines Geschlechts in voller Rüstung mit Schild und Helm begraben. Sein großer Besitz ist nun auf eine Nebenlinie übergegangen.«

Otto schwieg einen Augenblick, nun fragte er noch leiser: »Und – und – die Hexe?«

»Auch sie ist tot«, erwiderte der Bruder. »Man fand sie eines Morgens – etwa ein halbes Jahr nach eurem Fortzug – in ihrem Gefängnis tot auf, sie hatte sich mit ihrem Halstuch erhängt und so ihrem Leben selber ein Ende gemacht. Mir war's eigentlich ganz recht, so mußte ich ihr nicht das Urteil sprechen. Der Pfarrer vom Dorf Rötteln drüben, so sie hin und wieder besuchte, sagte mir später einmal, sie müßte doch gewißlich einen Bund mit dem Bösen gehabt haben, – die fürchterlichen, lästerlichen Worte und Flüche aus ihrem Munde seien fast nimmer zum Anhören gewesen.«

Otto bedeckte die Augen mit der Hand und erwiderte nichts. Pater Othmar aber sagte leise: »Sie wußte in ihrer Verblendung nimmer, was sie tat. Wir aber haben einen Gott, dessen Liebe und Erbarmen so unendlich groß ist, als wir es nimmer verstehen – noch weniger zu begreifen vermögen. Seine Gnade und Gerechtigkeit wird auch mit solchen Menschen in der Ewigkeit noch fertigzuwerden wissen, als die Gertraud einer war.«

»Durch meine Schuld geworden«, warf Otto düster dazwischen.

Der Pater legte ihm mild die Hand auf den Arm – – »Vergiß nimmer, mein Freund, was Bruder Philippus uns des öfteren sagte: Was begraben ist, soll man begraben sein lassen und es nicht bei jeder Gelegenheit aufs neue hervorholen – wie ein Hund seinen Knochen. Die Vergebung des Allmächtigen ist eine ewig gültige, – daher laß auch das Andenken an deine Schuld dort, wo unser hochgelobter Erlöser sie dir abnahm – unter dem Kreuz.«

Es war lange nach Mitternacht, als sich die drei endlich trennten. Rudolf fand aber immer noch keine Ruhe, seine Seele war zu sehr über die frohen Ereignisse des Tages bewegt. Mit gefalteten Händen stand er an der Wiege seines Sohnes, ein heißes Dankgebet stieg aus seinem übervollen Herzen zu dem Allmächtigen empor.

Am nächsten Morgen ging Otto durch alle Räume der Burg und sprach mit sämtlichen Leuten im Zwinger. Es war ihm ein wunderbares Gefühl, wieder zu Hause zu sein, und er konnte sich an der Schönheit des Wiesentales nicht satt sehen, alles kam ihm neu und viel schöner als früher vor.

Doch auch dem Pater erschien alles weit lieblicher als ehedem, und er sagte gelegentlich zu Rudolf: »Die ganze Herrlichkeit des Morgenlandes reicht nimmer an unser Tal heran – ausgenommen der See Tiberias. Aber dort ist's auch weniger die äußere Schönheit als neben dieser die Heiligkeit der Stätten. Man sieht eben an seinen Ufern überall im Geiste ihn, den Menschensohn, und hört seine holde Stimme lehren und predigen.«

Die nächsten Wochen verstrichen ihnen nun wie im Fluge. Als es bekannt wurde, daß die Palästinafahrer wieder zu Hause waren, regnete es von allen Seiten Einladungen, aber Otto lehnte fast alle ab. Er war nur sehr schwer zu bewegen, wenigstens einige bei den allernächsten Freunden und Bekannten anzunehmen.

»Sie sind doch nur alle von der Neugier geplagt«, meinte er lächelnd zu Rudolf, »sie wollen nur sehen, wie ich anjetzo ausschaue – wozu solches!«

Rudolf konnte ihm nicht ganz unrecht geben und war völlig damit einverstanden, zu Hause zu bleiben. Sein

Heim war ihm seine Welt geworden – jetzt noch mehr als vorher.

Er fand auch sowieso wenig Zeit zu Geselligkeiten, die Verwaltung der riesengroßen Herrschaft erforderte eben seine ganze Kraft und Zeit, obwohl er überall gute und zuverlässige Vögte sitzen hatte. Aber der Besitz war doch sehr ausgedehnt, und so begrüßte er es mit Freuden, als Otto schon nach ganz kurzer Zeit die Verwaltung seines eigenen Erbteiles in die Hand nahm und dem Bruder seine Hilfe in den Arbeiten ihres gemeinsamen Besitzes anbot.

Otto mußte sich allerdings erst wieder in alles hineinfinden, es ging jedoch schneller und besser, als die Brüder es anfänglich geglaubt hatten. War er früher nur lässig und gezwungen bei der Arbeit gewesen, hatte sie zum Teil sogar liegenlassen, daß Rudolf sehr oft alles für ihn fertigmachen mußte, so stürzte er sich jetzt mit einem wahren Feuereifer hinein. Es schien, als wollte er alles Versäumte einholen und gutmachen.

Diese Verwaltungsarbeiten führten ihn sehr oft nach der Sausenburg, nach Kloster Sitzenkirch und Lörrach, besonders aber, wenn es sich um Geldangelegenheiten handelte, nach Basel. Er machte die Wege jedoch recht ungern allein, und immer mußte ihn Diethelm begleiten, der jetzt an seinem Herrn mit rührender Liebe hing, sehr oft aber bat er auch den Pater, mitzukommen.

Othmar tat das jedesmal gerne, er freute sich, bei diesen Gelegenheiten das nähere Heimatland gründlich kennenlernen zu können.

In Basel waren sie recht oft – die Markgrafen hatten

viele Geldgeschäfte mit jüdischen Wechslern zu erledigen wie alle Edlen ihrer und der späteren Zeit – und so kam auch Othmar manchmal mit den Vertretern jenes Volkes zusammen, das von Palästina untrennbar ist. Aber ganz im Gegensatz zu den Rittern und sogar der Geistlichkeit verkehrten sowohl Otto als auch der Pater gerne mit ihnen, besonders mit dem Juden Salomon, in dem sie eine fast patriarchalisch-würdige Erscheinung vor sich hatten und dessen Geschäfte völlig klar und rein waren – im Gegensatz zu den meisten seiner übrigen Stammesgenossen.

Sie hatten mit dem Juden des öfteren lange, geistreiche Gespräche über die Geschichte des jüdischen Volkes und seine Vergangenheit, aber auch über die lichte Zukunft, die ihm noch bevorstand. Salomon wußte erstaunlich gut Bescheid in den Büchern des Alten Testamentes, sie hingegen versäumten nie, von dem Messias zu reden, wenn sie ihm – was sehr oft geschah – von Palästina erzählten, und sie sahen mit heimlicher Freude, wie das allemal auf Salomon rechten Eindruck zu machen schien.

So hatte sich Otto wieder in die Heimat eingelebt, und es kam ihm fast wie ein Traum vor, daß er einmal im Heiligen Lande gewesen war. Er sprach auch nur noch wenig davon. Auch nicht mit Othmar, der ihn in seiner stillen, gleichmäßigen Heiterkeit und Ruhe mehr und mehr an Vater Philippus zu erinnern begann.

Eine tiefe Sehnsucht nach diesem erfaßte ihn zuweilen – wie gerne hätte er sich mit ihm wieder einmal über so manche Fragen ausgesprochen, die ihn aufs neue zu beunruhigen anfingen, besonders wenn er vom Kirchhof kam.

Er nahm täglich seinen Weg dorthin, saß manchmal stundenlang an dem stillen Hügel, und die alte Schuld wurde je länger, je mehr lebendig und bedrückte ihn, obgleich er sich dann immer wieder ins Gedächtnis rief, was Philippus ihm oftmals gesagt hatte. Dabei wurde er immer stiller und begann fast menschenscheu zu werden.

Mit heimlicher Sorge hatten Rudolf und Othmar ihn schon längere Zeit beobachtet, aber nichts gesagt.

So war der Juni des nächsten Jahres gekommen, und wieder einmal weilte Graf Tierstein mit seiner Frau auf Rötteln zu Besuch.

Eines Abends saßen sie alle im Burggarten in gemütlicher Unterhaltung zusammen, als Otto – wie schon so manchmal – plötzlich aufstand und, ohne ein Wort zu sagen, verschwand.

»Da geht er nun wieder fort«, sagte Rudolf und sah ihm bedrückt nach, »ich befürchte so sehr, daß das alte Übel, die Schwermut, aufs neue bei ihm einsetzt.«

»Solches macht auch mir Sorge«, nickte der Pater ernst, »die täglichen Wege zum Friedhof taugen nicht für ihn. Ich beobachte ihn schon längere Zeit und grüble oft darüber nach, wie ihm zu helfen sei, – finde aber keinen Weg.«

»Er sollte ehelichen«, warf Frau Katharina lächelnd ein.

Ihr Vater lachte auf, doch die Mutter rief: »Katharina hat recht! Eine gute Ehe wäre sein bestes Heilmittel.«

Ganz betroffen hatte Rudolf zuerst sein holdes Weib angeschaut, nun sagte er langsam: »Du vergissest, daß du alsdann die Herrschaft in der Burg mit einer anderen teilen müßtest, Katharina.«

»Wenn's weiter nichts ist«, lachte sie, »damit will ich schon fertig werden! Nur die Herrschaft über meinen Eheliebsten würde ich niemals mit einer anderen teilen wollen.«

Sie zupfte ihn neckend am Ohr, lachend fing er ihre Hand und zog sein junges Weib an sich. »Sollst du auch nimmer«, versicherte er zärtlich, »das weißt du genau! Doch du hast ganz recht. Ein solch Glück im Arme und vielleicht noch dazu einen so herzigen Buben – traun, ich bin gewiß, er lernt das Lachen wieder.«

»Ob er aber überhaupt noch ans Freien denkt und es will«, warf der Pater dazwischen.

»Solches müßte Rudolf ausfinden«, sprach Graf Tierstein lebhaft, »alsdann gehen wir alle auf die Suche nach einer passenden Frau. Es wird nimmer allzu schwer halten, sie zu finden.«

»Sagt das nicht, mein Gemahl«, erwiderte ernst Gräfin Agnes, »es müßte immerhin ein älteres Mägdelein mit viel Güte, Geduld und Weisheit sein, so diese nicht leichte Aufgabe übernehmen könnte. Ich tät's nimmer.«

»Wollte ich mir auch sehr verbitten«, neckte Graf Walram und schlang den Arm um seine Frau, »doch du magst nicht ganz unrecht haben.«

»Es bedarf bei der ganzen Sache jedenfalls gar viel Weisheit«, sagte Othmar nun sehr ernst dazwischen, »Ehestiften bleibt immer ein zweischneidig Schwert. Es wäre doch ein zu bitter Ding und könnte alles Gute zerstören, so die Geschichte fehlschlagen würde.«

Sie berieten hin und her und kamen doch endlich wieder dahin, daß Rudolf erst einmal Ottos Ansicht darüber hören müßte.

Die Gelegenheit bot sich ihm schon am nächsten Tage, als sie einen Ritt zur Sausenburg zusammen machten.

Sie besprachen zuerst geschäftliche Dinge, auch Angelegenheiten, die mit dem Vogt dort zu verhandeln waren, und Rudolf freute sich wieder einmal im stillen – wie schon so oft – darüber, daß es doch jetzt ein ganz anderes Zusammenleben mit dem Bruder als früher war.

Nun hatten sie den Eichenbuck erreicht, die schattige Kühle des dunklen Sausenhard nahm sie auf. Unhörbar ritten sie auf dem moosigen Waldboden dahin, und Rudolf machte den Bruder immer wieder auf den herrlichen Baumbestand aufmerksam, durch den das Sonnenlicht strahlte und zitternde Goldflecke auf den schwellenden Moosboden warf.

Otto antwortete immer einsilbiger, und endlich schwieg er ganz.

Jetzt tauchte der runde Turm der Sausenburg vor ihnen auf, und Rudolf zügelte in plötzlichem Entschluß sein Roß und begann von seinem Sohne als dem Erben der Burg zu reden. Nun lächelte Otto, dem der Kleine sehr ans Herz gewachsen war, – ja, er wurde dabei fast lebhaft, als sie von seinen ersten Gehversuchen sprachen.

Da warf der Markgraf so obenhin ins Gespräch hinein: »Du solltest auch solch einen Buben haben, Otto, den du als Erben deiner Herrschaft erziehen könntest. Hättest du nimmer Lust, noch einmal zu freien?«

Otto schwieg zuerst einige Augenblicke. Rudolf blickte

ihn verstohlen von der Seite an und sah, daß er sehr ernst geworden war.

»Wohl kam auch mir vor einiger Zeit dieser Wunsch, da ich dein Glück mit meiner holden Schwägerin sah«, sprach er nun leise, »aber ich habe solchen Gedanken sofort wieder beiseite gelegt. Seine Ausführung ist für mich unmöglich geworden.«

»Weshalb?« fragte nun Rudolf aufmerksam und mußte sich Mühe geben, die Freude, die in ihm aufstieg, zu verbergen.

Otto seufzte schwer. »Wie kannst du also fragen, Rudolf! Ich möchte doch nimmer ohne Liebe freien, und welch ein Weib würde imstande sein, solchen Mann, als ich einer bin, also liebzugewinnen, daß es ihn gerne ehelichen möchte. Dazu würde eine riesengroße Liebe gehören, und solche mir zu schenken, ist unmöglich. Ich habe mir all dieses sehr klargemacht, – damit ist aber auch der Wunsch erledigt.«

»Hm –« Rudolf wußte nichts weiter zu sagen, – Otto hatte ja im Grunde recht.

Das sagte er auch den anderen, als sie am nächsten Abend – wieder ohne Otto – und diesmal in der Halle zusammen waren. Denn ein leichtes Gewitter zog eben über den Schwarzwald und brachte erfrischenden Regen, gleichmäßig tropfte es von den Dächern und Mauervorsprüngen.

»Hm –« sagte jetzt nach einigen Augenblicken des Schweigens auch der Tiersteiner Graf, »er hat recht – ja! Dennoch glaube ich, daß es möglich wäre, ihm zu solcher Frau zu verhelfen. Man muß sich nur die Mühe nimmer verdrießen lassen, sie zu finden. Wollen wir mal auf die Suche gehen, liebwerteste Frau?« Er neigte sich fragend zu Frau Agnes.

Sie lächelte ihn an. – »Ich bin gerne mit dabei, so es was Gutes einbringt – und – ich wüßt' schon eine – –«

»O Frau Mutter«, lachte Katharina hell auf, der Vater aber rief schmunzelnd: »Da seht die Frauenklugheit! Ehestiften ist doch immer noch ein beliebt Ding bei den Weibern gewesen!«

»Frau Mutter, so Ihr helfen könntet«, rief jetzt auch Rudolf erfreut – – und nun saßen sie alle dicht im Kreise zusammen, und Frau Agnes sagte einige Worte, die zuerst helles Erstaunen, dann lebhaften Beifall hervorriefen.

Die Beratung dauerte recht lange und wurde eifrig geführt, endlich aber lachte Graf Walram vergnügt: »Na also! Abgemacht – und morgen brechen wir auf. Es bleibt dabei – so wir nicht nach kurzer Zeit wiederkehren, ladet ihr sie ein.«

Otto war zwar etwas erstaunt, als der Tiersteiner am anderen Morgen die Absicht kundgab, etliche Tage nach Basel reiten zu wollen, aber er sagte nichts. Ihm war es im Gegenteil lieber, wenn keine Gäste da waren, – er fühlte sich mehr und mehr durch einen jeden bedrückt. So begrüßte er es auch mit heimlicher Freude, als Graf Walram nach einigen Tagen einen Boten sandte und sagen ließ, er wolle doch lieber gleich nach Schloß Pfeffingen weiterziehen, er käme ein anderes Mal mit seiner Frau wieder.

Man saß gerade in der Halle beim Mittagsmahle, als Rudolf diese Botschaft der Burgherrin übermittelte.

Sie zog zuerst ein trauriges Gesicht, doch dann rief sie bittend: »O mein Gemahl, erfüllt mir anjetzo eine große Bitte! Verstattet mir, meine teure Freundin Elisabeth von Straßburg, die Tochter des Ritters Simmers, einzuladen, – wir sahen uns so lange nicht, und ich hätte sie so gerne einmal hier gehabt.«

Otto blickte fast ärgerlich vor sich nieder und konnte seinen Bruder nicht begreifen, daß er so gerne die erbetene Erlaubnis gab. Aber schließlich – es machte nichts aus, er sah die Fremde doch nur bei den Mahlzeiten. Allerdings hatte er von dieser Freundschaft bisher nichts gehört – aber das war ja auch schließlich nicht zu verwundern, hatte er doch nie mit seiner Schwägerin über dergleichen Dinge geredet.

Bereits nach zwei Wochen war der neue Gast auf Rötteln eingezogen. Otto befand sich gerade in Kloster Sitzenkirch und weilte einige Tage dort, so wußte er nichts davon, daß Rudolf und Katharina sowie der Pater wiederholt mit dem Edelfräulein lange, sehr ernste und inhaltschwere Gespräche hatten, nach denen Othmar immer wieder sagte: »Mir ist doch bange bei der Sache. Prüfet genau Euch und ihn, edles Fräulein, ehe Ihr auch nur einen Schritt in dieser Angelegenheit tut.«

»Solches will ich gewißlich, Herr Pater«, entgegnete sie warm, »ich achte aber, so es mein Weg ist, wird der Allmächtige ihn mir klar weisen und ihn gelingen lassen.«

»Denkt Ihr so, alsdann ist mir weniger bange«, rief er erfreut, »und meine Gebete sollen Euch gewißlich umgeben.«

Als Otto zurückgekehrt war, beachtete er die Fremde

nur so viel, als es der ritterliche Anstand und die Höflichkeit erforderten. Und doch war Elisabeth von Straßburg eine angenehme Erscheinung. Sie war groß und schlank, hatte reiches, braunes Haar und ein Paar ernste, dunkle Augen, die klug und beobachtend ins Leben sahen. Auch war sie nicht mehr ganz jung, und viel Schweres war ihr begegnet, wie sie den anderen erzählte.

Ihr Vater gehörte wohl zu dem hohen Adel, hatte aber seine Güter zum Teil durch eigene Schuld verloren, und das war für seine Frau und Kinder nicht leicht zu tragen gewesen. Die Mutter starb schon vor Jahren darüber, zwei Schwestern nahmen den Schleier – also Elisabeth kannte den Ernst des Lebens. Dabei hatte sie sich eine seltene Frische und Heiterkeit bewahrt, verstand unterhaltend zu erzählen und wirkte mit ihrem ruhigen, freundlichen Wesen sehr angenehm.

Bei den gemeinsamen Mahlzeiten, von denen Otto sich nicht gut zurückziehen konnte, gab sie sich gar keine Mühe, ihn ins Gespräch zu ziehen und beachtete ihn kaum – er dankte es ihr im stillen. Dennoch drückte es ihn etwas, – er nahm es jedoch ganz selbstverständlich als den Ausdruck der allgemeinen Meinung über ihn an. Er sagte sich jeden Tag aufs neue, daß er sich damit abfinden müsse, – nur schlimm, daß er es immer wieder neu zu lernen hatte! Aber er konnte es ja keinem vergen und wollte sich eben nur noch mehr in sich selbst zurückziehen.

So brachte er es fertig, kaum noch an Elisabeth von Straßburg zu denken, obgleich sie nun schon acht Tage auf der Burg war.

Eines Nachmittags machte er wieder seinen gewohnten Weg zum Friedhof hin. In Gedanken versunken durchschritt er den kleinen Gang zum Grabe und schrak zurück, als er dort eine kniende Gestalt und auf dem Hügel frische Blumen gewahrte, die nicht von ihm herrührten. Er erkannte sofort das Edelfräulein und trat halb ärgerlich, halb erstaunt hinter einen Baum.

Was hatte sie hier zu suchen! Natürlich war es Mitleid mit den beiden, die hier ruhten, und sie verurteilte ihn in ihrem Herzen ebenso natürlich, – ihn, den Mörder!

Schon wollte er sich leise entfernen, da erhob sie sich. Wehmütig fuhr sie über das Grab hin und sprach halblaut: »Ihr seid vereint im Tode und jetzt schon lange in der ewigen Seligkeit, aber der arme, arme Vater! Wie schwer trägt er an seinem Geschick – ach, wenn ihm doch zu helfen wäre!«

Otto horchte auf – ihm war plötzlich zumute, als striche eine weiche Hand über sein Gesicht. Unwillkürlich machte er eine Bewegung – sie wandte den Kopf und errötete leicht, als sie ihn erkannte.

Mit edlem Freimut kam sie auf ihn zu und bot ihm herzlich die Hand, doch er trat einen Schritt zurück. »Laßt, edles Fräulein – ich weiß, wie man über mich denkt, – auch Ihr macht gewißlich keine Ausnahme.«

»Ihr irrt sehr, Markgraf Otto«, entgegnete sie warm, »einen Mann, der also gebüßt hat wie Ihr, verurteilt keiner mehr. Er hat sich im Gegenteil die Achtung aller zurückgewonnen.«

Mit großen Augen sah er sie an – da lächelte sie und

bot ihm aufs neue die Hand. Zögernd nahm er sie, zog sie dann aber fast scheu an seine Lippen.

Schweigend standen sie eine Weile nebeneinander am stillen Hügel, nun deutete Elisabeth darauf nieder und sagte leise: »Sie zürnen Euch längst nicht mehr, dessen seid gewiß. Ich bin sicher – im ewigen Lichte denken sie des Vaters voll tiefen Erbarmens und vergebender alter Liebe. Zudem – wem der Allerhöchste vergab und ihn annahm, den darf kein Mensch mehr verurteilen, niemand hat das Recht dazu.«

»Ich danke Euch, edles Fräulein, ich danke Euch von Herzen –« murmelte er heiser, wandte sich rasch ab und ging hastig davon.

Elisabeth blieb noch einige Augenblicke stehen und sah ihm nach. »Armer Mann«, sprach sie leise noch einmal vor sich hin, »du hast wahrlich schwer gebüßt und leidest immer noch so bitter. Dir helfen zu können, wäre fürwahr eine schöne Aufgabe.«

Von diesem Tage an trat in Ottos Wesen eine kleine Änderung ein. Er zog sich nicht mehr so scheu in sich selbst zurück, beteiligte sich mehr an den Gesprächen und war auch öfters dabei, wenn man im Gärtlein zusammensaß.

Als eines Tages die Rede davon war, daß er nach Lörrach reiten wollte, bat Elisabeth, mitkommen zu können, und wie sie kurze Zeit später den Wunsch aussprach, das Kirchlein der heiligen Chrischona kennenzulernen, erbot er sich – allerdings fast ein wenig ängstlich und zaghaft –, sie dorthin begleiten zu dürfen. Merkwürdigerweise fand sich jetzt ziemlich oft die Gelegenheit, daß sie einen Weg zusammen machten, und jedesmal kehrte Elisabeth mit größerer Befriedigung heim, indes Otto immer gesprächiger wurde.

Die anderen beobachteten es mit heimlicher Freude, doch hüteten sie sich fast ängstlich, eine Bemerkung darüber zu machen. Nur Elisabeth hatte wiederholt längere Gespräche mit Katharina, und die Freundschaft, die anfänglich nur Otto gegenüber bestand – obgleich sich die beiden edlen Frauen von Katharinas Mädchenzeit her, jedoch nur ganz flüchtig, kannten –, wurde jetzt zu einer tatsächlichen und innigen.

Eines Abends saßen die beiden in Katharinas Wohngemach allein zusammen, als Rudolf dazukam.

»Störe ich?« fragte er lächelnd.

Katharina umschlang ihn mit liebendem Blick; Elisabeth aber sagte leise seufzend: »Ach nein, gar nicht. Da kann ich im Gegenteil nun mit Euch beiden besprechen, was mir auf dem Herzen liegt.«

»Solches klingt ja so bedrückt«, scherzte die Burgherrin.

Das Fräulein nickte und wandte den Kopf zur Seite, ihre Stimme zitterte leicht, als sie antwortete: »Es bedrückt mich auch! Ich muß anjetzo nämlich fort.«

»Elisabeth –«, rief Katharina erschrocken und griff nach ihrer Hand – – »Edles Fräulein, gefällt's Euch nimmer bei uns?« fragte Rudolf ebenso.

»Nur zu gut«, erwiderte sie leise, »und eben darum muß ich gehen.«

»Und unser schöner Plan?« Katharina neigte sich zu

ihr und blickte ihr ins Gesicht, – »wird er unserer teuren Elisabeth doch zu schwer?«

Das Mädchen senkte tief den Kopf und flüsterte: »Eben nicht – aber deshalb gerade muß ich fort – – ich leide selber –« sie brach ab und schlug, glühend rot werdend, die Hände vors Gesicht.

»Elisabeth – liebst du Otto wirklich?« rief jetzt Katharina zwischen Furcht und Hoffnung schwankend, »o, – solches wäre ja mehr, als wir zu hoffen wagten!«

»Von Herzen«, erwiderte diese kaum hörbar – ihre Stimme zitterte, sie barg den Kopf an der Schulter der Freundin.

Rudolf war aufgesprungen und durchmaß das Gemach mit langen Schritten – nun blieb er vor den beiden Frauen stehen.

»Anjetzo müssen wir erst recht Vorsehung spielen«, sagte er mit einem Anflug von Scherz und sprach dann längere Zeit auf die beiden ein. »Ich gehe sofort zu ihm – ich glaube, er ist in der Halle, wenigstens sah ich ihn vorhin dort«, schloß er nun, »wartet hier auf mich.«

Und schon war er hinaus, während Katharina das höchst erregte Mädchen in die Arme nahm und es zu beruhigen suchte.

Rudolf traf Otto tatsächlich unten mit dem Pater zusammen. Er setzte sich zu ihnen, warf Othmar heimlich einen bezeichnenden Blick zu und begann von dem und jenem zu reden. Endlich sagte er: »Das edle Fräulein wird uns anjetzo verlassen, sie will nach Hause zurückkehren.«

Otto fuhr auf und erblaßte – – »Warum?« fragte er fast unruhig.

Rudolf bemerkte es mit innerer Befriedigung und entgegnete: »Nicht wahr, auch du wirst sie vermissen, geht doch mit ihr ein Stücklein Sonne wieder von der Burg fort.«

»Aber warum kann sie nimmer hierbleiben?« fragte der Graf erregt zurück, »was treibt sie von hinnen?«

»Ja, sie wird sonderlich dir fehlen, – ihr seid soviel zusammen«, warf Rudolf hin, »jedoch – was hilft's! Ich wüßte übrigens ein Mittel, sie zu halten –«

»So sag's und wende solches an«, rief Otto aufspringend, »ich kann –« er brach kurz ab und wandte sich verlegen zur Seite.

»Nun, Otto, so höre – denn mein Mittel kannst allein du anwenden«, sagte Rudolf jetzt sehr ernst werdend und begann nun eindringlich auf den Bruder einzureden.

Otto schüttelte zuerst in höchster Erregung den Kopf und fuhr sich immer wieder mit den Händen durchs Haar – – »Sie tut's gewißlich nicht«, rief er dabei, – aber Rudolf ließ nicht nach, da er nun seiner Sache bei beiden gewiß war.

Othmar half ihm eifrig, denn er hatte schnell gemerkt, wie die Verhältnisse lagen, und stimmte zu, als Rudolf endlich aufstand und sehr bestimmt sagte: »Othmar begleitet mich anjetzo, und ich schicke dir das Fräulein herunter, es findet sich schon ein Vorwand dazu. Du aber fasse nunmehr die Gelegenheit kühnlich beim Schopfe – und der Allmächtige lasse dir noch einmal ein spätes Glück erblühen.«

Nun war Otto allein. Aufgeregt rannte er in der Halle hin und her – Elisabeth wollte fort? Unmöglich – sie durfte nicht! Bei den Worten des Bruders war es ihm wie Schuppen von den Augen gefallen – er erkannte, daß er das ernste Mädchen mit den klugen Augen von Herzen liebgewonnen hatte.

Wär's möglich, daß auch er ihr nicht gleichgültig war, wie der Bruder ihm wiederholt andeutete? Sie könnte einen solchen Menschen, wie er einer gewesen war, liebgewonnen haben?

Freilich – ihre Worte vor acht Wochen am Grabe – da ging die Tür schnell auf, Elisabeth trat rasch herein.

Sie schreckte leicht zurück, als sie ihn sah, – glühende Röte übergoß ihr Gesicht, und sie zitterte so, daß sie kaum sprechen konnte.

»Markgraf Rudolf schickte mich«, stotterte sie verwirrt, »ich sollte hier etwas holen – –«

Da stand er vor ihr, auch seine Stimme bebte, als er jetzt zaghaft ihre Hände nahm und leise fragte: »Wollt Ihr mir nicht lieber etwas bringen, Elisabeth? Wollt Ihr mir ein spätes Glück schenken, oder muß ich anjetzo, wenn Ihr Rötteln verlassen wollt, noch ärmer und einsamer werden, als ich es schon war?«

Ein frohes Leuchten flog über ihre Züge. Sie hob die in Tränen schwimmenden Augen zu ihm auf – – »Ein spätes Glück für uns beide, so Ihr es wollt, Graf Otto!«

Ein Zittern ging durch den starken Mann, sanft zog er sie an sich.

»Elisabeth! Wär's möglich! Sollte mir noch einmal solch Reichtum beschieden sein?«

Sie lehnte den Kopf an seine Schulter, und er beugte sich über sie – »Ist's möglich, könntet Ihr solchen Menschen wie mich ein wenig liebhaben? Wißt, Elisabeth, ich brauche Liebe – kein Mitleid!«

»Ich habe Euch lieb von ganzem Herzen, Otto«, erwiderte sie schlicht, und nun fanden sich ihre Lippen in warmem Kuß.

Welch große Freude herrschte an diesem Abend in der Burg! Bis spät in die Nacht hinein saßen die glücklichen Menschen zusammen. Am nächsten Morgen sandte Rudolf einen Boten zu seinen Schwiegereltern, der die Verlobung künden und sie gleichzeitig zu der Hochzeit einladen sollte, die bereits in vier Wochen stattfinden würde.

»Wozu lange warten«, bestimmte Rudolf lachend, »und auf was denn! Ist ja alles vorhanden, so eine Hausfrau benötigt – Elisabeth braucht keinen Brautschatz mitzubringen, wir haben selber genug. Und so ihr mir entgegen seid, bin ich wieder einmal der ›eiserne Markgraf‹ und befehle unerbittlich.«

»Wir gehorchen, gestrenger Gebieter«, rief Otto froh bewegt, »wahrlich – solch spätes Glück kann man nimmer schnell genug sich für immer aneignen und es fürs Leben festhalten.«

Zu Othmar aber sagte er später einmal in tiefer Bewegung: »Die Güte meines Gottes ist unaussprechlich. Ich bin zu gering aller Barmherzigkeit und Treue, so er an mir getan hat und noch tut.«

In aller Stille segnete Pater Othmar vier Wochen später das Paar ein; es war eine schlichte, kleine Hochzeit, die nur im allerengsten Kreise gefeiert wurde.

Neues Glück war auf Rötteln eingekehrt – der Tiersteiner Graf aber lachte vergnügt am Abend des Hochzeitstages: »Hab' doch nimmer gedacht, daß ich zum guten Engel tauge! Ist nur gut, daß ich solche Begabung noch bei meinen Lebzeiten entdeckt habe! Liebwerteste Frau und Gebieterin – könnten wir nicht anjetzo noch mehr solcher glücklichen Ehen stiften? Ich bin auf den Geschmack gekommen!«

Frau Agnes drohte ihm lächelnd mit dem Finger und entgegnete: »Wollen lieber die Hände davonlassen. Diesmal glückte es – –«

»Dieweil es der Weg Gottes für Otto war«, fiel Othmar ihr in die Rede.

»Nur darf er nimmer etwas davon ahnen, daß wir alle zu seinem Glück mithalfen«, warnte Frau Katharina.

XVIII.

Jahre sind vorübergerauscht.

Ein hellichter Junitag liegt mit seinem Strahlenglanz über der schönen Welt. Vom Belchen und Blauen bis hin zum Jura und der Alpenkette des Helvetischen Oberlandes zeichnet sich rein und klar jeder Hügel, jeder Berg, jede Schneespitze am blauen Himmel ab. Es blüht und duftet überall – ja, das ganze Wiesental gleicht einem lieblichen Gottesgarten, durch den sich wie ein Silberband die muntere Wiese schlängelt.

Alles ist wie immer – – – und doch so ganz anders!

Was machen ein oder zwei Jahrzehnte mit ihren Erlebnissen – und ob sie noch so furchtbar waren – in der Weltgeschichte aus? Nichts – gar nichts! Sie sind viel geringer und kleiner als ein Stäublein im All!

Und doch muß jede Sekunde von ihnen in all ihren Schrecken durchlebt werden und prägt sich der Menschenseele so tief ein, daß sie unvergessen bleibt, – drückt ihr Siegel so kraftvoll in die Weltgeschichte, daß noch die späteren Jahrhunderte davon reden.

Mit diesen und ähnlichen Gedanken beschäftigte sich

der Mönch, der am heutigen Spätnachmittag am Fenster des großen Rittersaales auf Burg Rötteln saß und in all die leuchtende Sommerschönheit hineinblickte. Die schwarze Kutte der Augustiner hing ihm faltig und fast zu weit um die Gestalt, die einst wohl hoch und gerade gewesen war, jetzt aber von den Jahren gebeugt erschien. Ein dünner Kranz schneeweißen Haares umrahmte die Tonsur, aber über dem Gesicht mit den gütigen, sanften Augen lag eine ruhige, heilige Abgeklärtheit.

Pater Othmar schaute träumend hinaus ins weite Tal, an seiner Seele zogen gerade heute die vergangenen Jahre vorüber – war doch morgen wieder ein solcher Tag, der sich unauslöschlich in die Geschichte der Burg Rötteln und ihres edlen Geschlechtes einprägen würde.

Ja – alles war wie einst und doch so ganz anders – so ganz anders!

Stolz und trutzig stand Rötteln noch immer auf seiner waldigen Höhe – – und war doch auch so anders geworden – –

Othmar mußte soeben besonders jener stillen, schönen Hochzeitsfeier gedenken, da Elisabeth von Straßburg Graf Otto die Hand zum Ehebunde reichte – – das morgende Fest jedoch würde an Glanz alles übertreffen, was Rötteln je gesehen hatte – – wieviel aber war in der Zeit zwischen diesen beiden Festen geschehen!

Wie unsäglich viel Elend, Leid und Not hatten doch diese vergangenen Jahre aufgehäuft, überall sah man noch die Spuren davon. Und über alles war die Zeit in ihrer Erhabenheit hinweggeschritten – –

Vor Othmars Seele stand fast jeder Tag, als wäre er

gestern durchlebt worden, – – wer solche Zeiten durchgemacht hat, vergißt sie nimmermehr, und auch in der Weltgeschichte behaupten sie ihren festen Platz – –

Nur wenige Jahre stillen, ungetrübten Glücks waren den beiden gräflichen Brüdern beschieden gewesen.

Ottos Ehe mit Elisabeth blieb kinderlos, – er nahm es demütig aus der Hand des Allmächtigen als Strafe für die Vergangenheit an und äußerte einmal zu Othmar: »Der himmlische Vater macht's gleich einem irdischen, dessen Sohn sich schwer gegen ihn versündigt hat. Wohl vergibt er, aber die Strafe darf nimmer ausbleiben, dieweil solch Kind ansonsten des Vaters Mahnung und Drohung nicht für ernst nimmt. Es ist doch nur eitel Gnade, so mich der himmlische Vater und Erzieher ob meiner Schulden noch auf der Erde straft. Ich danke ihm solches.«

Elisabeth hatte es zu Anfang wohl schmerzlich empfunden, daß ihnen der Erbe versagt blieb, aber der Liebe und dem völligen Verstehen der beiden Gatten tat dies keine Einbuße. Desto mehr widmeten sich Otto sowohl als auch Elisabeth den beiden Kindern Rudolfs, seinem Sohne Rudolf und dem später geborenen Töchterlein Agnes.

Ein herzliches Einvernehmen umschloß die ganze Familie, und wenn sie an den schönen Sommerabenden im Burggärtlein oder im Winter in der gemütlichen Halle beim knisternden Feuer zusammensaßen, konnte Rudolf manchmal dankbar sagen: »Wie gut hat es der Barmherzige mit uns gemacht. Wir können ihm nimmer genug für seine Liebe und Gnade danken!«

Reichliche Stiftungen für die Klöster in Sitzenkirch und Basel sowie die Kirchen zu Brombach, Lörrach und Rötteln waren der Ausfluß solcher Dankbarkeit, – da brach unversehens ein Wetter herein. Nicht im besonderen über Rötteln, sondern ebenso über Basel und die ganze Umgebung, – ja über die ganze Welt.

Aus dem Orient stiegen die furchtbaren Wolken auf, die sich dann von Italien her gegen Ende des Jahres 1347 über ganz Europa ausbreiteten – – der schwarze Tod kam!

Vor ihm her zogen Schrecken und Angst – er brachte Verderben, Grauen und Entsetzen mit sich, Jammer, Not und Elend folgten ihm!

Mehrere Jahre herrschte die furchtbare Seuche, bald stärker, bald schwächer, und fraß allein zu Basel gegen 14 000 Menschen. Vom Aeschenen- bis zum Rheintor blieben nur drei Ehen unzerstört – es war ein entsetzliches Sterben bei groß und klein, alt und jung. Ja, von Lübeck war sogar Kunde durch reisende Kaufleute gekommen, daß dort in einem Jahre allein an 90 000 Menschen gestorben wären – und Paris wurde ganz entvölkert.

Steckte doch selbst der Atem eines Kranken an, seine Berührung aber brachte sicheren Tod – wie es allgemein hieß.

Die Menschen, die sich der Pflege der Sterbenden hingaben, wurden als unklar – oder aber als höhere Wesen angesehen. Man bewunderte sie und ging ihnen scheu aus dem Wege – –, um sie vielleicht in der nächsten Stunde selber zu rufen!

Da war es als ein ganz besonderes Wunder von Gott zu betrachten, daß auf Rötteln keiner der Seuche erlag, obgleich der Pater und Otto, ebenso Rudolf – ungeachtet der Bitten der Ihren – die Kranken und Sterbenden in den Dörfern am Fuß des Burgberges allezeit besuchten und ihnen Erleichterung zu verschaffen trachteten. Besonders Otto konnte sich darin nicht genug tun, – Othmar verstand ihn dabei nur zu gut!

Mitten in diese Not hinein kam eine neue.

Am 25. Januar des folgenden Jahres geschah ein starkes Erdbeben, das in Abständen mehrere Tage anhielt. Es richtete aber nicht allzuviel Schaden an – – wenigstens achtete man in dieser Schreckenszeit derjenigen Häuser kaum, die dabei von der Pfalz in den Rhein hinunterstürzten und ihre Einwohner mit sich rissen. Man gab sich nicht die Mühe, zu zählen, wie viele Menschen dabei ums Leben kamen – – im Vergleich zu dem Sterben bei der Pest waren es ja doch nur wenige!

Auch auf Rötteln spürte man die Erdstöße, und die Mauern erhielten zum Teil bedeutende Risse, – aber keiner dachte daran, sie auszubessern oder herzustellen. Es gab anderes, Schwereres zu denken.

Infolge der Pestzeit suchte man nach der Ursache, wodurch solch Elend über die Welt gekommen wäre, und verfiel dabei auf die Juden. Woher die Beschuldigungen plötzlich aufgestiegen waren wußte keiner, – sie waren aber mit einem Schlage da!

Der Pater seufzte schwer auf, als er an diese grauenvollen Jahre zurückdachte.

Es hieß plötzlich, die Juden hätten die Brunnen vergiftet, Heu, Stroh, Butter und andere Lebensmittel mit Gift verderbt, – und eine furchtbare Verfolgung des armen Volkes brach nun an allen Orten los.

Vergeblich mahnten die Besonneren, daran zu denken, daß ja auch sehr viele Juden von der Seuche hinweggerafft wurden, – ja, daß überhaupt gar nicht so viel Gift herbeigeschafft werden konnte, als nötig war, die halbe Welt anzustecken, – vergeblich versuchte zuerst auch der Rat von Basel, gegen die Wut des Volkes auf die Juden anzugehen – es nützte alles nichts!

Auch zu Basel brach eine schreckliche Verfolgung aus, in der Tausende der unglücklichen Unschuldigen auf die grauenvollste Art, den rohen Sitten der Zeit entsprechend, hingemordet wurden.

Da war es wieder Otto und mit ihm Diethelm, Rudolf und der Pater, die gar manche von denen, die sie kannten, oft unter großer eigener Gefahr retteten und ihnen zur Flucht verhalfen. Sie weilten oft tagelang in Basel – sehr zum Entsetzen und zur Angst der beiden Edelfrauen! –, um überall helfend eingreifen zu können.

Mehr als einmal zeigte sich Rudolf dabei wieder als der ›Eiserne‹, wenn es galt, jeweilen gegen drohende Volkshaufen anzugehen – so auch bei einem furchtbaren Ereignis, das die Volkswut heraufbeschwor.

Die Bürger von Basel hatten ein Holzhaus auf einer kleinen Insel im Rhein errichtet, um die Juden dort gefangenzuhalten, und eines Tages steckten sie das überfüllte Haus kurzerhand in Brand.

Da waren es die beiden Markgrafen, die mit etlichen

von ihren Leuten gerade in der Stadt weilten, welche unter größten Schwierigkeiten und mit eigener Lebensgefahr den Juden Salomon mit seiner ganzen Familie herausretteten und sie auf Rötteln in Sicherheit brachten, bis sie weiter nach Deutschland hinein fliehen konnten.

Dem Pater und Otto war es einfach unbegreiflich, wie es möglich war, dieses Volk so zu verfolgen, – Salomon aber sagte einmal unter bitteren Tränen zu ihnen: »Es ist solches der Fluch Jehovas, der sein Volk straft um ihres Abfalls und jenes Verbrechens willen, das sie an dem Jesus von Nazareth begangen haben.«

Endlich aber wurden die Zeiten wieder ruhiger und sicherer. Die Seuche verlor sich nach und nach, die Judenhetzen hörten auf. Die Menschheit atmete wieder leichter, und mit neu erwachendem Mut sah man ins Leben hinein.

Auch auf Rötteln. Es wurde mit dem Ausbessern der Mauern begonnen, und die Arbeit ging fröhlich ihren täglichen Gang vorwärts.

Da brach auch über Rötteln und seine Bewohner das Verhängnis herein.

Nach nur kurzer Krankheit segnete Frau Elisabeth das Zeitliche und entschlief in den Armen ihres Gemahls nach acht kurzen Jahren des Glücks, – und wenige Monate später folgte ihr ebenso schnell und unerwartet Markgraf Rudolf. Das war um so unfaßlicher, als sie beide in der Vollkraft der Jahre standen – zählte Rudolf doch erst zweiundfünfzig Lenze!

Nun war auch über den »eisernen Markgrafen« der Stärkere gekommen, dem sich eben doch alle Menschen beugen müssen, – in völlig fassungslosem Schmerz kniete Katharina an der Bahre des geliebten Mannes. Nichts half – kein Zuspruch des Paters, keine Liebkosungen der Kinder!

Da war es der tiefgebeugte Otto, der allein die trostlose Burgherrin immer wieder in der rechten Art aufzurichten verstand und sie auf den Allmächtigen hinwies, der nichts ohne eine weise Absicht tut. Nur von Otto ließ Katharina sich trösten, – er verstand sie besser als alle, wie sie sagte, da er das gleiche Leid erfahren hatte.

O, das war ein schweres Jahr gewesen, als man die beiden aus der vollen Tatkraft des Lebens heraus zur Ahnengruft auf dem Röttler Friedhof geleiten mußte! Wohl waren schon elf Jahre seither vergangen, aber Othmar empfand immer wieder aufs neue tiefe Wehmut, wenn er des teuren Freundes gedachte.

Er hatte es kaum fertiggebracht, ihn zur letzten Ruhe einzusegnen, und manche Stunde weilte er später dort unten am Grabe, um im Gebet des Schmerzes über diesen Verlust Herr zu werden. Allein der Blick des Glaubens auf den, der gesagt hatte: »Kommet her zu mir alle, die ihr mühselig und mit Last beladen seid, ich will euch erquicken« – half ihm, half Otto und auch Katharina.

Von da an schlossen sich der Markgraf und der Pater noch viel fester aneinander als je zuvor. Es war ihnen beiden Bedürfnis, jetzt noch einmal in der Erinnerung jene Monate am See Tiberias zu durchleben, und die heiligen Evangelien, die sie wieder, nun auch mit Katharina zusammen, durchlasen, führten sie immer mehr zu der einzigen Kraftquelle und dem Gott alles Trostes.

Otto widmete sich nun mit seiner ganzen Kraft der Verwaltung der gesamten Herrschaft und der Erziehung seines Neffen, des erst neunjährigen Rudolf, dessen Vormund er geworden war, – indes Frau Katharina hauptsächlich für ihr Töchterlein lebte.

Die Kinder empfanden noch nicht die Schwere des Verlustes, den sie erlitten hatten, sie belebten bald wieder mit ihrem Frohsinn die stille Burg und riefen auch auf den ernsten Gesichtern der anderen nach und nach ein Lächeln hervor.

Und doch war es noch nicht des Schreckens und der Angst genug.

Vier Jahre später, am St. Lukastag, dem achtzehnten des Weinmonds Anno 1356, geschah in der zehnten Abendstunde, da sie fast alle in der Burg schon zur Ruhe gegangen waren, erst ein harter Erdstoß, dann in rascher Folge noch mehrere, so daß die ganze Unterburg in wenigen Minuten ein Trümmerhaufen war. Alle Mauern stürzten ein und ebenso oben im Schloßhof das kleine Wohnhaus über dem unterirdischen Gang. Gähnend und dunkel lag sein Eingang nun offen vor aller Augen da, aber schon vom Fuß der kleinen Treppe an war er völlig verschüttet. Wunderbarerweise war keiner der Burgbewohner bei dem Unglück ums Leben gekommen – dafür hielt Othmar schon am folgenden Tage einen tief erschütternden Dankgottesdienst, besonders als in den nächsten Tagen die Schreckensnachrichten von allen Seiten kamen. Es war ja seit undenklichen Zeiten das furchtbarste Erdbeben, das Basel erlebt hatte.

Die ganze Stadt war in den kurzen Minuten vollständig zerstört worden und kaum hundert Häuser stehengeblieben. Alle Kirchen, die Höfe der Ritter und Reichen, die Ringmauern waren in Trümmer gesunken und vom Münster ein Turm, ein Teil des Chores und der Fronaltar in den Rhein gefallen. Wie viele Menschen dabei den Tod gefunden hatten, konnte nie festgestellt werden, – etliche sprachen von dreihundert, andere sogar von tausend.

Tatsache war, daß man tagelang zu tun hatte, die Toten zu beerdigen, und die eine schmale Gasse in der Stadt, durch die man noch am besten schreiten konnte, um die Leichen fortzubringen, davon den Namen »Totengäßlein« bekam*.

Am schlimmsten war noch das Feuer, das unter den verschütteten Gebäuden ausgebrochen war und fast acht Tage lang wütete, so daß keiner an den Schutt- und Trümmerhaufen, der »Basel« hieß, herankommen konnte.

Unbeschreibliche Not folgte, denn das entsetzliche Erdbeben hatte auch in der ganzen Umgegend furchtbaren Schaden angerichtet. War es doch bis Bern, Konstanz und Straßburg zu spüren gewesen!

Das liebliche Liestal verfiel ganz, ebenso teilweise Brombach, Lörrach, Haagen. Dorf Rötteln mit seiner Kirche bildete nur einen Schutthaufen, und die Burg faßte nicht all die Unglücklichen, die hier Zuflucht gesucht und gefunden hatten. Waren doch im ganzen Umkreis sämtliche Städte, Burgen und Kirchen zerstört oder beschädigt worden.

Rasch entschlossen griff nun aber Graf Otto die Arbeit

---

* Die Straße trägt heute noch den gleichen Namen.

an, die jetzt einfach getan werden *mußte.* Mit weitschauendem Blick wußte er jeden oben in der Burg und ebenso in den Dörfern unten an den rechten Platz zu stellen und so erst einmal die ganz kopflos gewordenen Leute durch die Arbeit von ihrem Unglück abzulenken. Er ging dabei so tatkräftig und energisch zu Werke, daß er sogar manchmal an den »eisernen Markgrafen« erinnerte.

Schon wenige Jahre später stand Rötteln fester da als je zuvor. Die Unterburg war weiter hinausgeschoben worden, schöne, starke Häuser, Scheunen und Ställe reihten sich eins ans andere. Zwei starke, breite Ringmauern umschlossen die Burg, zwischen denen ein Wehrgang hinlief. Das Eingangstor bestand eigentlich aus drei gewölbten Teilen mit schweren Toren, und über der Wölbung des Portals war das Überzimmer mit Schießscharten und der »Pechnase«, durch die man auf anstürmende Feinde flüssiges Pech und anderes gießen konnte. Über dem ersten großen Tore prangte das Sausenburger Wappen, das durch einen schrägen Querbalken geteilte Schild mit den beiden Steinbockshörnern auf dem Helm, und zwischen demselben der Pfauenfederbusch.

In der Oberburg aber, dort über dem nun gänzlich zugeschütteten unterirdischen Gang erbaute Otto eine schöne, geräumige Kapelle, und Othmar weihte sie mit großer Freude ein.

Den Gang hatte Otto an anderer Stelle anlegen lassen – wo, das war aber einstweilen sein, Diethelms und Eppos Geheimnis, und Othmar verlangte nicht, es zu erfahren.

Auch Basel war einigermaßen wieder aufgebaut worden.

Besondere Sorgfalt hatte der Bischof, Herr Johann Senn von Münsingen, der allgemein als ein frommer, gütiger und sehr gottesfürchtiger Herr gerühmt wurde und es auch war, dem Münster zugewandt. Es war vollständig wieder hergestellt worden, und morgen, am 25. Juni im Heilsjahre 1363, sollte es mit großer Feierlichkeit neu eingeweiht werden.

Dann aber würde gleich in dem herrlichen Gotteshaus eine seltene Doppelfeier stattfinden – Othmar war mit seinen Erinnerungen in der Gegenwart angekommen.

Er faltete die Hände – ach, daß Rudolf dieses Fest noch erlebt hätte!

Es war ja die Vermählung seines Sohnes und Erben, des jungen Markgrafen Rudolf, mit Adelheid, der Gräfin von Lichtenberg, – und als zweites Paar nach ihnen sollte das holde Töchterlein Agnes mit Burkhard Senn, Frei und Herr von Buchegg, den Segen zur Ehe durch den ehrwürdigen Bischof empfangen. Der Trauungsfeier würde sich ein kleines, auserlesenes Mahl in der »Mucke« anschließen, darauf sollte die ganze Hochzeitsgesellschaft die beiden jungen Paare in glänzendem Zuge zu Roß nach Rötteln geleiten, wo alsdann noch ein großes Festmahl hier im Rittersaale stattfinden würde. Schon waren die Tafeln gestellt und mit den herrlichsten Schau- und Prunkstücken, die Rötteln besaß, geschmückt.

Dann begann ein neues, junges Leben auf der Burg – das alte mußte abtreten! Unwillkürlich seufzte der Pater leise auf –

»Wo bist du mit deinen Gedanken, mein alter Freund?« fragte Otto lächelnd neben ihm, »ich rief dich allbereits zweimal, doch du hörtest mich nicht.«

»Ich dachte der Vergangenheit. Ach, daß Rudolf den morgenden Tag hätte erleben können!«

»Rudolf und Elisabeth«, erwiderte der Markgraf wehmütig und setzte sich neben ihn. »Doch ich vermeine«, fuhr er nach einigen Augenblicken fort, »sie feiern droben mit und freuen sich des jungen Glücks, so hier neu erblühet.«

Der Pater nickte schweigend.

Otto hatte sich an die Mauer gelehnt, sein Blick flog sinnend über das friedliche, sonnige Tal. Auch sein Haar war schneeweiß geworden, er hatte vor der Zeit gealtert. Aber auf seinem ernsten, gütigen Gesicht lag eine stille, heitere Ruhe, wie sie nur nach schweren Seelenkämpfen dem Überwinder eigen ist.

»Alles dies gehört anjetzo unserem Rudolf«, sagte er jetzt und wies mit der Hand hinaus.

Ein wenig verständnislos sah Othmar ihn an – – »Wie meinst du solches, Otto? Gehört es nicht allbereits seit Rudolfs Hingang ihm als dem Erben?«

»Nicht alles. Einen Teil besaß ich – und habe ihm soeben die größere Hälfte davon als Eigentum überwiesen – – ist solches meine Hochzeitsgabe für ihn«, sagte Otto leise, »die kleinere Hälfte habe ich ebenfalls vorhin Agnes geschenkt. Rudolf würde gewißlich damit zufrieden sein.«

»Otto – solches tatest du!« rief der Pater tief bewegt und drückte innig seine Hand.

Lange saßen die beiden alten Freunde still beieinander, bis der greise Vogt, Herr Bernhard, kam und sie zum Nachtmahl rief.

In seltener Schönheit brach der neue Tag an. Basel wimmelte von Menschen, die der feierlichen Einweihung des Münsters beiwohnen wollten, frohe Erregung lag auf allen Gesichtern.

Jetzt nahte sich unter dem Geläute aller Glocken der fast unabsehbar lange Zug der Geistlichkeit und Mönche, voran der ehrwürdige Bischof Johannes, dessen Gesicht in dankbarer Freude strahlte, daß ihm noch vergönnt war, diesen Tag festlich begehen zu können.

Eine fast überwältigende Pracht war entfaltet worden, und Pater Othmar, der mit im Zuge schritt, mußte daran denken, was Bruder Philippus ihm einstmals darüber gesagt hatte. Ja, es war recht so, er freute sich von Herzen mit – – das Allerschönste in der Welt war noch nicht gut genug für den König aller Könige, den Menschensohn Jesus Christus!

Das schöne Münster war schnell bis auf den kleinsten Stehplatz besetzt – bis weit nach draußen standen die Menschen dicht gedrängt und füllten den Platz vor dem Münster und die ganze Pfalz. Nun setzte die Orgel ein, ein feierliches Tedeum erklang brausend und jubelnd durch den schönen, herrlichen Raum, pflanzte sich draußen fort und stieg als Dankopfer des Volkes zum Himmel empor.

Jetzt war die Feier beendet, langsam leerte sich das Gotteshaus. Aber bald nahte sich von der Rittergasse her ein anderer, glänzender Zug.

Unter dem Vorantritt der Musik und etlicher edler Herren aus der nächsten Verwandtschaft der Röttler kam zuerst die holde Gräfin Adelheid, die von Markgraf Otto und ihrem eigenen Vater geführt wurde. Vier Pagen trugen die Schleppe des kostbaren, zartgrünen Mantels mit wundervoller Goldstickerei.

Nun schritt Markgraf Rudolf III., wie er sich nannte, hinter seiner lieblichen Braut her. Über seiner goldstrahlenden, leichten Rüstung hing ihm der Samtmantel in den Röttler Farben, Rot mit Gold, hoch trug er den jugendschönen Kopf mit den blitzenden Augen, die das Erbteil seines Vaters waren. Wie in seinem Äußeren, so glich er aber erst recht in seinem Wesen dem »eisernen Markgrafen«, zur größten Freude seiner Mutter, des Ohms und des Paters.

Jetzt folgte die zweite Braut züchtig und verschämt, vom Markgrafen von Baden und dem eigenen Schwiegervater geleitet.

Allgemeine Rufe der Bewunderung wurden bei der ungezählten Menge der Zuschauer laut, als man sie sah – es gab aber auch kaum ein anmutigeres Mägdelein als Agnes von Rötteln. Die ganze Schönheit der Röttler Frauen, die ihnen allen immer zu eigen gewesen war, schien sich auf sie übertragen zu haben.

Zu dem herrlichen Goldblond der Haare paßte wundervoll der lichtblaue Samtmantel mit köstlicher Silberstickerei, dessen Schleppe ebenfalls vier Pagen trugen, und der stolze Mann, Frei und Herr von Buchegg, der ihr als Verlobter folgte, konnte den Blick kaum von der zarten Gestalt abwenden.

Den beiden Brautpaaren schloß sich ein langer Zug von Jungfräulein und Edelfrauen in köstlicher Kleidung an, und ihnen folgten die Ritter, Herren und Grafen in ihren wundervollen Prunkrüstungen mit den Mänteln in der Farbe ihrer Wappen. Wohl noch nie war solch ein glanzvoller Hochzeitszug hier gesehen worden!

Mit stiller Wehmut, aber zugleich stolzer Freude sah Frau Katharina auf ihre Kinder, – und mußte doch dabei gewaltsam den Tränen wehren – sie vermißte den geliebten Gemahl heute ganz besonders.

Das seltene Fest der Doppelhochzeit nahm einen glänzenden, ungetrübten Verlauf. Die vielen Fahrenden und Spielleute aber, die sich auf Burg Rötteln eingefunden hatten, ließ der greise Vogt erst gut bewirten und lohnte sie dann mit reichlichen Gaben ab. Er wollte nicht durch ihren Anblick und ihre Gegenwart seinen Herrn an die schwere Vergangenheit erinnern – und der dankte es ihm im stillen von Herzen.

Nun senkte sich der Abend auf die schöne Welt hernieder. Die edlen Gäste waren zum allergrößten Teil bereits wieder fortgezogen, auch der Edelherr von Buchegg hatte mit dem ehemaligen Burgfräulein Agnes, seinem jungen, glücklichen Gemahl, das Schloß ihrer Väter verlassen, um sie in die neue Heimat zu führen.

Es war still um die stolze, mächtige Feste auf waldiger Höhe im schönen Wiesentale geworden. Von den Dörfern klangen die Abendglocken herauf, über den Bergen stieg der Vollmond auf, da und dort funkelte ein Sternlein.

Otto, der Pater und Frau Katharina saßen beieinander

im ehemaligen Wohngemach Markgraf Rudolfs und genossen nach der rauschenden Festfreude den stillen Frieden des herrlichen Abends.

Endlich sagte die Burgherrin leise: »Nun darf das Alter feiernd zuschauen, wie das junge, neue Leben erblüht.«

»Wohl – aber dabei den Blick auf die ewige Heimat richten, so in der Ferne auftaucht, wo uns alle unsere Lieben erwarten«, nickte Otto.

»Bis wir dort einziehen, sei aber unser Leben nur noch ihm allein geweiht, der sein Leben für uns gab«, fügte der Pater feierlich hinzu, »alsdann bleibt es ein gesegnetes.«

Unwillkürlich fanden sich die Hände der drei in tiefem Verstehen – keiner von ihnen sprach mehr ein Wort.

In den Bäumen des Burggartens aber rauschte es leise und geheimnisvoll flüsternd, als ob die Erinnerung an vergangene Zeiten durch sie hinwehte.

Von der gleichen Verfasserin sind lieferbar
als Taschenbuchausgaben:

Wettergasse 18

158 Seiten, kartoniert

In dieser historischen Erzählung, die als ein wertvolles Dokument der Reformationszeit angesprochen werden darf, versteht es die bekannte Verfasserin, das alte Marburg und seine Einwohner zur Zeit des Anfangs der Reformation, wie sie in alten Chroniken dargestellt sind, so anschaulich und lebendig zu machen, daß es dem Leser zumute ist, als lebe er mitten unter ihnen. In fröhlichen, aber auch in erschütternden Bildern entrollt sich ihm eine Gesamtschau des damaligen gesellschaftlichen und religiösen Lebens, das – zunächst noch im Zeichen des starren Katholizismus – die Menschen in ihren natürlichen Beziehungen zueinander, z. B. in der Liebe zwischen Mann und Frau, oftmals an Abgründe geführt hat, die sie nicht überbrücken zu können glaubten. Mitten hinein in das Dunkel dieser Zeit bricht das helle Licht der Reformation. Eine neue, andere Welt tut sich auf, durchwirkt von der Frohen Botschaft, die Dr. Martin Luther der Christenheit mitteilt. Dieses Licht breitet sich mit unwiderstehlicher Gewalt nach allen Seiten hin aus. Das alles ist so wahr und eindrucksvoll, aber auch so taktvoll dargestellt, daß der Glaubende von neuem begeistert und der Laue für das Evangelium entflammt werden kann, der aber am Evangelium nicht Interessierte zum mindesten aufhorchen muß. Diese Erzählung ist ein großartiges Denkmal jener Zeit, die auch noch uns vieles zu sagen hat.

Die Letzten von Rötteln

208 Seiten, kartoniert

Ein farbenprächtiges historisches Gemälde vermittelt dieses Buch, in dem die längst versunkene Zeit um Rudolf von Habsburg (1273–1291) lebendig wird. Von alten Chroniken aus geht die Autorin den Spuren der Vergangenheit nach und schildert die Kämpfe der Geschlechter jener Zeit in der Gegend von Basel, in der einst die stolze Burg Rötteln stand, von der noch heute eine stattliche Ruine zeugt.
Doch ist hier nicht nur von Machtkämpfen die Rede. Im Mittelpunkt der Erzählung steht die schwerwiegende Liebe des evangelisch gesinnten Burgkaplans zur Herrin der Burg. Lebenshunger und Verzicht, trotziges Aufbegehren und entsagungsbereite Frömmigkeit begegnen uns und machen deutlich, daß das Menschenherz unruhig bleibt, bis es Ruhe findet in Gott – damals wie heute.
Diese nie langweilige Erzählung aus einer längst vergangenen Epoche übt noch heute auf uns ihren Reiz aus. Auf vielfältigen Wunsch hat sich deshalb der Verlag zu einer Neuauflage entschlossen.

Christliches Verlagshaus GmbH
Stuttgart